分析视域中的康德与黑格尔

孙宁 著

上海三联书店

目录

序　言

摆在读者面前的是一部开阔眼界和挑战惯性思维方式的哲学论著。在一个高度工业化的时代，专业分工也延伸到了哲学领域，欧陆哲学和分析哲学、古典哲学和当代哲学，俨然像是围上篱笆的板块，在哲学界也成为各管各的专业领地。孙宁博士的《分析视域中的康德与黑格尔》把这些围栏全部拆除了，它堪比走出洞穴的哲人，一下子感到视野辽阔和星光灿烂。

逻辑分析和体系建构有何相干呢？传承形而上学的欧陆哲学与拒斥形而上学的分析哲学有何相干呢？通常认为，康德是按照先验的原理和范畴建构哲学体系的，黑格尔是按照绝对观念的辩证运动建构哲学体系的，分析哲学则通过语言分析揭示形而上学的基本概念缺乏经验基础和存在逻辑矛盾，故而是无意义的。孙宁的这部著作切换了观察欧陆哲学和分析哲学的视角，指出分析哲学的“语言转向”是从“所想之道”转向了“出口之道”，通过“语言的透镜”而非“自我意识的透镜”来探讨哲学问题。确实，意识哲学的意向性问题可以借助语言哲学的能指与所指的关系加以考察，先验哲学的先验原理和范畴可以借助语言规则加以考察，思辨哲学的观念的辩证运动可以借助语言在交往中的话语关系加以考察，形而上学的知识体系可以借助语言的语词结构和语法结构加以考察。这不是说语言分析能够取代各派哲学之争，而是说语言分析借助“语言的透镜”可以从一个大家都容易看清楚的“出口之道”考察“意识哲学”“先验哲学”“思辨哲学”从令人困惑的“所想之道”提出的那些问题。这也不是说，分析哲学能够一劳永逸地解决传统哲学探讨的各种各样的问题，而是说它开启了一个观察和分析问题的新的方式。应该看到，分析哲学对于通过“语言的透镜”看到的问题仍然有非常艰巨的分析的工作要做，而且在分析哲学家之间对于如何分析这些问题存在很多意见分歧，这些分析和争论甚至导致在新的维度上复活了康德和黑格尔曾经意识到的那些问题和求解之道，这正如孙宁的这本著作的标题《分析视域中的康德与黑格尔》所标明的那样。

孙宁的这部著作向我们展示了分析哲学的新的一页。如果说弗雷格、罗素、维特根斯坦、石里克、卡尔纳普堪称分析哲学的经典著作家的话，那么奎因、斯特劳森、戴维森、塞拉斯、麦克道威尔、布兰顿堪称后经典的分析哲学的代表人物。如果说经典的分析哲学主要探讨“意义标准”“证实原则”“逻辑句法”“语言游戏”“拒斥形而上学”等课题的话，那么后经典的分析哲学主要探讨“描述的形而上学”与“修正的形而上学”、“基础主义”与“整体主义”、“语言的构造”与“心灵的构造”之间的关系，康德和黑格尔哲学中出现过“先天综合判断”“直观”“物自体”“历史理性”“原因与形式的辩证法”等话题又重新回到哲学探讨的视野中。后经典时代的分析哲学家探讨的哲学问题的范围十分广阔，他们把哲学史研究与实例分析融为一体，把对哲学本体论和认识论的研究与当代的信息科学、大脑科学、量子力学和基因工程等一系列前沿的科学理论的发展结合在一起。孙宁的这部著作篇幅虽然不大，但论域很大，难度很大，极具挑战力。当然，这里所涉及的很多问题还留待进一步澄清和探讨。但无论如何这部著作已为我们绘制一幅轮廓清晰的线路图，将开启更多的研究者在当代分析哲学的这片浩瀚海域中扬帆远航。

张庆熊　谨序

2022 年 10 月 12 日

第一章　引言

开宗明义地说，这是一部分析哲学史的论文集。作为一名哲学工作者，我始终确信，应该在哲学史研究中推进对哲学问题的探索。在以此为导向展开的研究过程中，我越来越深切地体会到，哲学问题是永恒的，但呈现和讨论问题的具体方式又无一例外地反映了思想的时代特征，而延宕在这种“共相”与“殊相”的张力之中正是哲学思考的独特魅力所在。与此同时，我还体会到，尽管哲学研究的最终目标是解决哲学问题，但这种解决在很多时候是对已有方案的再阐释和再创造。在遭遇思想本身的界限之后，我们能做的或许不是超越这个界限，而是回过头去重新地检视已经走过的历程，在新的视角下提炼和熔铸哲学史的丰富遗产。

我认为这一点对分析视域中的哲学探索而言同样成立。尽管分析哲学从创立之初就有意识地和之前的哲学传统保持距离，并且明确地拒斥近代以来的方法和原则，但它和西方哲学传统之间的“裂隙”也许并不像想象中的那么巨大。一方面，分析哲学内部的一系列“回溯”运动明确地揭示了这一点。比如，安斯康姆（G. E. M. Anscombe）对亚里士多德的创造性解读促成了亚氏传统和分析哲学的结合①，吉奇（Peter Geach）对阿奎纳的分析和重构促成了“分析托马斯主义”的兴

① See G. E. M. Anscombe, *Intention*（Cambridge, MA: Harvard University Press, 1963）.

起[①]，而匹兹堡学派对康德和黑格尔的借鉴和改造则促成了分析语汇和观念论语汇的有机融合[②]。另一方面，如果我们能以一种更为开放和宽容的态度看待哲学史，就会发现西方哲学史的诸阶段中都无一例外地隐藏着潜在的分析基因和分析倾向。思想在相互区分的同时又倾向于汇流。对分析哲学史的考察让我更加确信这一点。

本书的研究目标是，通过考察分析视域中的康德与黑格尔，展现分析传统和观念论传统的深度关联。这个特殊的理论视角要求我对分析语境中的大量材料进行剪裁和整理，剔除不相关或较少相关的部分，并对剩下的关键部分进行有效地组织。毋须讳言的是，和任何理论"叙事"一样，这种考察的结果实质上就是研究者本人的解读，它的最好状态是给出一个清晰、完整而可信的理论叙事，同时尽量做到客观和公允。

不可否认，分析哲学的肇始以对观念论传统的反动为鲜明特征。对早期分析哲学的身份确立而言，反心理主义和实在论是两个最为核心的构成要素，而这两个要素所针对的恰恰就是康德式的心理主义和黑格尔式的观念论。与此同时，分析哲学家彻底抛弃了围绕"观念"（idea）展开的理论路径，从所想之道（logos ho eso）转向了出口之道（logos exo），从考察私人的观念转而考察公共的言语行为，通过语言的透镜（lens of language）而非自我意识的透镜（lens of self-consciousness）来探讨哲学问题。这个"语言转向"（linguistic turn）的方案认为，那些无法得到解决的传统哲学问题可以通过语言层面的分析得到澄清和消解。随着分析哲学的进一步发展，它与观念论传统的分歧逐渐演变成难以逾越的鸿沟。即使在乐于交流和对话的哲学家

---

① See Peter Geach & G. E. M. Anscombe, *Three Philosophers*: *Aristotle*, *Aquinas*, *Frege* (Ithaca: Cornell University Press, 1961).

② See Wilfrid Sellars, *Science and Metaphysics*: *Variations on Kantian Themes* (London: Routledge & Kegan Paul, 1968); John McDowell, *Having the World in View*: *Essays on Kant*, *Hegel*, *and Sellars* (Cambridge, MA: Harvard University Press, 2009); Robert Brandom, *A Spirit of Trust*: *A Reading of Hegel*, *Phenomenology* (Cambridge, MA: Harvard University Press, 2019).

看来，这种分道而行也是不可逆的。达米特（Michael Dummett）在1987年的一次访谈中指出，分析哲学和大陆哲学的“鸿沟变得太大了，以致跨越它进行交流变得极其困难。我不是说人们应该装作认为哲学在这两个传统上基本上大致相同。显然这是荒唐可笑的。我们只有回到分歧点上，才能重建交流。现在叫喊跨越这个鸿沟是没有用的”。[①] 而米尔科夫（Nikolay Milkov）则在2020年指出，“分析哲学和大陆哲学的对话当然是可能的，而且也是非常可取的，但这至多只是一种学科间的活动”。[②]

尽管如此，本书仍然希望在学理上较为充分地阐明，分析传统和观念论传统的距离并不像表面看上去那么遥远。不过，这些学理上的爬梳和检讨需要有一个非学理性的准备步骤：我们必须看到，在当下的学术工业中，分析哲学和欧陆哲学区分已经在很大程度上变成了一种“政治性分裂”。为了克服这种狭窄的“政治正确”，我们必须像罗蒂（Richard Rorty）建议的那样，“尽可能地保持实用主义的宽容——双方都视对方为真诚的同事，尽管陷入误区，但仍在尽最大的努力将光引入黑暗的时代”。[③] 我想，尽管每一个哲学工作者都可以在方法和结论上持有完全不同的见解，但是如果我们能在哲学实践中保有这种谦逊而真诚的态度，从“分道而行”到“和而不同”的转变是极有可能实现的。对此，我和罗蒂一样持乐观的态度。后者在给塞拉斯（Wilfrid Sellars）的《经验主义与心灵哲学》所写的导言中指出，“我们可以想象一个未来，回首令人厌倦的‘分析—大陆分裂’是一次不幸的、暂时的交流中断——在未来，塞拉斯和哈贝马斯（Jürgen Habermas）、戴维森（Donald Davidson）和伽达默尔（Hans-Georg Gadamer）、普特南（Hilary Putnam）和德里达（Jacques Derrida）、罗尔斯（John Rawls）

---

① 达米特：《分析哲学的起源》，王路译，上海：上海译文出版社，2005，第199页。

② Nikolay Milkov, *Early Analytic Philosophy and the German Philosophical Tradition*（London: Bloomsbury Academic，2020），p.221.

③ Richard Rorty, *Consequences of Pragmatism*（Minneapolis: University of Minnesota Press, 1982），p.229.

和福柯（Michel Foucault）都被当作同道，即奥克肖特（Michael Oakeshott）所谓的异邦（civitas pelegrina）的同胞”。①

从谦逊而真诚的态度出发，分析哲学家和欧陆哲学家可以在对自身的思想传统有充分自觉的前提下相互借鉴和学习。对欧陆哲学家而言，分析哲学的清晰表述和严格论证是值得追求的标杆。通过分析和说理来消除概念使用和逻辑论证上的模糊和混乱，这应该成为所有哲学工作者的自觉要求。除此之外，（理想状态下的）分析哲学家并不囿于某个思辨的体系中，而是不断地向自然科学和社会科学的现实发展和前沿成果汲取资源，这种向一切人类经验讨教的开放态度和真诚意愿也是所有哲学工作者都必须具备的基本素养。

尽管对宏大叙事的警惕和拒斥是分析哲学家的基本身份认同，但欧陆哲学至少可以帮助他们看到，一个或一组被明确界定的问题是如何落脚于某种整体性当中的。这种对整体性的诉求首先意味着哲学（如果哲学还希望有别于其他学科的话）必须探讨世界的各个部分是如何联系在一起的，其次意味着哲学家必须在方法和结论上对自己提出的这幅整体性图景进行反思。很遗憾，这个洞见并不是分析哲学家的共识。罗蒂在《哲学在今天的美国》中这样描述分析哲学的现状：“现在，在分析哲学中相互交缠的‘核心’领域——认识论、语言哲学、形而上学——不同的范式和主要的哲学系一样多。……同时流行于美国一千多个‘分析’哲学系的任何问题都进展得非常好。现在的分析哲学领域是研究方案相互竞争的丛林，这些方案的半衰期似乎一年比一年短。……美国哲学家的最好希望是安迪·沃霍尔的承诺：我们都会变成超级明星，只不过大约能维持十五分钟。”②

对于这样的现状，康德和黑格尔的告诫也许值得一听。康德在

① 塞拉斯：《经验主义与心灵哲学》，王玮译，上海：复旦大学出版社，2017，第 12 页。“异邦”的概念来自圣奥古斯丁，奥克肖特在《论人的行为》将它视为公民联合（civil association 或 societas）的历史源头。See Michael Oakeshott, *On Human Conduct*（Oxford: Oxford University Press, 1975）, p.243.

② Rorty, *Consequences of Pragmatism*, p.216.

《纯粹理性批判》中指出，“一切哲学知识的系统就是哲学。如果我们把它理解为对一切做哲学研究的尝试进行评判的范本，我们就必须把它看作客观的，它应当用来对每个主观的哲学进行评判，而这些主观的哲学体系往往是各种各样和变化多端的。按照这种方式，哲学就是一个有关某种可能的科学的单纯理念，这门科学永远也不被具体地给予，但人们却从各种不同的道路去试图接近它，直到那条唯一的、被感性的草木所壅蔽了的小路被发现、而迄今错位的摹本在命运赐予人类的范围内成功地做到与蓝本相同为止。直到那时以前我们不可能学到什么哲学；因为，哲学在哪里？谁拥有哲学？而且凭什么可以认识哲学？我们只能学习做哲学研究，即按照理性的普遍原则凭借某些正在着手的尝试来锻炼理性的才能，但却总是保留着理性对那些原则本身在其来源上进行调查、认可和抵制的权利”。[1] 而黑格尔则在《精神现象学》序言中指出，“要有耐心，一方面，这是说，必须忍耐这条道路的辽远，因为每个环节都是必要的；另一方面，这是说，必须在每个环节那里都作逗留，因为每个环节自身就是一个完整的个体形态，而且只有当它的规定性被当作完整的或具体的东西来考察时，或者说，只有当全体是在这种规定性的独特性下加以考察时，每个环节才算是得到了充分地或绝对地考察”。[2] 如果我们能够跳脱批判哲学和绝对观念论的狭义语境，从一个更宽泛的视角来看，就会发现这两段论述就“哲学是什么”和“应该如何做哲学”提出了极有价值的见解。

下面对本书的篇章略作提要。本书的主体部分由九个相互独立的研究组成，这几个研究从各个面向考察了分析视域中的康德与黑格尔，其中不仅涉及分析哲学家对康德和黑格尔理论的接受和改造，还涉及分析哲学家思想中的康德和黑格尔因素。还要特别指出的是，尽管本书会花较大的篇幅来讨论分析哲学家对康德和黑格尔的解读，但这些解读中并不存在任何“还原”康德和黑格尔的原教旨主义诉求。他们

---

① 康德：《纯粹理性批判》，邓晓芒译，北京：人民出版社，2004，第 633 页。

② 黑格尔：《精神现象学》上卷，贺麟、王玖兴译，北京：商务印书馆，1981，第 19 页。

的根本诉求是在康德和黑格尔的帮助下阐明自己的立场，并为自身面对的问题提供解决方案。

在进入独立的研究之前，我花了较大的篇幅（第二和第三章）详细考察了康德和黑格尔在分析语境中的基本位置。第二章在一个简短的引言之后，考察了早期分析哲学家对康德的两个主要批判和康德思想中的分析倾向，同时指出了康德对分析哲学作出的主要贡献；第三章首先从方法论和本体论两个层面考察了黑格尔与分析哲学的根本分歧，接着阐明了黑格尔如何通过语言转向内部的四个明显转向进入分析哲学的论域，最后再次从方法论和本体论两个层面探讨了黑格尔可能帮助分析哲学实现的两个反思。这两章的讨论大致上是普及性的，旨在为接下来的研究提供一个基本的理论语境。

在独立研究部分，第四和第五章集中处理了分析传统中的“构造问题”。在分析语境中，“构造世界”始终是“语言转向”这个表面纲领背后的关键母题。我通过这两个研究得到的基本结论是：如果说卡尔纳普（Rudolf Carnap）代表了构造理论的康德阶段，那么古德曼（Nelson Goodman）则代表了构造理论的黑格尔阶段。第四章的主要思路如下：对逻辑实证主义的一般解读是沿着经验论的线索展开的。但是自上世纪 90 年代开始，以弗里德曼（Michael Friedman）为代表的一批研究者开启了一场以新康德主义为视角重新评价逻辑实证主义的运动。本章将以卡尔纳普的《世界的逻辑构造》为切入口来探讨逻辑实证主义和新康德主义的学理关系。通过检查对《构造》的经验论解读，并考察《构造》中的康德因素和非康德因素，我试图阐明，对《构造》的经验论解读和新康德主义解读都存在一定的片面性，因为《构造》的理论方案明确地处在逻辑实证主义和新康德主义之间。《构造》的这种居间性不仅体现了卡尔纳普思想的复杂性，也说明逻辑实证主义作为一种“语言转向”后的分析哲学思潮并没有规避西方哲学传统的根本问题，即心灵与世界的关系问题。卡尔纳普在《构造》中提出的方案在古德曼那里得到了最好的继承，后者的博士论文《性质的研究》（1941，修订版以《表象的逻辑》为题于 1951 年出版）对

《构造》作出了实质性的推进。

第五章的主要任务是考察这一论断的成立条件和理论后果，并探讨是否还有将这一论断进一步推进的空间。为了更好地呈现古德曼的思路，我选择了新康德主义者卡西尔（Ernst Cassirer）与古德曼进行对勘。首先我将概述卡西尔在象征形式哲学中提出的原因与形式的辩证法，然后再考察古德曼对卡尔纳普的推进，以及这种构造方案所揭示的非实在论立场。在此基础上，我将阐明卡西尔和古德曼的构造方案在何种意义上呈现了鲜明的黑格尔式特征。除此之外，我还将从卡西尔和古德曼所处的象征主义语境出发阐明这个共性背后的深层理论动因，以及由此驱动的对构造理论的重新理解。

斯特劳森（Peter Strawson）对康德的解读是后者重新进入分析视域的主要驱动力。但第六章的研究并没有延续这个视角，而是从麦克道威尔（John McDowell）在《心灵与世界》中“提出”的一个论断出发，试图探讨斯特劳森和黑格尔的关联。本章的任务是回到斯特劳森的思想本身，考察他是否真的具有黑格尔倾向，以及这种倾向在何种意义上影响了他的思想体系，由此较为公允地评估麦克道威尔的论断。首先我将概述主导斯特劳森思想推进的核心线索，并阐明斯特劳森的理论方案如何与他的康德研究有机地整合在一起，其中不但涉及斯特劳森本人的思想体系，也涉及分析康德主义的一些核心问题。在此基础上，我试图阐明，斯特劳森对康德的修正性解读带有很明显的黑格尔倾向，而他的描述性形而上学和黑格尔的修正性形而上学也许能在更深的层面统一起来。从已有的讨论和研究来看，斯特劳森与康德的紧密关联在很大程度上掩盖了他的这些黑格尔倾向，这并不利于我们充分地吸收斯特劳森的思想遗产。同时，重新揭示这些倾向也意味着，当我们在分析视域中探讨从康德到黑格尔的推进线索时，不应该忽视斯特劳森这个重要的理论环节。

第七至十章聚焦于匹兹堡学派对德国观念论的借鉴和改造。我试图在“从康德到黑格尔”这个参照系下考察匹兹堡学派内部的思想推进。粗略地看，如果说塞拉斯代表了匹兹堡学派中的康德阶段，那么麦克道威尔和布兰顿（Robert Brandom）则代表了匹兹堡学派中的黑格尔阶段。当然，在从康德推进到黑格尔的过程中，麦克道威尔和布兰顿所采取的路径存在着分歧，前者试图在黑格尔的帮助下构想一种不同于先验观念论的世界观和心灵观图景，后者则试图在社会交往的语境下强调黑格尔的推论主义洞见。尽管有研究者指出这是两条极为不同的理论路径①，但我们也应该看到，这两条路径很难在学理上明确区分开来。从某种意义上来说，它们是彼此的必要前提。除此之外，我们还应该看到，匹兹堡学派并没有简单地重演从康德到黑格尔的发展历程，而是将分析语汇和观念论语汇创造性地结合在一起，得到了极富启发性的理论方案。

具体而言，第七章试图从康德的"直观"概念着手探讨匹兹堡学派内部的学理区分。不同于布兰顿的理性主义路线，塞拉斯和麦克道威尔试图保留并重塑经验主义的遗产，即在抛弃直接"所予"的基础上重新界定知识的经验基础。但塞拉斯和麦克道威尔的经验主义是两个非常不同的理论方案，因为他们对经验基础的理解存在着关键分歧，这一点突出体现在他们对康德的解读和对直观的理解上：塞拉斯认为直观必须和感觉印象明确区分开来，我们概念运作必须止步于直观，无法进一步向前延伸至感觉印象。而麦克道威尔则认为，概念能力的自发性运作可以在直观中越过塞拉斯式的感觉印象，更远地延伸至世界本身。通过考察塞拉斯和麦克道威尔对康德的解读，本章试图阐明，这些分歧不但隐含着匹兹堡学派内部从康德到黑格尔的推进线索，还从根本上导致了"人在世界中"和"将世界纳入视野"这两幅极为不同的经验主义图景。

第八章较为全面地考察与评估布兰顿思想中的黑格尔资源。布兰顿在自己的理论方案中对黑格尔作出了极富原创性的运用，这些互动不仅展现了德国观念论的生命力，也呈现了分析哲学的诸种面向，更

① See Paul Redding, *Analytic Philosophy and the Return of Hegelian Thought*（Cambridge: Cambridge University Press, 2007）, pp.17—8.

让我们看到了融合这两个哲学传统的可能性。本章首先分析了布兰顿将分析哲学从康德阶段推进到黑格尔阶段的理论动机和具体方案；其次梳理了黑格尔对布兰顿的两个主要启示，即从理性主义推进到表达主义，以及作为“宽大回忆”的历史理性洞见；最后讨论了布兰顿如何将黑格尔的资源有机地整合于自己的理论体系之内，并总结性地评估布兰顿对黑格尔的借鉴。

第九和第十章的研究虽然将匹兹堡学派和其他的理论资源结合起来，但仍然处在从康德到黑格尔的整体框架中。第九章考察了塞拉斯和法国哲学家梅亚苏（Quentin Meillassoux）这两位当代实在论者处理物自体的两种方式。物自体是康德先验哲学给我们留下的巨大谜题。塞拉斯的科学实在论和梅亚苏的思辨唯物论不仅为我们呈现了在后批判哲学视域下探讨物自体的不同路径（“我们的”物自体和“非人的”物自体），还为我们把握他们各自的理论体系提供了基本的抓手。在充分考察这两个方案的基础上，本章还初步探讨了整合这两个方案的可能性，即探讨一种能够同时容纳“科学之思”和“非人之思”的更宽泛的“思”。

第十章尝试提出一种对维特根斯坦和麦克道威尔的关联性解读，即用“概念实在论”同时界定两者的立场。在分别考察这两种概念实在论的基础上，本章将试图阐明两者的共通性：它们最终都落脚于一种在寂静主义视角下展开的哲学构想。虽然寂静主义的视角来源于麦克道威尔就“何谓遵守规则”这个后期维特根斯坦问题提出的解决方案，但我认为它的应用域可以进一步拓展至关于概念实在论的讨论。为了说明这种哲学构想的性质，我借用了对《逻辑哲学论》的一条非正统解读路径，即以柯南特（James Conant）和戴蒙德（Cora Diamond）为代表的“决断式解读”（resolute reading）。从后期维特根斯坦的“治疗性”（therapeutic）诉求出发，这些解读者决断地将《逻辑哲学论》中的“无意义”部分视为该书的主旨，由此认为该书的基本倾向是自我解构的，最终没有提供任何关于世界、思想、语言和逻辑的形而上学理论。我认为，真正理解概念实在论需要我们从狭义的理论建构走向广义的生命活动，这些活动的产物不是作为一般哲学立场的概念实在论，而是在坦然面对世界的同时展开思想劳作的实践态度。在这个意义上，寂静主义视角下的概念实在论并不是一个自我消解式的理论方案。不同于纯粹治疗性的决断式解读，这样的理解是“非决断式”的。

第十一和第十二章虽然涉及匹兹堡学派的两位主要人物，但并不和德国观念论的思想资源直接相关。尽管如此，我认为这两章的研究在理论意图和最终结论上都体现了鲜明的黑格尔式色彩。其中第十一章涉及在自然主义的框架下探讨心灵与世界的关联，第十二章则涉及语言和世界的本质相关性。出于这样的考量，我也把它们收入了本书。

具体而言，第十一章考察了英美哲学语境中两个特殊的自然主义版本，即麦克道威尔和杜威（John Dewey）的自由自然主义，这两种自然主义都是在对还原论自然主义作出反思的基础上建立起来的体系化方案。本章试图在充分刻画这两个版本的基础上阐明，尽管从时序上来看，杜威的方案比麦克道威尔的方案早了半个多世纪，但从理论的最终形态来看，杜威的方案可以反过来从三个方面推进了麦克道威尔的方案，即重新界定人在自然中的位置，彻底认识自然的连续性，以及尝试构想一种全局性的自然观。鉴于自由自然主义在当下英美哲学论域中是一种尚待展开的理论形态，本章希望通过这些讨论基本澄清这一理论形态的内部肌理，并初步提出理论推进的可能走向。

从二十世纪中叶开始，对语义的理解经历了从指称关系到语用推论，用语用层面的共识代替语义层面的表征的“语用转向”。第十二章将通过考察戴维森和布兰顿的语义学方案阐明，试图在语义和语用之间做出选择的理论视域是狭窄的。戴维森试图阐明，为了让解释者和说话者共同意指某个公共事物或事件，世界和语言之间必须存在某种更为基础的同构性。基于同样的诉求，布兰顿认为我们必须在推论实践的终点用清晰的逻辑表达语汇来刻画语义推论的表征维度。从一种更为整全的语义观出发，他们尝试在语用的语境中重新讨论语义表征，从“语言使用者在世界中”的图景出发探讨语言和世界的深刻关联。

这些思考从根本上表明，关于语义的探讨并不存在真正意义上的“转向”，而是一个将各种因素都纳入考量的开放性议题。

以上是本书各篇章的概要。西方的古代工匠会以“X faciebat”署名自己的作品。不同于完成时态的“X fecit”，“X faciebat”这个未完成时态表明作品的宣告完成只是名义上的，而非实质性的。我同样愿意在本书的最后这样署名。这不仅意味着分析传统与观念论传统的对话和融合仍然是一个尚待展开的思想史事件，还意味着本书中的思考也都是半途的思考，它们有极大的可能在未来得到修正和拓展，更意味着任何意义上的哲学探索都应该是开放性的。哲学爱智慧，但绝不能自称占有了真理。

作为一部论文集，本书的一些章节在不同的杂志发表过，在此向各位编辑和审稿人致以诚挚的谢意。同时也要感谢张庆熊教授拨冗为这本斗胆而成的文集写了序言。具体的发表信息如下：

- 第四章《在逻辑实证主义和新康德主义之间：〈世界的逻辑构造〉中的康德与非康德因素》发表于《外国哲学》第 45 辑（商务印书馆，2023）。
- 第五章《心灵的构造与世界的肌理：象征主义语境中的古德曼和卡西尔》以《“世界 3”：卡西尔与古德曼》为题发表于《艺术史与艺术哲学》第 3 辑（商务印书馆，2023），收入本书时有改动。
- 第六章《描述性形而上学的康德资源与黑格尔倾向：对斯特劳森的定位性考察》发表于《现代外国哲学》第 22 辑（上海三联书店，2022）。
- 第七章《“直观”的不同意涵及效应：塞拉斯和麦克道威尔读康德》发表于《学术月刊》，2022 年第 2 期。
- 第八章《布兰顿思想中的黑格尔资源：考察与评估》发表于《哲学分析》，2021 年第 4 期。
- 第九章《如何处理物自体：塞拉斯和梅亚苏》发表于《世界

哲学》，2022 年第 1 期。

- 第十一章《自由自然主义的两个版本：对麦克道威尔的杜威式推进》发表于《哲学研究》，2020 年第 11 期。
- 第十二章《如何在语用转向后重提语义表征？——以戴维森和布兰顿为例》发表于《复旦学报》，2022 年第 1 期。

第二章 分析视域中的康德

有一天，我在路易斯安那州立大学的走廊中遇到了沃格林，我问他是否想教康德。他说他没想过这事。然后他问，“你为什么想要我教康德？”我说，“因为我对康德和德国观念论者一无所知。”沃格林说，“我正是从他们那里开始的，而我用了我的整个生命试图逃离这些观念论者。”

恩斯特·沃尔特斯（Ernest Walters）：《回忆沃格林》

引言：从观念到语言

伯格曼（Gustav Bergmann）在上世纪60年代创制了“语言转向”（linguistic turn）的提法。他指出，“所有语言哲学家都通过谈论一种适当的语言来谈论世界。这就是语言转向，也就是日常语言和理想语言哲学家都同意的基本方法步骤”。[①] 罗蒂在他所编的著名文集（以《语言转向》为题）中积极响应了这一提法，将它视为当代英美哲学的主

① Gustav Bergmann, *Logic and Reality* (Madison: University of Wisconsin Press, 1964), p.177. 伯格曼还在另一处指出，“[逻辑实证主义者]都接受维特根斯坦在《逻辑哲学论》中开创的语言转向。当然，他们以各种方式作出了解释和发展，由此产生了分歧。但他们都信服于此，因而呈现出共同的风格”。Gustav Bergmann, “Logical Positivism, Language, and the Reconstruction of Metaphysics”, in Richard Rorty, ed. *The Linguistic Turn: Recent Essays in Philosophical Method* (Chicago: University of Chicago Press, 1967), p.63.

要路径。[①] 但是为了理解“语言转向”的确切内涵，我们必须将目光回溯至近代早期。

在近代的认识论框架下，“语言”从属于“观念”，这种情况一直持续至“语言转向”。洛克（John Locke）在《人类理解论》中这样界定观念：观念“最能够代表人思维时的任何理解对象，我用它来表示幻相、意念、类象或心灵所能想到的任何东西”。[②] 类似地，笛卡尔（René Descartes）在《第一哲学沉思集》中指出，“在我的各类思维之中，有些是事物的影像。只有在这样一些思维才真正适合观念这一名称：比如我想起一个人，或者一个怪物，或者天，或者一个天使，或者上帝本身”。[③] 简言之，观念是私人的“心理图像”（mental image），而语词则是用来交流这些图像的“约定符号”（conventional sign）。洛克指出，语词是“内在观念的符号，它们是人心中的观念的标记。人通过语言相互认识，彼此传达心中的思想”。[④]

近代早期的哲学家无一例外地坚持观念之于语词的优先性。他们的主要理由是，观念是对事物的直接复制，语词则是对观念的再翻译，较之于摹本的摹本，作为忠实摹本的心理图像要更接近事物的真实存在。洛克告诉我们，简单观念“就像镜子一样，既不能改变也不能消除对象在它面前制造的影像或观念”。[⑤] 而作为人为的约定，语词和观念之间的联系不是“自然的联系”，而是“有意的强加”，这种强加在很多时候是“完全武断的”。[⑥] 根据这样的构想，近代早期的哲学家无一例外地批判了语词的各种滥用，培根（Francis Bacon）提出的“市场假象”就是这种批判的典型代表。[⑦]

---

① Rorty, ed. *The Linguistic Turn*, p.9, n. 10.

② John Locke, *An Essay Concerning Human Understanding* (Oxford: Clarendon, 1990), bk. 1, ch. 1, sec. 8.

③ 笛卡尔:《第一哲学沉思集》，庞景仁译，北京：商务印书馆，1986，第 36 页。

④ Locke, *An Essay Concerning Human Understanding*, bk. 3, ch. 1, sec. 2.

⑤ Ibid., bk. 2, ch. 1, sec. 25.

⑥ Ibid., bk. 3, ch. 2, sec. 1.

⑦ 培根:《新工具》，许宝骙译，北京：商务印书馆，1986，第 30—31 页。

“语言转向”是对这幅以观念为核心的图景的系统反思。反思的主要结论是：首先，必须从根本上转换观念之于语言的优先性，不是语言以观念为前提，而是观念以语言为前提。换言之，我们只能思维自己能够说出的东西，在这个意义上，“想”（thinking）就是“大声想出来”（thinking-out-loud）。其次，知识的基础并不在于观念（无论是经验论者的简单观念，还是唯理论者的先天观念），而在于我们所使用的语言，语言框架决定了我们的知识结构。再次，心灵并不是通过观念复制世界，而是通过在语言中作出的陈述决定世界本身的意义。这些反思在极大程度上重塑了语言转向后的哲学形态，即从所想之道（logos ho eso）转向出口之道（logos exo），从考察私人的心理图像转而考察公共的言语行为，通过语言的透镜（lens of language）而非自我意识的透镜（lens of self-consciousness）来探讨问题。

“语义上行”（semantic ascent）是这个新工作方案的核心方法论原则。根据这一原则，我们不再考察世界是什么，而是考察用什么样的语汇去谈论世界，用奎因（W. V. O. Quine）的话来说，“存在就是成为约束变项的值”（to be is to be the value of a variable）。这样一来，哲学的讨论就可以从对存在的种种断言“上升”至语言内部的分析和澄清。奎因指出，“我们试图将约束变项和本体论联系起来，不是为了知道什么东西存在，而是为了知道我们或别人的某个陈述或理论说什么东西存在；这几乎完全是同语言有关的问题”。① 这种方法的优势是显而易见的：绝大多数的哲学难题变成了赖尔（Gilbert Ryle）意义上的“范畴谬误”（categorical mistakes）。正如罗蒂所指出的，“语言哲学的观点是，哲学问题是那些可以通过重新组织语言或者通过增进对我们当下所使用的语言的理解而得到解决（或消解）的问题。这一观点的许多支持者认为这是这一时代最重要的哲学发现”。②

从观念到语言的转向从根本决定了观念论和分析哲学之间的距离，

① W.V. Quine，“On What There is”，in *From a Logical Point of View*（Cambridge，MA：Harvard University Press，1961），pp.15—6.

② Rorty，ed. *The Linguistic Turn*，p.3.

而康德作为观念论的核心人物也就自然而然地站到了语言转向的反面。我们甚至可以毫不夸张地说，分析哲学起源于对康德的反动。尽管康德探讨了“先天性 / 后天性”、“分析性 / 综合性”这些分析语境中的核心概念，他的“先验观念论”在本质上不同于语言转向后的“哲学语义学”。但另一方面，哲学史的大量事实告诉我们，一种理论和它的反对对象往往同处在一个更大的视域中。因此，康德与分析哲学的距离不应该掩盖他们之间的亲缘性，尽管这些隐藏的线索需要在分析哲学的逐步推进中得到揭示。在下面的篇幅中，首先我将考察早期分析哲学家对康德的两个主要批判，即拒斥心理主义和取消先天综合判断。然后我将考察康德的观念论中隐含了哪些分析倾向，他的思想资源又如何进入分析哲学的理论语境。

早期分析哲学家的反心理主义路径

一个通常被忽视的事实是，尽管早期分析哲学家将康德作为心理主义的主要代表，但康德对经验论者的批判实际上是沿着反心理主义的思路展开的。他在《纯粹理性批判》中指出，洛克关于概念起源的解释无法为概念的使用提供最终的证成：“这种在自然之学上的推导真正说来并不能称之为演绎，因为它涉及的是事实问题（quaestionem facti）”，而“从这些概念以后要完全独立于经验而运用来说，它必须出示一个完全不同于经验的出身的出生证”。[①] 从这个角度来看，将康德的立场界定为心理主义是不妥当的。确切的说法应该是，康德采取了不够彻底的反心理主义立场。不过在早期的分析哲学家看来，不够彻底的反心理主义实质上就是心理主义。

康德区分了普遍逻辑（或纯粹逻辑）和先验逻辑。普遍逻辑只涉及思维的单纯形式，“它不具有经验性的原则，因而不从心理学中汲取任何东西”。[②] 因为普遍逻辑的运用只涉及思维的形式，不涉及任何质料，因而可以完全规避经验论的心理主义和自然主义解释。问题在于

---

① 康德：《纯粹理性批判》，邓晓芒译，第 80—81 页。

② 同上，第 53 页。

先验逻辑。康德指出，先验逻辑讨论“我们有关对象、而又不能归之于对象的知识来源”，也就是一切判断的条件。[①] 这里的问题在于，考察一切判断的条件虽然落脚于超越个体经验的普遍有效性，但这些条件不仅涉及知性的纯粹范畴，还涉及时空的纯粹直观形式，因而还是无法摆脱个体经验的因素。这种困难的突出表现是，康德的先天综合判断最终还是将它们的有效性奠基在某种特殊的先天直观之上，比如，数学命题的有效性来源于对时空的先天直观。除此之外，在探讨知性的纯粹范畴时，康德还不加批判地运用了经验论者的抽象主义方法。这样一来，运用先验逻辑的先验观念论（研究心灵作出经验判断的普遍能力）最终还是滑向了先验心理学甚至经验心理学（研究我们如何在经验中作出判断）。

早期分析哲学家试图帮助康德克服这种心理主义的残余。他们将逻辑的法则和心理的法则明确区分开来，试图用客观的逻辑推演代替主观的心理分析，让理性的运用进展到真正意义上的“科学理论”（Wissenschaftslehre）。然而，我们在将反心理主义作为早期分析哲学家的集体特征时，往往忽视了他们是通过不同的理论路径得出了相同的结论。因此，“反心理主义”这个标签在很大程度上掩盖了早期分析哲学家之间的关键分歧。

首先让我们来看弗雷格（Gottlob Frege）的反心理主义路径。弗雷格在《算数基础》中提出了三条基本的方法论原则，其中第一条原则是：“要把心理学的东西和逻辑的东西、主观的东西和客观的东西明确区分开来。”[②] 弗雷格认为，必须把被判断的内容和作为一种活动的判断区别开来。前者是思维的客观内容，是不依赖个体判断的公共思

① 康德：《纯粹理性批判》，邓晓芒译，第 54 页。

② 弗雷格：《算数基础》，王路译，北京：商务印书馆，2002，第 8 页。弗雷格提出的第二条原则是：“必须在句子联系中研究语词的意谓，而不是个别地研究语词的意谓”；第三条原则是：“要时刻看到概念和对象的区别。”他指出，违反第二条原则也就意味着违反了第一条原则，因为一旦我们个别地研究语词的意谓，就“不得不把个别心灵的内在图像或活动当作语词的意谓”。（同上，第 9 页）可以看到，第三条原则（概念和对象的区分）实际上也落脚于第一条原则。

想；后者是思维的主观活动，是因个体而异的心理活动。逻辑不研究个体为何以及如何做出某个判断，只研究客观的思想本身。这是典型的“逻辑主义”（logicalism）方案。

但这个方案并不是由弗雷格独创的。在康德之后，欧陆逻辑学家的主流做法是跟随康德的先验逻辑，研究让所有判断成立的必然条件，并由此建立一个普遍的逻辑体系。① 但有别于这种做法，一批德奥系的逻辑学家认为，逻辑不涉及判断的行为，只涉及判断的对象，因此逻辑学在首要意义上是一种严格的“对象理论”（Gegendstandstheorie），而非认识理论。布伦塔诺（Franz Brentano）区分了“表象”与“判断”。他指出，“表象与判断的差异必定是一类思维与另一类思维的内在差别”。② 布伦塔诺的学生们继承了这一区分，其中最典型的代表是胡塞尔（Edmund Husserl）在《逻辑研究》第一卷中提出的理论方案。③ 除此之外，同为布伦塔诺学生的迈农（Alexius Meinong）也在《对象理论》中严格区分了心理学和对象理论：心理学只关心存在（existieren）的对象，也就是在心理事件中实际呈现的对象，而不关心潜存（bestehen）的可能对象。他指出，“我们要避免的唯一结论是认为知识理论的心理学部分就是对象理论”。④ 布伦塔诺的另一位学生，波兰的逻辑学家和哲学家塔多斯基（Kazimierz Twardowski）同样在他的教授资格论文《论呈现的内容和对象》中区分了主观观念和客观

---

① See Hermann Lotze, *Logic*, *in three books*: *of Thought*, *of Investigation*, *and of Knowledge* (Oxford: Clarendon, 1884; 2nd ed., 1887); F. H. Bradley, *The Principles of Logic* (Oxford: Oxford University Press, 1883; 2nd ed., 1922); Bernard Bosanquet, *Logic*, *or the Morphology of Knowledge* (Oxford: Clarendon, 1888; 2nd ed., 1911).

② 布伦塔诺：《从经验立场出发的心理学》，郝亿春译，北京：商务印书馆，2017，第244页。

③ 需要指出的是，尽管胡塞尔在《逻辑研究》第一卷中提出了鲜明的反心理主义立场，认为逻辑和数的观念具有独立于经验意识的普遍有效性，但他却在《逻辑研究》第二卷中退回到了某种意义上的“心理主义”，开始讨论逻辑和数的对象是如何在意识活动中被构成的。在《大观念》中，他通过现象学还原的方法实现了从自然态度到先验现象学态度的转变，最终克服了心理主义。

④ Alexius Meinong, “The Theory of Objects”, in Roderick Chisholm, ed., *Realism and the Background of Phenomenology* (New York: Free Press, 1960), p.97.

观念。①

弗雷格和德奥逻辑学派存在着事实上和学理上的交集，他的逻辑主义方案是这个逻辑学传统的有机组成部分。② 与布伦塔诺等人类似的，弗雷格明确区分了“表象”（Vorstellung）与“思想”（Gedanke，英译通常为 thought 或 proposition）。关于这一区分，达米特指出，“在弗雷格看来，思想——思维活动的内容——不是意识流的构成物。他不断地说，它们不是心灵或意识的内容，与感觉、内心印象和类似的东西不同——他把所有这些东西包含在‘表象’这个一般词之下。他允许把握一个思想是一种心灵活动，但是这是一种心灵借以理解对它而言外在的东西的活动，而这种外在的东西是独立于被它或被任何其他主体所把握而存在的。这里的原因在于，思想是客观的，而表象不是客观的。我可以告诉你，我的表象像什么样子，但它依然内在地是我的表象，因此，谁也无法说明它在什么程度上与你的表象相同。相比之下，我可以向你传达我正拥有或我判断为真或假的思想。如果不是这样，我们就绝不会知道我们是不是真正有分歧。因此，任何思想都不能在感觉是我的这种意义上是我的。思想是所有人共同的，因为是所有人都可以得到的。弗雷格坚持在客观的东西和主观的东西之间非常严格的二分，不承认主体间相互的东西这种中间范畴。主体的东西对他来说本质上是个人的和不可传达的。因此他认为，对所有人是共同的东西的存在，无论是什么，一定是独立于任何人的。根据弗雷格的观点，思想及其构成涵义形成了一个永恒的‘第三领域’和一些不变的实体，

---

① See Kazimierz Twardowski, *On the Content and Object of Presentations: A Psychological Investigation* (Hague: Martinus Nijhoff, 1977).

② 胡塞尔在《算术哲学》中对数的起源和内容作了弱心理主义意义上的描述。弗雷格在给《算术哲学》写的书评中批评了胡塞尔的方案，这一批评直接驱动了《逻辑研究》的反心理主义立场。胡塞尔在给弗雷格的信中写道，“我从您的《算术基础》中获得了大量的刺激和鼓舞。我在写作自己的书时研究了许多著作，您的著作给我带来的乐趣最多”。Gottlob Frege, *Philosophical and Mathematical Correspondence* (Oxford: Basil Blackwell, 1980), p.64. See also Robert Solomon, "Sense and Essence: Frege and Husserl", *International Philosophical Quarterly*, X (1970), pp.378—401; J. N. Mohanty, *Husserl and Frege* (Bloomington: Indiana University Press, 1982), pp.18—42.

这些实体的存在不依赖于被把握或被表达”。[①]

布伦塔诺开创的思路最终发展为现象学传统，而弗雷格又是分析传统的奠基者，在这个意义上，反心理主义是现象学和分析哲学的共享前提。但是如果我们再往前追溯，现象学和分析哲学的背后其实还有一个共同的时代背景，即黑格尔去世后不久，在德国哲学中出现的客观主义转向。这一转向由波尔查诺（Bernard Bolzano）开启，在特伦德伦堡（Adolf Trendelenburg）、洛采（Hermann Lotze）等人那里得到了充分发展。从这个角度来看，现象学和分析哲学都是从德国观念论语境中自然生长出来的思想成果。

被称为“波西米亚的莱布尼兹”的波尔查诺是莱布尼兹和弗雷格之间最好的逻辑学家。他生于《纯粹理性批判》出版的那一年，死于弗雷格出生的那一年，是黑格尔的同时代者。波尔查诺不仅提出了涵义与意谓的弗雷格式区分，还预见了塔斯基（Alfred Tarski）的逻辑后承观和奎因对逻辑真的定义。与这里的讨论相关的是他对康德式心理主义的批评。不同于洛克式的经验主义路径和沃尔夫式的理性主义路径，波尔查诺对康德的批评是从逻辑的视角展开的，他试图用关于“命题实体”（propositional entity）的逻辑理论取代关于“心理表象”的逻辑理论。他在《科学理论》中指出，“如果逻辑理论将观念、命题和真理定义为思维者心灵的现象，它就不可能就真理自身的关联获得真正的洞见，它就会将这种关联和经验之间的关联混淆起来”。[②] 为了克服这一点，我们要将命题理解为“关于是什么或不是什么的断言，不管是否有人将它说出来，甚至也不管它是否被思维”。[③] 概而言之，波尔查诺试图阐明，真正意义上的科学理论只处理宽泛意义上的命题实体，不处理与命题相关的心理状态和认知进程，也不涉及概念的心理特征和后果，因此它应该是一种严格意义上的对象理论。

可以看到，波尔查诺和弗雷格的方案之间存在着明显的亲缘性。达

---

① 达米特：《分析哲学的起源》，王路译，第 22—23 页。

② Bernard Bolzano, *Theory of Science* (Berkeley: University of California Press, 1972), p.17.

③ Ibid., pp.20—21.

米特指出，“波尔查诺用与弗雷格几乎同样的术语得出了主观的东西和客观的东西之间的区别，而且早就抱怨康德没能在它们之间保持清晰的区别。他像弗雷格一样区别了主观表象和客观表征，或被占有的表象和表象自身。这恰恰是弗雷格关于表征与涵义的区别。波尔查诺同样区别了被思考的命题和命题本身，称赞莱布尼兹和赫尔巴特以前做出了类似的区别。波尔查诺的命题本身与弗雷格的思想当然是等价的东西”。①但达米特又倾向于认为，弗雷格是独立得出这一结论的。他指出，“没有理由认为弗雷格曾读过波尔查诺，但胡塞尔和迈农读过，并跟随波尔查诺将弗雷格意义上的思想从心灵中驱逐出去”。②不同于达米特的判断，切诺斯柯托夫（Yury Chernoskutove）认为，弗雷格通过奥地利哲学家凯瑞（Benno Kerry）的中介接触了波尔查诺的思想。松德霍尔姆（Goran Sundholm）也试图阐明，弗雷格确实在 1905 至 1906 年间仔细阅读了波尔查诺，并受到了不可忽视的影响。③在这些材料的基础上，我更倾向于认为波尔查诺对弗雷格的思想产生了实质性影响。但无论如何，弗雷格对康德的批判和修正并不是一个孤立的思想事件，它和康德之后的一系列理论方案一起构成了一个更大的思想语境。

作出这个思想史的澄清之后，让我们再回过头来看用于取代表象的“思想”。为了理解弗雷格意义上的思想，这里要提及弗雷格在“涵义”(Sinn）和“意谓”(Bedeutung）之间作出地著名区分。④1890 年左右，弗雷格将早期的单层语义学拓展为双层的语义结构：每个有

① 达米特：《分析哲学的起源》，王路译，第 22—23 页。

② 同上，第 24 页。达米特还在另一处指出，“根据双方著作的内容，我们有理由猜想，在弗雷格出生那年去世的波尔查诺是唯一一位影响过弗雷格的 19 世纪哲学家。但没有任何证据表明弗雷格读过波尔查诺”。Michael Dummett，*Frege and Other Philosophers*（Oxford：Clarendon，1991），p.vii.

③ See Yury Chernoskutove，“Logic and Object Theory in 19th Century：From Bolzano to Frege”，internet source：https://iphras.ru/uplfile/logic/log19/LI19_Chernoskutov.pdf；Goran Sundholm，“When，and Why，did Frege read Bolzano?” *LOGICA Yearbook 1999*（2000），pp.164—5.

④ Sinn 的一般英译为 meaning 或 sense，Bedeutung 的一般英译为 reference 或 denoting，有时也译为 meaning。它们对应的中译一般为“涵义”和“指称”。王路则分别译为“意义”和“意谓”。参见弗雷格：《弗雷格哲学论著选辑》，王路译，北京：商务印书馆，2006，第 17 页。笔者出于自己的考量保留了一般的译法，将 Sinn 译为“涵义”，但采用了王路的译法，将 Bedeutung 译为“意谓”。

意义的表达都具有两种相互关联又相对独立的语义属性（semantic property），其中涵义涉及表达的认知效力（cognitive power），意谓涉及表达的语义效力（semantic power）。事实上，《概念文字》和《算术基础》已经包含了关于"意谓"的阐述，而新增的"涵义"则在不违背已有构想的前提下被有机地整合了进来。根据这个双层结构，弗雷格有效解决了空单称词项的问题（空单称词项没有意谓，但可以有涵义），以及不同的名称如何指称同一个对象的问题（意谓相同，但涵义不同）。但弗雷格提出"涵义"的根本动因并不是这些涉及指称的问题，而是下面这个显见的事实：不同语言使用者可以用不同方式来理解表达所指称的同一个实体。

在弗雷格的语境中，一个有意义的表达必须要有所指称。换言之，一个表达是有意义的，当且仅当它以某种方式指称了语言外的某个实体。"意谓"揭示的正是这种指称关系。弗雷格在一篇未发表的手稿中指出，"一个句子可以为真或为假，当且仅当它是一个思想的表达。'利奥・萨切斯是一个人'这个句子表达了一个思想，当且仅当'利奥・萨切斯'指示了某个东西。同样，'这张桌子是圆的'表达了一个思想，当且仅当'这张桌子'不是空洞的发声，而是为我指示了某个东西"。[①] 可以看到，意谓实际上有两种功能：将真值赋予表达，将对象分配给表达。这两种功能共同构成了表达的语义效力。还要特别指出的是，尽管意谓将某个对象分配给表达，但弗雷格在一种专门的意义上（真值）使用它，它本身并没有"所指"的意思。因此，意谓是一个很难翻译的概念，将它译为"指称"并不十分妥当。

不同于意谓，"涵义"揭示了使用者对语言表达的理解。但在弗雷格的语境中，涵义并不是主观的心理学范畴，因为它不是私人属性，而是公共属性。涵义不是指个体以特殊的方式理解某个对象，而是指每个称职的使用者都会以相同的方式理解该对象。弗雷格在《论涵义和意谓》中指出，涵义"可以为许多人共有，因而不是个别心灵

① Gottlob Frege, *Posthumous Writings* (Chicago: University of Chicago Press, 1979), p.174.

的部分或形式”，它们是“人类共有的思想财富，它代代相传”。[①] 关于涵义的理解有许多分歧。比如，达米特将涵义理解为确定意谓的方法，如果某人把握了一个句子的涵义，他就拥有了确定句子真值的方法。而埃文斯（Gareth Evans）则认为，达米特提出的证实主义（verificationism）解读过强了，弗雷格的思想中（特别是早期）不存在任何证实主义的痕迹。埃文斯倾向于认为，涵义是理解意谓的一种“方式”。[②] 不同于这两种理解，我倾向于认为，弗雷格的涵义像柏拉图的理念一样处在“第三领域”中。我们可以通过考察弗雷格的《思想》来说明这一点。[③] 该文不仅是我们理解“涵义”的主要依据，同时也阐明了弗雷格在何种意义上谈论“思想”。

弗雷格在《思想》中提出了三个主要结论：首先，指出有三种事物存在，即作为心理进程的观念（表象）、作为命题的思想、以及外部事物（实在）；其次，拒斥贝克莱式的观念论，阐明事物不是观念，它们真实存在于我们的心灵之外；最后，最为关键的，指出思想就是句子的涵义。[④]

关于第一个结论，弗雷格指出，“思想既不作为表象属于我的内心世界，也不属于外在世界，即感官上可感觉的事物的世界”。[⑤] 他还指出，“思想不是完全非现实的，但是它的现实性与事物的现实性具有完全不同的性质。它的作用是通过思考者的活动而产生的，没有思考者的活动，它就没有作用，至少就我们所能看到的情况是这样。虽然这么说，可是思考者确实不制造思想，而是必须如实地接受它。不必被一个思考者把握，思想就可以是真的，并且在这种情况下思想也

① 弗雷格：《弗雷格哲学论著选辑》，王路译，第 99 页。

② Gareth Evans, *The Varieties of Reference*（Oxford: Clarendon, 1982）, p.17.

③ 《思想》《否定》《思想结构》是弗雷格发表在《德国唯心主义哲学》上的系列论文，分别被称为“逻辑研究”的前三部分。他还计划写第四部分《论逻辑的普遍性》，但最终没有完成。

④ 要注意的是，这并不意味着每个句子（比如命令句、愿望句、请求句）的涵义都是一个思想。弗雷格主要考虑的是传达或断定某些东西的句子。

⑤ 弗雷格：《弗雷格哲学论著选辑》，王路译，第 152 页。

不是完全不现实的，至少当它能够被把握并由此产生某种效用时是这样”。[1] 这里的解读困难在于，如何确定弗雷格赋予思想的本体论地位？思想是柏拉图意义上的理念性存在，还是一种更弱意义上的存在，即在共享的意义空间中形成的规范性实在（normative reality）？我个人倾向于认为，前一种解读更接近弗雷格的本意。如果我们将这种解读和弗雷格的第三个结论（思想就是句子的涵义）结合起来看，就不难得出对涵义的柏拉图主义解读。

弗雷格在《思想》中区分了对思维内容的单纯把握（记作“— A”，横线为内容线）和判断（记作“⊢ A”，竖线为判断线）。内容（表象）和判断（思想）之间不是程度的区分，而是不同存在模式的区分。他在生前未发表的《逻辑》中指出，“（在心理学意义上的）表象是没有确切界线的和变化多端的，思想则保持不变，思想就其本质而言是非时间性的和非空间性的”。[2] 可以看到，将围绕“思想”展开的分析方案和围绕“表象”展开的认识论方案区分开来是早期分析哲学的基本前提，它肇始于弗雷格的《概念文字》，进而在罗素和怀特海的《数学原理》中得到了长足发展。探讨思想的基本场域不是生成性的认识进程，而是非时空性的逻辑系统。从表象到思想的转向让哲学家探索真理的方向也发生了实质性的改变。弗雷格在《思想》中指出，真正意义上的“真”不是在观念的层面探讨表象和实在的一致性，因为这种探讨实际上是用一个表象与另一个表象作比较，“这样就没有完全的一致，没有完全的真”。[3] 相反，他要求我们考虑不会随心理进程变动的思想：“如果人们理解或考虑一个思想，则人们不是制造它，而是接近它，因为它在此之前已经存在，而且接近它是某种关系，与看到一个事物和有一种表象这样的关系是不同的。”[4] 概而言之，通过提出一个完全脱离观念的第三领域，进而探讨该领域中各存在（“思想”）

① 弗雷格：《弗雷格哲学论著选辑》，王路译，第 156 页。
② 同上，第 211 页。
③ 同上，第 131 页。
④ 同上，第 144 页，注①。

间的逻辑关系，弗雷格开启了不带任何心理主义成分的分析方案。

接下来让我们来看罗素（Bertrand Russell）和摩尔（G. E. Moore）的反心理主义路径。尽管罗素继承并发展了由弗雷格开创的方法论原则，但他并不接受弗雷格提出的双层结构语义学：他认为应该抛弃涵义，只在意谓的层面上探讨语义。他在给弗雷格的一封信中（1904年12月12日）指出，“我无法区分涵义和意谓，我只能看到心理性的观念和对象。更确切地说，我根本不承认涵义，只承认观念和意谓”。① 半个多世纪之后，这条反弗雷格的“直接指称”路径在分析哲学内部得到了更为深入的探讨。对本章的讨论而言，这一分歧至少提示我们，用思想（作为句子的涵义）取代表象的方案在罗素那里是不成立的，因此，弗雷格和罗素的反心理主义方案很有可能是两条完全不同的理论路径。

不同于德奥学派的逻辑学家，早期的罗素和摩尔在很大程度上承袭了前面提及的主流逻辑观。罗素在《论几何学的基础》的前言中指出，“在逻辑上，我从布拉德雷（F. H. Bradley）那里学到最多，其次是希格沃特（Christoph von Sigwart）和鲍桑葵（Bernard Bosanquet）”。② 根据这种继承关系，罗素对康德的批评也在很大程度上沿袭了新黑格尔主义者的思路。新黑格尔主义者对康德的一个主要不满是，康德过于关注主观的心灵，而忽视了绝对精神的客观本质。比如，布拉德雷在《逻辑原理》中指出，“无论如何，我们英国人在心理态度中活得太久了”。③ 他的主要考量是，为了界定一个表象的意义，我们必须将某个特殊的心理图像和世界中的其他对象关联起来，这些对象中既包括过去、现在和将来的对象，也包括实际和想象的对象，简言之，一个特殊的表象必须和实在的整体紧密相关。在这个意义上，

① Frege, *Philosophical and Mathematical Correspondence*, p.169.

② Bertrand Russell, *An Essay on the Foundations of Geometry*（Cambridge: Cambridge University Press, 1897）, p.ii.

③ F. H. Bradley, *The Principles of Logic*, 2nd ed.（Oxford: Oxford University Press, 1922）, vol.i, p.2.

探讨整体的逻辑学必须和探讨个体的心理学严格区分开来。

尽管这条整体主义和绝对主义的路径与分析的方法背道而驰，但这一思路对此时尚未和黑格尔主义决裂的罗素和摩尔产生了重要影响。罗素在《对莱布尼兹哲学的批评性解释》中对莱布尼兹作出了如下批评：因为莱布尼兹停留于用“主词—谓词”的形式理解关系，他“被迫接受了后来为康德所提出的理论；这种理论认为，关系虽说是确实的，但却是心灵的作品。……命题是由于被相信而获得其真理性的，这个观点内蕴于上述理论中，且构成康德的哥白尼革命的一个重大部分”。① 可以看到，罗素不是像德奥逻辑学派那样在判断行为和判断对象之间作出区分，而是在心灵的作品和客观精神的成果之间作出区分。摩尔在《判断的本质》中探讨了非心理性的“概念”，以及由概念构成的“命题”，不同于心理性的“观念”和“判断”，概念和命题是可以被分析的实存。他指出，“命题可能和思维者发生关系，为了发生这种关系，它们必须已经是某种东西。它们的本质和是否有人思维它们无关。它们是不变的，它们与思维主体发生的关系并不意味着作用或反作用”。② 尽管这一表述很接近弗雷格，但我们注意到，摩尔的“概念”是从布拉德雷那里引入的。摩尔指出，他赞同布拉德雷的观点，即“判断中的观念是普遍意义”，它和“只是心理状态的观念”明确区分开来。③

在后续的思想发展中，罗素和摩尔逐渐背离了早期的新黑格尔主

① 罗素：《对莱布尼兹哲学的批评性解释》，段德智等译，北京：商务印书馆，2016，第16—17页。

② G. E. Moore, *Selected Writings*（London：Routledge，1993），p.4.

③ Ibid., p.2. 摩尔还指出，康德那里已经隐藏了这一思路，比如，康德指出，“意识的分析的统一”让表象或观念成为“共同概念”（conceptus communis 或 gemeinsamer Begriff）。康德的原话为：“意识的分析的统一是和所有的共同概念本身相联系的，……一个应被设想为各种不同的表象所共同的表象是被看作属于这些不同表象的，这些不同表象本身除了拥有该表象外还拥有某种不同的东西，因此这个表象必须预先在与其他表象（即使只是可能的表象）的综合统一中被想出来，我才能在它身上想到使它成为 conceptus communis（共同概念）的那种意识的分析的统一。”康德：《纯粹理性批判》，邓晓芒译，第90页。

义。在成熟理论体系中，他们最终抛弃了对普遍意义和客观精神的黑格尔式诉求，从新的视角提出了反心理主义的理论方案。但不可否认的是，新黑格尔主义者的思路给他们提供了反心理主义的最初契机。

先来看罗素的思想发展。1898 年底，罗素在摩尔的帮助下抛弃了黑格尔式的内在关系和有机整体，他将这一转变称为“多元论的反抗”（revolt into pluralism）。[①] 罗素的多元论世界观最终由两种“原子”构成：作为殊相的感觉材料和作为共相的逻辑实体。这两种原子根据不同的存在模式——“存在”（exist）和“潜存”（subsist）——分别构成了“存在的世界”和“本质的世界”。[②] 在罗素的语境中，感觉材料和逻辑实体在不同的意义上独立于人的心灵，因而都是反心理主义的。但这两种反心理主义的实质完全不同，罗素在阐述时也用到了完全不同的理论资源。

我们可以在《心的分析》《物的分析》和《人类的知识：其范围与限度》中找到成熟的感觉材料理论。罗素试图阐明，感觉材料既不是心理的，也不是物理的，而是一种更为基本的中立原子。这种“中立一元论”（neural monism）。不同于早期的感觉材料理论（比如《哲学问题》），中立一元论视域下的感觉材料不再是物理对象的感觉材料，相反，物理对象是从中立材料中派生的。可以看到，在殊相层面，罗素的反心理主义是用中立原子来取代心理表象。这条思路和实用主义者的思路并无二致，即用交互进程来取代独立的心理进程和物理进程。罗素自己也承认，詹姆士（William James）探讨的“纯粹经验”（pure experience）是中立一元论的关键资源。他引用詹姆士的话指出，“如果我们首先假定世界上只有一种原始材料或质料，即一切事物都由之构成的材料，并且假如我们把那种材料称为‘纯粹经验’，那么认识可

① Bertrand Russell, *My Philosophical Development*（New York: Simon & Schuster, 1959）, p.54.

② 他还在此基础上区分了事物和概念：事物只能出现在命题的主词部分，概念则能够出现在主词（as denotation）和谓词部分（as meaning）。See Bertrand Russell, *Principles of Mathematics*（London: Routledge, 2009）, pp.45—6.

以轻易地被解释为纯粹经验的诸部分相互之间可以产生的一类特殊关系。这种关系自身是纯粹经验的一部分；其‘关系项’之一变成了知识的主题或承载者即认识者，另一个变成了所认识的对象”。[①] 但詹姆士和罗素的关键分歧在于，在詹姆士那里，由“纯粹经验”构成的世界是唯一的存在域，而罗素的世界始终由两部分构成，除了作为殊相的中立原子，还有作为共相的逻辑实体。

在阐明逻辑实体的本体论状态时，罗素改造了迈农的理论资源。他在三篇系列文章《迈农的复合体和假设理论》中详细讨论了迈农的对象理论以及在这一理论中占核心位置的“潜存”（Bestand, subsistence）概念。他在第一篇文章中指出，“思想的对象，即便这个对象不存在，也具有一种存在，这种存在并不以任何方式依赖于作为思想的对象”，而“除了弗雷格，我并不认为有一个知识理论家比迈农更接近这一立场”。[②]

迈农区分了“对象”（object）和“对象性”（objective）：前者是“低等对象”（inferiora），后者是“高等对象”（superiora）；“低等对象”是一种“呈现”（presentation），“高等对象”是一种“关系”（relation）。[③] 他还指出，“对象性”是“复合体”（complexion），“对象”作为复合体的成分从属于“对象性”。[④] 罗素肯定了迈农的区分，认为迈农的“对象”就是在知觉中直接呈现，“对象性”则是在关系中得到判断。对象性不是知觉的对象，而是判断的对象，我们可以脱离知觉中的呈现来思维一个对象性。罗素在这里看到了摆脱心理主义的可能性。但他也看到，迈农的理论中存在着心理主义的残余，因为迈农认为高等对象必须预设更为独立的低等对象，或者说以后者为基础。罗素指出，“虽然迈农不认为只有实存的才是直接可知的，但他似乎仍然认为从实存

① 罗素：《心的分析》，贾可春译，北京：商务印书馆，2018，第 16 页。

② Bertrand Russell, “Meinong’s Theory of Complexes and Assumptions（I）”, *Mind*, 13: 50（1904）, p.204.

③ Meinong, “The Theory of Objects”, in Chisholm, ed., *Realism and the Background of Phenomenology*, p.79.

④ Ibid., p.85.

开始更安全也更经验，而这就暗示了与逻辑方法相对的心理学方法”。[①]

罗素认为，为了克服迈农的心理主义残余，关键步骤是抛弃布伦塔诺的意向性理论，即心理现象的基本特征是将某个对象包含于自身的意向性之中。他在《心的分析》中指出，布伦塔诺的意向性理论是他“要与之论战的观点”。[②] 根据意向性理论，判断的对象总是意向性的对象，因而总是内在的。而罗素则指出，“思想与对象的关联并不是简单的、直接的、必不可少的东西……依我看，它是派生的，而且主要取决于这样的信念，即构成思想的东西与联合组成对象的各种其他成分是有联系的”。[③] 可以看到，如果说在殊相层面，罗素的反心理主义是用中立原子来取代心理表象，那么在共相层面，罗素的反心理主义则是通过取消意向性理论来维持“潜存”的客观性。因此，笼统地谈论罗素的“反心理主义”是不妥当的。

在考察了这两个层面的反心理主义之后，我们可以明确区分弗雷格和罗素的反心理主义路径。弗雷格在《思想》中提出了三种存在：观念性表象、思想和外部实在。虽然他试图用思想取代表象，但他的最终意图并不是要抛弃表象，而是让逻辑理论从主观的表象转向客观的思想。这个方案的核心是提出由“思想”构成的第三领域，但这个领域并不和表象的领域发生关系，也不涉及对表象的改造。而罗素则在前面提及的信中指出，他并不承认涵义和意谓的区分，只承认观念和对象的区分。因此，他并没有像弗雷格那样制造一个第三领域，而是分别改造观念和对象，将前者改造为中立原子，将后者改造为脱离一切意向性的逻辑实体。从这个意义上来说，对“涵义”的拒斥不只产生了语义学效应，还有更为深刻的本体论效应。概而言之，弗雷格和罗素的“逻辑主义”是两条极为不同的反心理主义路径。首先，弗雷格不涉及对表象的改造，罗素的方案则对表象做出了重要改造。其

① Bertrand Russell, “Meinong’s Theory of Complexes and Assumptions（II）”, *Mind*, 13: 51（1904）, p.346.

② 罗素:《心的分析》，贾可春译，第 8 页。

③ 同上，第 11 页。

次，弗雷格的方案制造了表象、思想和实在三个领域，罗素的方案则落脚于存在和潜存这两个存在领域。

再来看摩尔的思想发展。摩尔的反心理主义立场比罗素更激进。罗素试图在《论几何学的基础》中帮助康德作出如下澄清：范畴是先天的，因而是逻辑的，与主观的心理学无关。他指出，“先天性就是主观性的断言是危险的，这种观点让先天受经验心理学的摆布。围绕康德的纯粹直观展开的争论足以说明这种危险有多严重。因此，在这篇论文中，我对先天的使用将不带有任何心理学意味。我对先天的检验将是纯粹逻辑的”。① 摩尔在一篇评论中批评了罗素的心理主义残余。他指出，康德的范畴来自经验，他的先天性中混合了大量主观的和心理学的要素，因此先验逻辑就是心理学的一部分。摩尔的结论是，罗素帮助康德作出的澄清是不成立的。②

和罗素一样，摩尔的反心理主义也是在殊相和共相两个层面上展开的，但两者采取了非常不同的理论视角，他们用到的思想资源也不尽相同。在殊相层面，不同于罗素的中立一元论，摩尔试图用常识实在论来反对将认识限制在思维内部的观念论。这种常识实在论在《拒斥观念论》中得到了最为明确的表达。摩尔指出，“‘蓝’就是一个对象，而不只是我的经验内容，当我经验到蓝时，它是我意识到的最明显而独立的真实事物。因此，根本不存在我们是‘如何走出自己的观念和感觉圈’的问题”。③ 可以看到，在殊相层面，如果说罗素的反心理主义最终走向了观念论和实在论之外的第三种选项，那么摩尔的反心理主义则更多的是实在论对观念论的反驳。

但摩尔的实在论并没有停留在作为殊相的感觉材料层面，而是进一步推进到了作为共相的判断层面。他试图阐明，真命题就是构成世界的基本事实。这个结论的要点在于，不是真命题表征事实，而是真

① Russell, *An Essay on the Foundations of Geometry*, p.3.

② See G. E. Moore, “Review of Russell, *An Essay on the Foundations of Geometry*”, *Mind*, 8 (1899), pp.397—405.

③ G. E. Moore, *Philosophical Studies* (London: George Allen & Unwin, 1922), p.27.

命题就是事实本身。摩尔在为《哲学和心理学辞典》写的“真理”辞条中指出，“很明显，真理和它所要符合的实在之间并无二致，也就是说，我存在这个真理和它所要符合的实在——我的存在——之间并无二致。因此，真理只能通过指涉实在得到定义，而实在也只能通过指涉真理得到定义”。[①] 这种关于命题和实在的构想对早期的维特根斯坦（Ludwig Wittgenstein）产生了巨大影响。把握这种构想的关键在于，不考虑命题或实在的优先性，而是将真命题和构成世界的基本事实放在一种本质的同构关系中加以理解。摩尔指出，这是符合论、融贯论和实用论之外的第四种真理理论。[②] 可以看到，在共相层面，摩尔并没有像罗素那样强调逻辑实体的“潜存”，而是将命题视为构成世界的事实，由此来理解命题的对象性。因此，尽管摩尔也坚持语义的指称理论，并在不同的地方使用了这一理论（比如《拒斥观念论》），但他并不像罗素那样关心指称对象的本体论状态，而是将命题和事实的同构作为常识性的预设接受下来。

根据以上的讨论，弗雷格、罗素和摩尔的反心理主义是三条非常不同的理论路径，它们从不同的理论视角出发，在援引的思想资源上也存在着明显的区分。这些分歧也意味着，早期分析哲学家对康德的批判并不是一个可以被笼统归纳的理论步骤。在这些奠基性的工作之后，分析哲学家不再去尝试证成反心理主义的立场，而是将它作为分析方案的基本前提接受下来，这个前提不但为理想语言学派所接受，也为日常语言学派所接受，而逻辑实证主义者在哲学工作和科学工作之间作出的明确区分则进一步拉大了分析哲学和心理主义的距离。但不管怎样，至少在早期分析哲学家那里，“反心理主义”这个标签下隐含着丰富的内涵和层次，它的理论效应不仅涉及方法层面，还涉及本体论层面。

---

① G. E. Moore, “Truth”, in James Baldwin, ed. *Dictionary of Philosophy and Psychology* (London: Macmillan, 1901—1902), reprinted in Thomas Baldwined., *G. E. Moore: Selected Writings* (London: Routledge, 1993), p.21.

② G. E. Moore, *Lectures on Philosophy* (London: Routledge, 2014), p.146.

先天综合判断：批判与回归

从思维和对象的交缠中区分出纯粹思维的部分，并用最一般的形式阐明思维的运作，这是西方哲学自诞生之初就设立的基本议题，其典型代表是亚里士多德的逻辑学。在近代的认识论传统中，“单纯的思维运作”和“与对象相关的思维”被进一步提炼为“分析”和“综合”的区分。休谟（David Hume）在《人性论》中区分了两类关系：“一类完全取决于我们所比较的各个观念，一类是可以不经过观念的任何变化而变化的。”[①] 莱布尼兹（Gottfried Wilhelm Leibniz）在《单子论》中提出了理性运用的两大原则：矛盾律和充足理由律，分别对应于理性真理（vérités de raison）和事实真理（vérités de fait）。他指出，“理性真理是必然的，其对立面不可能成立；事实真理是偶然的，其对立面可以成立”。并且，对必然的理性真理而言，“我们可以通过分析找到它的理由，将它分解为更简单的观念和真理，直到达到那些原初的观念和真理”。可以看到，后一论断已经明确预示了分析哲学的基本方案。不过，与大多数近代哲学家一样，莱布尼兹还特别指出，尽管事实真理是偶然的，但有一个终极的充足理由（la dernière raison）能够最终克服这种偶然性，那就是上帝（Dieu）。[②]

跟随近代哲学家的区分，康德通过主词和谓词的关系区分了分析判断和综合判断：在分析判断中，“谓词 B 属于主词 A，是隐蔽地包含在 A 这个概念中的东西”，而在综合判断中，“B 完全外在于概念 A，虽然它与概念 A 有连结”。康德告诉我们，“一切物体都有广延”是一个分析判断，而“一切物体都是有重量的”则是一个综合判断。因为在前一个判断中，“在我去经验之前，我已经在这个概念中有了作出这个判断的一切条件，我只是从概念中按照矛盾律抽出这一谓词，并借

① 休谟：《人性论》，关文运译，北京：商务印书馆，2018，第 81 页。

② Nicholas Rescher, ed. *G. W. Leibniz's Monadology* (Pittsburgh: University of Pittsburgh Press, 1991), §31—39.

此同时就能意识到这个判断的必然性，它是经验永远也不会告诉我们的”；而在后一个判断中，“经验是重量这一谓词与物体这一概念有可能综合的基础”。①

但康德进一步指出，除了分析判断和综合判断，还有另一种判断，即先天综合判断。作为先验哲学的核心部件，先天综合判断既不是单纯的分析判断，也不是一般的经验知识，而是普遍的先天知识。康德以“7+5=12”这个算术命题和“两点之间直线最短”这个几何命题为例说明先天综合判断：因为“12 这个概念决不是由于我单是思考那个 7 与 5 的结合就被想到了”，而“‘最短’这个概念完全是加上去的，而决不能通过分析从直线这个概念中引出来”。②除此之外，康德认为我们还可以在自然科学（比如“在物质世界的一切变化中，物质的量保持不变”和“在运动的一切传递中，作用和反作用必然永远相等”这两个物理学定理）和形而上学（比如“世界必然有一个最初的开端”）中找到先天综合判断。③

一般认为，挑战康德的主要契机是物理学和数学的新发展。一方面，由相对论和不确定性原理得出的一系列“反直觉性”结论从根本上推翻了先天自明的时空框架。另一方面，非欧几何的新发展也在极大程度上挑战了作为先天综合判断的数学命题。根据欧几里得第五公设，给定一条直线，通过此直线外的任何一点，有且只有一条直线与之平行。但是这个“先天综合判断”在十九世纪后半叶发展起来的非欧几何那里得到根本性的挑战：“根据双曲几何，给定一条直线，通过此直线外的任何一点，至少有两条直线与之平行；而根据椭圆几何，给定一条直线，通过此直线外的任何一点，不存在任何直线与之平行。”这些新进展在极大程度上挑战了先天综合判断的“先天性”。

但事实上，除了这些外部的辅助，早期分析哲学家对先天综合判断的拒斥实际上是出于逻辑主义的动机，即认为数学命题本质上是

---

① 康德：《纯粹理性批判》，邓晓芒译，第 8—9 页。

② 同上，第 12—13 页。

③ 同上，第 14 页。

逻辑命题，它们都是形式化的推演体系。因此，他们的首要工作是将数学命题纳入分析论域，让它们脱离康德意义上的先天综合判断，同时免受经验论者的攻击。在此基础上，他们还致力于提高“分析性”（analyticity）的理论地位，试图让分析性重新回到哲学工作的核心位置，由此建立一种完全不受经验事实左右的理论方案。

弗雷格认为，将数学命题纳入分析论域的关键步骤是拓展分析性的含义。在近代以来的认识论传统中，分析性或者被理解为单纯的同一性（休谟和莱布尼兹），或者被放在传统的主谓框架中加以说明（康德）。而弗雷格在《算术基础》中指出，我们应该重新理解康德那里的分析性，即谓词包含在主词之中，这种“包含”不是“简单地从箱中把刚刚放入的东西又取出来”，它“恰如植物包含在种子之中，而不是像房梁包含在房屋之中”。在这个意义上，它是“综合的”，但因为这个知识的扩展过程“可以被纯逻辑地证明”，因而是“分析的”。[①]在弗雷格看来，如果我们能将数学命题纳入经过拓展的分析论域，康德的先天综合判断就变成了冗余的理论设定。在同样的意义上，罗素在《数学原理》中指出，“康德式的观点认为数学推理并不是严格形式化的，而是使用了直观，即关于时空的先天知识。多亏了形式逻辑的发展，特别是皮亚诺教授的工作，现在我们能够最终不可撤销地拒斥这部分康德哲学”。[②]

这里要特别指出的是，尽管都坚持逻辑主义的立场，但弗雷格并不像罗素那样将所有数学命题都归为分析命题。他认为算术命题是绝对分析的，但是和康德一样认为几何命题是先天综合命题，因为几何

---

① 弗雷格：《算术基础》，王路译，第 106 页。

② Russell, *Principles of Mathematics*, pp.4—5. 与逻辑主义相对的是以庞加莱（Jules Henri Poincaré）、布劳威尔（L. E. J. Brouwer）、外尔（Hermann Weyl）等人为代表的直觉主义（intuitionism）和以希尔伯特（David Hilbert）为代表的形式主义（formalism）。直觉主义和形式主义的共同特征在于认为数学并不只是共相层面的运作，它必须涉及某种意义上的殊相，换言之，它必须是综合的。如果我们考察直觉主义（比如布劳威尔）和形式主义（比如希尔伯特）的数学观，会发现它们和康德的数学观之间存在着很强的亲缘性。

命题虽然不涉及特殊对象，但用到了基于时空形式的直观。[①]站在罗素的角度来看，弗雷格的数学观是不纯粹的，因为它保留了康德式的先天综合判断。[②]但换一个角度来看，这也说明弗雷格对分析性的要求比罗素严格得多。在弗雷格那里，真正的分析性必须彻底摆脱所有的经验要素。他最终发现，只有“数”能够满足这个要求。他指出，“我也必须反驳康德下述断言的普遍性：没有感觉，我们就不会得到任何对象。零、一是我们不能通过感觉而得到的对象。甚至将较小的数看作是直观的那些人也必须承认，他们无法直观地得到大于1000^（1000^1000）的数，并且必须承认我们仍然知道许多这样的数”。[③]

为了理解弗雷格的动机，我们必须向前追溯至莱布尼兹。莱布尼兹在《人类理智新论》中提出了哲学的最终目标：要“完全地决定”一个观念，“再没有什么暂时性的东西”。[④]为了实现这一目标，他提出了“通用表意文字”（Charactertica Universalis）的方案。这个方案的实质是让每个事物都分配到一个表意数字，并在此基础上建立一种可以在通用逻辑计算和微积分框架内使用的语言。莱布尼兹在《通用表意文字序言》中指出，“没有任何东西是不能用数表达。因此，数和算术在形而上学意义上是宇宙的统计学，我们以此来探究事物的能力”。[⑤]他还乐观地指出，“我认为一些被选出来的人可以在五年之内完成这个任务。他们可以在两年之内建立在日常生活中最经常被使用的理论，也就是用不可动摇的微积分所揭示的道德和形而上学理论”。[⑥]

我们可以在莱布尼兹的方案中看到极为强烈的理性主义色彩。他

---

① 弗雷格：《算术基础》，王路译，第107页。

② 斯卢加（Hans Sluga）认为这种保留会让弗雷格滑向某种意义上的先验观念论。See Hans Sluga, *Gottlob Frege* (Boston: Routledge & Kegan Paul, 1980), see also Michael Dummett, “Frege and Kant on Geometry”, in *Frege and Other Philosophers* (Oxford: Clarendon, 1991), pp.126—157.

③ 弗雷格：《算术基础》，王路译，第107页。

④ 莱布尼兹：《人类理智新论》，陈修斋译，北京：商务印书馆，2016，第409页。

⑤ Gottfried Leibniz, *Philosophical Essays* (Indianapolis: Hackett, 1989), p.5.

⑥ Ibid., p.8.

的最终愿景是，如果持不同立场和观点的人之间发生冲突，就可以坐下通过计算的方式最终得出正确的结论。他指出，“如果有了关于事物的真正表意文字，我们就不需要作出任何心理上的努力，也脱离了犯错的危险，我们能够判断论证是否实质性地成立，并得出正确的结论”。① 弗雷格继承了莱布尼兹式的理性主义。他指出，“算术基础不是比所有经验科学的基础，甚至比几何学基础更深吗？算术的真支配着可计数的领域。这一领域是最广博的；因为它不仅包括现实的东西，不仅包括直观的东西，而且还包括一切可被思考的东西。那么，数的规律与思维规律难道不应该联系得最密切吗？” ② 弗雷格认为，为了获得不依赖任何经验直观的真命题，我们必须从经验的领域转向数学的领域，最终落脚于作为纯粹逻辑演算的算术命题。这种理性主义倾向从根本上规定了分析哲学的理论方案。

跟随弗雷格和罗素，逻辑实证主义者明确拒斥了作为先天综合判断的数学命题。比如，艾耶尔（A. J. Ayer）在《语言、真理与逻辑》中指出，算术命题甚至几何命题实际上都是分析命题。③ 而石里克（Moritz Schlick）则在《普通认识论》中指出，“几何学的判断是先天的，但它们根本不是综合的判断”。④ 但是不同于弗雷格式（莱布尼兹式）的理性主义动机，驱使逻辑实证主义者得出这一结论的是他们所受的科学和数学训练。根据这些训练，逻辑实证主义者认为不可能存

---

① Gottfried Leibniz, *Philosophical Essays* (Indianapolis: Hackett, 1989), pp.9—10.

② 弗雷格：《算术基础》，王路译，第 29 页。

③ A. J. Ayer, *Language, Truth and Logic* (New York: Dover, 1952), p.82.

④ 石里克：《普通认识论》，李步楼译，北京：商务印书馆，2018，第 421 页。在逻辑实证主义者中，让问题复杂化的是卡尔纳普。在他的博士论文（《空间》）中，卡尔纳普强调了空间直观在几何命题中的位置。他在思想自传中指出，“我在耶拿跟着鲍赫（Bruno Bauch）学习了康德的哲学。鲍赫在他的研讨班上花了一整年的时间对《纯粹理性批判》作了细节性的探讨。康德的如下观念强烈地影响了我：空间的几何形式是由我们的直观形式所决定的。在我博士论文中讨论空间直观的那一章，这一影响的后续效果仍然可见”。Paul Schilpp, ed. *The Philosophy of Rudolf Carnap* (La Salle: Open Court, 1963), p.4. 但需要注意的是，根据卡尔纳普在《世界的逻辑构造》中的构想，空间次序是可以从作为基本关系的“相似性记忆”中推导出来的，因而它实际上并不是一种“综合”。

在既独立于经验又不从定义推导而来的先天综合判断。在逻辑实证主义者的视域中，只有两类具有认知意义的命题：科学处理的事实命题和哲学处理的分析命题。前者的意义取决于基于经验事实的可证实性，后者的意义取决于概念之间的逻辑关系；前者与实在的关系是质的一致性，后者与实在的关系是结构的一致性。在此基础上，后期的卡尔纳普进一步区分了语义（semantics）和句法（syntax），两者分别在一般科学语言和元语言两个层次上处理不同的问题。

但逻辑实证主义者在批判先天综合判断时又提供了一个新的视角。他们试图阐明，康德那里的一些先天综合判断，比如几何和算术命题，实际上是分析命题，而另一些先天综合判断，比如康德提到的形而上学命题，则是无意义的陈述。可以看到，在取消了先天综合命题之后，逻辑实证主义者又提出了另一种命题：以形而上学命题为代表的无认知意义的命题。这样一来，批判先天综合判断的重心就从数学命题转向了形而上学命题。由逻辑实证主义者策动的拒斥形而上学运动在极大程度上左右了分析哲学的走向，用《语言、真理与逻辑》第一章的标题来说，有效的哲学工作必须首先是一种“形而上学的驱除”（the elimination of metaphysics）。类似地，卡尔纳普在《世界的逻辑构造》中指出，“由于对每个哲学命题都要求为其正确性提出证明和强有力的根据，这就会把玄想的、诗意的作品从哲学中排斥出去。当人们开始认真对待在哲学上亦需持有科学的严谨态度的要求时，就必须要把全部形而上学从哲学中驱逐出去，因为形而上学命题不可能得到合乎理性的证明”。①

对形而上学的拒斥让逻辑实证主义变成一种非常激进的“批判哲学”，它彻底抛弃了哲学的思辨功能，只保留最严格意义上的批判功能（“分析”）。从某种意义上来说，这一思路和康德的批判哲学相距并不遥远，后者致力于展示因为理性的“谬误推理”而导致的诸种形而上学幻

① 卡尔纳普：《世界的逻辑构造》，陈启伟译，上海：上海译文出版社，2008，第3页。

相，让我们从独断论的形而上学中走出来。康德自己也在不同地方表达了对形而上学的深刻反思。比如，他在《未来形而上学导论》指出，形而上学“不断地利用一门科学的外表自吹自擂，用永不消失、但也从未实现过的希望来拖累人类知性”，并且，“当任何一门别的科学都在不断地进步时，这门自命为智慧本身、任何人都要讨教的科学却是不断地在原地兜圈子，一步也不前进”。① 另一个值得注意的事实是，当康德说“存在”不是一个谓词时，他不仅推翻了关于上帝存在的争论，还从一个侧面表明，试图对存在本身加以界说的传统形而上学是无法成立的（尽管康德本人并没有沿着这一思路探索下去）。但在逻辑实证主义者看来，康德的批判哲学是不彻底的，因为他的体系中仍然保留了形而上学命题。正如石里克所指出的，“尽管与以往的形而上学所要求的相比是非常小的地盘，但仍然是一块可观的安息之地”。②

不过，逻辑实证主义者虽然从康德那里得到了反形而上学的契机，但他们对形而上学的批判显然是针对更为“思辨”的哲学家，比如黑格尔、柏格森（Henri Bergson）、海德格尔（Martin Heidegger）等人。在逻辑实证主义者看来，如果说康德的批判哲学还有通过分析得到净化的可能性，那么这些关于存在的总体性洞见则已经完全走向了分析哲学的反面。

但思想史的发展总是充满了起伏和往复，分析哲学也不例外。尽管早期的分析哲学家和逻辑实证主义者不遗余力地批判康德的先天综合判断，但是从 20 世纪中叶开始，分析哲学的发展明显背离了这一思路。这种背离的主要动因是对“分析性”的反思以及由此开启的整体主义转向。20 世纪中叶，奎因、古德曼和怀特（Morton White）就分析与综合的区分展开了三角通信。③ 这些通信促生的一系列文章猛烈

---

① 康德：《康德著作全集》第 4 卷，李秋零主编，北京：中国人民大学出版社，2010，第 256—257 页。

② 石里克：《普通认识论》，李步楼译，第 420 页。

③ W. V. Quine, “Two Dogmas in Retrospect”, *Canadian Journal of Philosophy*, 21（1991），p.268.

地攻击了分析与综合的区分。[①] 奎因在《经验主义的两个教条》中指出，通过"同义性"(synonymy)来解释分析性的方案是无法成立的，因为不存在保全真值意义上的同义替换。并且，更为致命的是，只有在理解了分析性的前提下才能说某个命题是分析性的，但这种理解本身并不是分析性的，它是有前提的预设。尽管遇到了各种挑战[②]，但奎因等人的提案在很大程度上动摇了分析方案赖以成立的基础，不可逆转地改变了分析哲学的图景。如果不存在严格意义上的分析命题，那么分析哲学家对先天综合判断的批判也就无法成立了。一方面，我们无法在区分分析命题和综合命题的前提下将数学命题归入纯粹的分析命题；另一方面，形而上学命题同样也无法在这个二分的框架下得到界定。

但奎因等人的方案并不是要回到康德。他们要阐明的是，不存在逻辑实证主义者所说的两种命题，也不存在康德所说的三种命题，只存在一种命题。换言之，事实命题和分析命题的区分只是程度上的区分，而非质的区分。这个方案的实质是从近代以来的基础主义转向整体主义的知识图景，这里的基础主义既包括逻辑证实主义者的证实原则和还原论路径，也包括康德赋予先天综合判断的独特功能。在这些整体主义者看来，重要的不是命题之间的区分，而是命题之间的相互关联。因此，我们不能将命题理解为独立的语义原子，再从中找出具有逻辑优先性的那部分命题，而是必须从整体的视角来考察命题之间

① See Nelson Goodman, "On Likeness of Meaning", in *Problems and Projects* (Indianapolis: Hackett, 1972), pp.221—30; W. V. Quine, "Two Dogmas of Empiricism", in *From a Logical Point of View* (Cambridge, MA: Harvard University Press, 1961), pp.20—46; Morton White, "The Analytic and the Synthetic: An Untenable Dualism", in Sidney Hook, ed. *John Dewey: Philosopher of Science and Freedom* (New York: Dial, 1950), pp.316—30.

② See H. P. Grice & P. F. Strawson, "In Defense of a Dogma", *The Philosophical Review*, 55 (1956), pp.141—58; Hilary Putnam, "The Analytic and the Synthetic", in *Mind, Language and Reality: Philosophical Papers*, vol.2 (Cambridge: Cambridge University Press, 1975), pp.33—69. 克里普克(Saul Kripke)在《命名与必然性》中提出的后天必然真理可以说是对保留分析性的最后尝试，但这一尝试是否成功是一个有争议的问题。See Saul Kripke, *Naming and Necessity* (Cambridge, MA: Harvard University Press, 1980).

的关系，在关系的整体中考察和界定语义。这样一来，作为关系整体的“理论”或“语汇”就成了探讨意义的唯一语境。和奎因一起策动了整体主义转向的塞拉斯在《经验主义与心灵哲学》中指出，“我们只有得到其中包括绿的概念的一整套概念才能得到关于绿的概念”。① 我们将在下一章的讨论中看到，这个整体主义转向中隐含了从康德到黑格尔的潜在线索。

对先天综合判断的批判在很大程度上阻碍了分析哲学家吸收康德关于判断的核心洞见，而逻辑实证主义者划定的工作域也使分析哲学家自觉地和形而上学的思考保持距离。但是在分析性受到根本性的质疑之后，从上世纪后半叶开始，康德重新进入了分析哲学家的视域，并得到了严肃的解读，其中斯特劳森、本内特（Jonathan Bennett）和塞拉斯是这种“分析式康德主义”（analytic Kantianism）的典范。②

上面提到的这几位分析哲学家都有日常语言学派的背景。康德通过日常语言路径而非理想语言路径得到复兴并不是偶然的。虽然日常语言学派也质疑形而上学的工作，但他们并未像逻辑实证主义者那样表现出强烈的反形而上学倾向，也没有急于拒斥康德的先天综合判断。相反，日常语言学派的概念分析路径和康德的范畴理论之间存在着明显的亲缘性。比如，赖尔指出，虽然有失误，但“康德的路径在原则上要比亚里士多德的路径更具启发性”。③ 除此之外还有体制上的原因。斯特劳森在他的思想自传中告诉我们，当他进入牛津的 PPE 课

---

① 塞拉斯：《经验主义与心灵哲学》，王玮译，第 35 页。

② See P. F. Strawson, *The Bounds of Sense: An Essay on Kant's Critique of Pure Reason* (London: Methuen, 1966); Jonathan Bennett, *Kant's Analytic* (Cambridge: Cambridge University Press, 1966); Jonathan Bennett, *Kant's Dialectic* (Cambridge: Cambridge University Press, 1974); WilfridSellars, *Science and Metaphysics: Variations on Kantian Themes* (Atascadero: Ridgeview, 1967). 当然，在此之前已经存在一些分析取向的康德研究。比如，布劳德（C. D. Broad）于二战前后在剑桥开设了关于康德的常规讲座，但这些讲座稿直到 1978 年才出版。更有影响力的是克尔纳（Stephan Körner）的介绍性研究。See C. D. Broad, *Kant: An Introduction* (Cambridge: Cambridge University Press, 1978), Stephan Korner, *Kant* (London: Pelican, 1955).

③ Gilbert Ryle, *Collected Papers*, vol.2 (London: Routledge, 2009), p.185.

程学习时，哲学课程只有两个选项：逻辑和康德（《纯粹理性批判》和《道德形而上学基础》）。① 而塞拉斯也是在牛津大学跟随普莱斯（H. H. Price）研读《纯粹理性批判》，之后又在威尔顿（T. D. Weldon）的指导下写作关于康德的博士论文。《感觉的界限》和《科学与形而上学》是斯特劳森和塞拉斯在长期思考后对康德作出的成熟解读。他们在解读中阐明了自己对康德的取舍，并将这些解读有机地整合进了自己的理论体系。

这些对康德的系统研究产生了两个重要的理论后果。首先是重新引入被分析哲学驱逐的先天综合判断。维特根斯坦在《论确定性》中探讨了不可被怀疑的"枢轴"（hinges/Angeln）命题，这些命题具有经验命题的形式，但并不从经验中推衍而来，而是其他经验命题的基础。② 斯特劳森探讨性地指出，根据维特根斯坦的论述，这些涉及物理对象和因果统一性的命题既非后天命题也非分析命题，它们很可能是康德意义上的先天综合判断，尽管维特根斯坦不会如此界定，也不会像康德那样论证它们。③ 维特根斯坦对枢轴命题的探讨直接影响了斯特劳森本人的方案，正如本内特所指出的，斯特劳森在《个体》中提出的核心命题——在我们的概念框架中，客观性和空间性有着本质的关联——实际上就是康德意义上的先天综合判断，它是非分析的，同时又是一切经验得以可能的前提条件。④

其次，基于对先天综合判断的重新考量，分析哲学家开始耐心地分析康德在形而上学上的深刻洞见，并重新将形而上学"系统地"引入分析哲学。之所以强调"系统地"，是因为分析哲学在它的发展历程中实际上从未真正脱离形而上学。弗雷格、罗素和早期的维特根斯坦自不待言，就连明确拒斥形而上学的逻辑实证主义者也在特殊的意

---

① Lewis Edwin Hahn, ed. *The Philosophy of P. F. Strawson* (Chicago: Open Court, 1998), p.4.

② 维特根斯坦：《最后的哲学笔记》，《维特根斯坦文集》第 8 卷，韩林合主编，北京：商务印书馆，2019，第 167 页。

③ P. F.Strawson, *Entity and Identity and Other Essays* (Oxford: Clarendon, 2000), p.235.

④ Bennett, *Kant's Analytic*, pp.42—43.

义上进行着形而上学的工作（比如卡尔纳普的《世界的逻辑构造》）。[①] 但斯特劳森第一次明确提出，分析工作就是一种形而上学。他在《个体》中将自己的理论方案界定为“描述性形而上学”（descriptive metaphysics），认为亚里士多德和康德的工作是这种形而上学的典型代表。不同于“修正性形而上学”（revisonary metaphysics），描述性形而上学不探讨实在的必然结构，只探讨我们思考实在的概念框架，它不是对何物存在作事实性预设，而是通过逻辑推演得到一种分析性的概念框架，以此作为知识和理解的基础。斯特劳森认为这个方案既符合语言转向的思路，同时也是康德留下来的遗产。虽然对传统的分析路径而言，斯特劳森的工作无疑是一种偏离甚至叛变，但是在斯特劳森的引导下，分析哲学从上世纪 60 年代开始走上了这条“歧途”，将已经被排除出分析视域的形而上学和本体论命题被重新引回分析语境，世界的结构和存在的模式以分析的方式得到了系统的刻画。[②]

康德与分析哲学：分歧下的切近

以上两部分讨论了分析哲学家对康德的主要批判，即拒斥心理主义和取消先天综合判断。但事实上，康德与分析哲学的距离并不像表面看到的那么遥远。比如，雷丁（Paul Redding）指出，分析哲学的创立者没有用经验论来取代观念论，而是试图用柏拉图主义来修正观念论中的心理主义成分，在这个意义上分析哲学并不是观念论的对立

---

① 关于这些早期分析哲学家的形而上学倾向，巴雷特（William Barrett）曾提出一个有趣的比喻：“存在是一种颇为棘手的东西。罗素这一手（即他的摹状词理论）开始看起来有一点像过去喜剧演员的滑稽可笑的例行节目，他拼命地想甩掉其右手上的一块粘蝇纸，甩不掉时，就坐下来耐心地用左手把它揭下来；然后一边把他空空的右手举起来让大家看，同时脸上洋溢着孩子似的笑容，可是观众看见粘蝇纸一直粘在他的左手上。早期的维特根斯坦是首先提醒人们注意粘蝇纸仍在那里这个事实的人中的一个。”巴雷特：《非理性的人》，杨照明、艾平译，北京：商务印书馆，1995，第 292 页。

② See Nicholas Wolterstorff, *On Universals: An Essay in Ontology* (Chicago: University of Chicago Press, 1970); Alvin Plantinga, *The Nature of Necessity* (Oxford: Clarendon, 1974); Nelson Goodman, *Ways of Worldmaking* (Indianapolis: Hackett, 1978).

面。[1]而弗里德曼等人则试图将逻辑实证主义纳入新康德主义的线索中加以考量。[2]更为重要的是，正如前面已经指出的，康德的理论在分析哲学的后期发展中得到了系统研究，并被有机地整合进分析哲学家的理论体系。下面的讨论将从两个方面来说明康德与分析哲学的亲缘性：我将首先指出康德思想中的分析倾向，然后阐明康德对分析哲学的主要贡献。

先来看康德思想中的分析倾向，这里涉及两个要点。首先是方法上的亲缘性。“分解”（decomposition）是分析哲学家共享的方法。莱布尼兹在《单子论》中指出，“如果一个真理是必然的，我们就可以通过分析找到它的理由，也就是说，将它分解为更简单的观念和真理，直到达到基本真理”。[3]弗雷格在很大程度上沿用了莱布尼兹的方法。他的基本构想是，复合句的意义取决于它的构成部件，确定意义的工作就是将复合句分解为最小的语义单位加以研究。分析哲学家对分解的理解存在分歧，比如罗素的基本构想是原子主义的整分论（atomistic merelogy），而弗雷格则认为，“思想”在原则上可以用无限多种方式得到分解。尽管如此，“分解”的方法从根本上决定了分析哲学家共享的世界观，即一个可分解的离散性世界。对他们而言，只有可分解的世界才是可分析的。如果说观念论的世界最终趋向于基于内在关系的整体性，那么分析哲学的世界则趋向于以分解为前提的“组合性”（compositionality）。正如罗素在《数学原理》中所指出的，“除了绝对简单的统一体，我所能设想的具有确切意义的统一体是由部分构成的整体”。[4]

康德并不排斥分析的方法。他在《纯粹理性批判》中指出，“我们理性的工作的很大部分、也许是最大部分都在于分析我们已有的那些

① Redding, *Analytic Philosophy and the Return of Hegelian Thought*, p.5.

② See Michael Friedman, *Reconsidering Logical Positivism* (Cambridge: Cambridge University Press, 1999); Alan Richardson, *Carnap's Construction of the World: The Aufbau and the Emergence of Logical Empiricism* (Cambridge: Cambridge University Press, 1998).

③ Rescher, ed. *G. W. Leibniz's Monadology*, §33.

④ Russell, *Principles of Mathematics*, p.472.

关于对象的概念。这一工作给我们提供出大量的知识，这些知识尽管只不过是对在我们的概念中（虽然还是以模糊的方式）已经想到的东西加以澄清或阐明，但至少按其形式却如同新的洞见一样被欣赏，尽管按其质料或内容来说它们并未扩展我们所有的这些概念，而只是说明了这些概念”。① 在此基础上，康德区分了“哲学的定义”和“数学的定义”，前者旨在分析和阐明已经被给予的概念，后者则是本源地进行概念的构造，“前者只是通过分解（其完备性肯定不是无可置疑的）而分析地完成的，而后者则是综合地完成的，因而造成概念本身，前者反之则只是解释概念”。② 可以看到，哲学的定义在很大程度上用到了分析的方法，即通过分解来澄清概念。尽管康德并不主张我们停留于哲学的定义，但他并不否认理性的这部分工作占了很大比重，这些工作尽管是不完备的，但对于澄清和阐明概念而言却是不可或缺的。这种方法论上的考量也在一定程度上反映了康德的世界观：尽管康德并不像分析哲学家那样持有一种完全离散的世界观，但他至少不像黑格尔那样表现出强烈的整体主义倾向。有些研究者甚至提出了运用康德的思想资源构想一种原子论的可能性。③

康德思想中的第二点分析倾向是他的反心理主义。尽管早期分析哲学家将康德视为心理主义的典型代表，但如果我们不从逻辑主义的过高标准来看，那么将康德的立场归为心理主义是值得商榷的。康德在前批判时期的《论可感世界与理知世界的形式及其原则》中指出，“（对人来说）不存在一种理性事物的直观，而只有一种符号的认识；对于我们来说，理性活动只能借助普遍的概念抽象地进行，而不能借助个别的概念具体地进行。因为我们所有的直观都受制于一个形式的某种原则，只有借助这个形式，某种东西才能直接地或者作为个别的东西被观看，而不仅仅被以分析的方式借助普遍的概念来把握”。④ 这

① 康德：《纯粹理性批判》，邓晓芒译，第 7 页。

② 同上，第 564 页。

③ See Uriah Kriegel, “Kantian Monism”, *Philosophical Papers*, 41: 1 (2012), pp.23—56.

④ 康德：《康德著作全集》第 2 卷，第 402—403 页。

里，康德提出了一种基于普遍概念的理性分析，并将这种涉及本体的理性认识与涉及现象的感性认识严格区分开来。这种超越个体直观的理性运用在很大程度上契合于反心理主义的理论路径。

康德的反心理主义倾向在《纯粹理性批判》中体现得更为明显。他在第一版中提出了先验演绎的两个任务：客观演绎和主观演绎，前者涉及“纯粹知性的那些对象，应当对知性的先天概念的客观有效性作出阐明和把握”，后者则涉及“纯粹知性本身，探讨它的可能性和它自身立足于其上的认识能力”。① 但康德在第二版中删去了主观演绎部分，只保留客观演绎部分。他的主要考量是，真正客观有效的判断并不应该取决于心理的统一性，而应该取决于理性的统一性，因此判断不应该被理解为“我思”，而应该被理解为非人格化的“被思及的内容”。他指出，“先天地先行于一切联结概念的这个统一性，并不是如前面讲的单一性范畴；因为一切范畴都是建立在判断中的逻辑机能之上的，而在判断中已想到了联结，因而想到了给予概念的统一性”。②

因此，这里的关键问题是如何界定康德的立场，是界定为心理主义，还是界定为不彻底的反心理主义？公允地看，早期分析哲学家对这个问题的回答（康德是心理主义者）并不是决定性的。事实上，后来马堡学派所做的工作就是对康德的知识论作祛心理化的解读，他们试图将康德那里的构成性先天概念（constitutive a priori）转译为科学探究中的规范性理想（regulative ideal）。这个方案在逻辑实证主义者那里得到了进一步的展开。不可否认，康德的思想中已经隐藏了这种反心理主义解读的契机。

在指出了康德思想中的分析倾向之后，让我们再来看康德对分析哲学作出的主要贡献，这里也涉及两个要点。首先，康德的先验路径对分析哲学产生了实质性的影响。根据先验观念论的基本预设，思想

---

① 康德：《纯粹理性批判》，邓晓芒译，第 5 页。

② 同上，第 88 页。

不能在具体的历史进程中得到规定，而是需要被先验地奠基。康德指出，“一切先天概念的这个先验演绎有一个全部研究都必须遵守的原则，这就是：它们必须被认作经验之可能性（不论是在其中遇到的直观之可能性还是思维之可能性）的先天条件”。① 这条先验路径不仅符合分析哲学的理论旨趣，还对分析哲学的理论方案产生了巨大影响。

尽管弗雷格对康德作出了重要修正，但他对康德的继承已经是一个被研究者所公认的事实。② 弗雷格在《算术基础》中指出，这一研究背后的动机在于区分“我们如何达到一个判断的内容”和“我们从哪里得到我们断言的根据”。他还指出，“根据我的观点，先天和后天、综合和分析的那些区分与判断的内容无关，而与作出判断的根据有关。……如果在我的意义上称一个句子是后天的或分析的，那么这并不是在判断那些使人们得以有意识地构造句子内容的心理的、生理的和物理的情况，也不是在判断别人如何也许是错误地把句子内容看作真的；而是在判断这种被看作真的根据究竟是什么”。③ 可以看到，弗雷格实际上是作出了一个康德式的先验区分，并将自己的整个理论方案奠基在这个区分之上。正是在这个意义上，罗蒂指出，建立在弗雷格方案上的早期分析哲学背后是和康德同样的诉求，只不过它不像康德那样探讨“可经验性（experienceability）的条件”，而是探讨“可描述性（describability）的条件”，但这种可描述性和可经验性一样，是“所有研究对象的标志或者体现在哲学以外的所有研究领域中”。④

在分析语境中采取先验路径的突出代表是维特根斯坦。关于维特

① 康德：《纯粹理性批判》，邓晓芒译，第 85 页。

② See David Bell, *Frege's Theory of Judgement* (Oxford: Clarendon, 1979), p 4, p.71; Robert Brandom, *Tales of the Mighty Dead* (Cambridge, MA: Harvard University Press, 2000), p.60; Tyler Burge, *Truth, Thought, Reason: Essays on Frege* (Oxford: Clarendon, 2005), p.14, pp.262—3; Hans Sluga, *Gottlob Frege* (Boston: Routledge & Kegan Paul, 1980), p.55, p.60.

③ 弗雷格：《算术基础》，王路译，第 12—13 页。

④ Richard Rorty, *Essays on Heidegger and Others: Philosophical Papers II* (Cambridge: Cambridge University Press, 1991), p.53.

根斯坦和康德关系已经有大量的研究。[①] 从某种意义上来说，维特根斯坦在《逻辑哲学论》中提出的是一种类似于先验观念论的先验语言论（transcendental lingualism）构想，这种构想的最终归旨是为思想划出界线。他在序言中指出，"这本书旨在划出思维的界限，或者更准确地说，——不是划出思维的界限，而是划出思想的表达的界限"。[②] 维特根斯坦试图阐明，为了断言世界这个最大的复合命题，我们必须置身于由命题构成的逻辑空间之外，而这一点是无法实现的。从这个角度来看，《逻辑哲学论》和《纯粹理论批判》都是关于界限的著作，只不过《纯粹理论批判》在划界之后还有奠基的步骤，而《逻辑哲学论》则对奠基的部分（命题与事实的同构）隐而不宣。随着思想的推进，这个奠基的步骤在《论确定性》中得到了更为明确的表达。维特根斯坦指出，存在一个"世界图景"（Weltbild，world-picture），它是一切探究和断言的"基础"（Substrat，substratum），并且，"描述世界图景的命题并非全都在同等的意义上接受检验"。[③] 在另一处，他还将这种"基础"称为思想的"脚手架"（Gerüst，scaffolding）。[④]

与先验哲学的总体方案相关的还有康德的先验论证（transcendental argument）。康德意义上的先验论证是"将一个概念解释为一条原则，从这条原则能够看出其他先天综合知识的可能性"。[⑤] 概而言之，在先验论证中作为前提的"原则"不是能够在经验中得到验证的自然规律，而是先于经验进程的先天条件。在分析语境中，奥斯汀（J. L. Austin）第一次提到了先验论证。在《有先天概念吗？》一文中，他将关于共相

---

① 维特根斯坦的传记作者蒙克（Ray Monk）告诉我们，1918 年被俘后，维特根斯坦在科摩的一个战俘营里和雕塑家德罗比尔（Michael Drobil）、教师亨泽尔（Ludwig Hänsel）一起阅读了《纯粹理性批判》。蒙克：《维特根斯坦传：天才之为责任》，王宇光译，杭州：浙江大学出版社，2011，第 161 页。第一个在学理上将维特根斯坦和康德关联起来的是斯特纽士（Erik Stenius）。See Erik Stenius, *Wittgenstein's Tractatus: A Critical Exposition of its Main Lines of Thought*（Oxford: Blackwell, 1960）.

② 维特根斯坦：《逻辑哲学论》，《维特根斯坦文集》第 2 卷，第 3 页。

③ 维特根斯坦：《最后的哲学笔记》，《维特根斯坦文集》第 8 卷，第 138 页。

④ 同上，第 146 页。

⑤ 康德：《纯粹理性批判》，邓晓芒译，第 30 页。

存在的论证称为“先验论证”：“如果感觉之外没有其他的存在，我们就无法做我们所能做的事（即命名事物）。”① 在奥斯汀之后，分析哲学内部出现了一批自觉或不自觉的先验论证。从宽泛的视角来看，维特根斯坦反对私人语言的论证、戴维森提出的关于他人心灵的论证以及由此得出的语义理解模型、普特南对缸中之脑的反怀疑论反驳、塞尔为直接实在论所作的辩护都是康德意义上的先验论证。

除了这些局部应用，康德式的先验路径还在个别哲学家那里得到了全局性的运用，即作为整体方案的方法论前提。比如，斯特劳森在《个体》中指出，只有将对象的独立存在作为绝对的前提，我们才有可能确认（identification）和重复确认（reidentification）时空系统中的各种殊相（particulars）。他指出，“不是说我们先用一个概念框架去呈现界定殊相的某个问题，再用足够丰富和足够有力的物体去解决这些问题，而是说问题只有在解决是可能的前提下才能存在。所有的先验论证都是如此”。② 又比如，麦克道威尔用感受性和自发性的先验“契约”（stipulation）来保证我们的概念运作可以一路达及对象本身。他在《知觉经验的内容》中指出，“休谟从他的前辈那里继承了一个概念：没有一个经验在本质上是与对象相遇的。康德从休谟那里学到的是：从这样一个困境到我们明显所处的认识位置之间并不存在一条在理性上能够令人满意的路径。先验综合并不是这样一条路径。它的全部要点在于，它是先验的；在这一语境中，它不是我们俗常的经验性自我所能获得的。……康德却抓住了休谟的要领，并在此之上进行了建设：因为从经验（被一般地把握为比与对象相遇的程度更低的对客观实在的一瞥）到我们明显所处的认识位置并不存在在理性上能够令人满意的路径，所以经验必须本质地与对象相遇”。③

① J. L. Austin, *Philosophical Papers*（Oxford: Oxford University Press, 1970）, pp.34—35.

② P. F. Strawson, *Individuals: An Essay in Descriptive Metaphysics*（London: Methuen, 1959）, p.40.

③ John McDowell, *Mind, Value, and Reality*（Cambridge, MA: Harvard University Press, 1998）, p.344.

尽管斯特劳德（Barry Stroud）等人对先验论证的合法性提出了批评[1]，但先验论证的引入给分析哲学的工具箱增加了重要的工具，而对先验论证本身的反思也成为分析哲学中的一个主要议题。这里要特别指出三点：首先，先验论证的应用范围远不只限于怀疑论的问题域，它们被更宽泛地应用于各种“以世界为导向”（world-directed）的理论方案中。其次，先验论证的特点是找到某个毫无争议的起点，它必然从第一人称的经验、思维和判断出发。在这个意义上，它和先验哲学的基本路径是统一的。再次，先验断言的必然性既不是逻辑的必然性，也不是自然的必然性，而是形而上学的必然性。在这个意义上，它们非常接近康德意义上的先天综合判断。

康德对分析哲学的第二个贡献是，帮助分析哲学家确认并推进了“命题的首要性”（the primacy of the propositional）。弗雷格提出的“概念文字”（Begriffsschrift）将命题作为系统的出发点，先构造命题演算系统，再构造谓词演算系统。这个理论方案用函项逻辑代替传统的主谓逻辑，用函项标示整体关系的固定部分（作为判断的一阶函项），用自变元标示可被替换的部分（参数）。这个以命题而非词项作为起点的理论方案奠定了分析哲学的基础。弗雷格在不同的地方强调了命题的首要性。比如，他在批评布尔（George Boole）时指出，“不同于布尔，我从判断及其内容出发，而不是从概念出发。……我只允许从判断开始构成概念”。[2]这种洞见最终凝练为弗雷格的“语境原则”：“语词只有在句子联系中才意谓某种东西。”[3]

事实上，判断的首要性在康德那里就已经得到了明确揭示。通过区分基于殊相个体的直观和用来对个体作出判断的普遍概念，康德已经在某种意义上预见了“参数”和“函项”的区分。更为明显的是，如果说传统的亚里士多德式路径是从概念的分类到命题形式的分类

① See Barry Stroud, “Transcendental Arguments”, in *Understanding Human Knowledge: Philosophical Essays* (Oxford: Oxford University Press, 2000), pp.9—25.

② Frege, *Posthumous Writings*, p.16.

③ 弗雷格：《算术基础》，王路译，第 78 页。

（从《范畴篇》到《解释篇》），那么康德恰恰采取了相反的路径，即从判断表到范畴表。他在《纯粹理性批判》中指出，“一切直观作为感性的东西都建立在刺激之上，但概念则建立在机能之上。而我所谓的机能是指把各种不同的表象在一个共同表象之下加以整理的行动的统一性。……对于这些概念，知性就不可能作别的运用，而只能用它们来作判断”。[①] 可以看到，康德以一种非常接近于弗雷格的方式强调了命题的首要性。他们都认为，应该将先验统一体而非先验统一体的构成物作为理论的出发点，以此来拒斥经验论的心理学和关于知识的自然主义路径。因此，如果说西方思想中存在着“命题转向”，那么康德一定是这一转向的明确节点。在康德那里，判断是最小的经验或意识单位。在弗雷格和早期维特根斯坦那里，命题是唯一具有语用效力的单位。[②] 正是在这个意义上，塞拉斯后来在一次讲座中指出，康德通过他的范畴和判断理论纠正了“自笛卡尔以来的对命题的遗忘”。[③]

“命题的首要性”在塞拉斯那里得到了进一步的推进。罗蒂在为《经验主义与心灵哲学》所写的导言中提出了一个著名的论断：塞拉斯将分析哲学从“休谟阶段”推进到了“康德阶段”。[④] 如果说休谟试图以自然主义的方式说明经验片段 A 如何因果性地导致了经验片段 B，那么康德则试图阐明，知性判断以法则的形式规定我们以固定的因果模式理解 A 和 B 的关系。塞拉斯建议我们将康德意义上的法则理解为功能性的分类，这种“功能类”（functional sortal）不是先天范畴，而是反映了能够在实际和可能经验中承受反事实的合乎法则性（counterfactual sustaining lawfulness）。他还通过对“实质推论”

① 康德：《纯粹理性批判》，邓晓芒译，第 62—63 页。

② 这里要特别指出的是，康德的“判断”是自然语言句，弗雷格的“命题”则是命题函项（propositional function），自然语言句是同时包含概念和事物的存在句，而命题函项则是以形式逻辑为记法的逻辑句，它主要考察参数（arguments）和值（values）之间的映射（mapping）关系。

③ Wilfrid Sellars, *Kant and Pre-Kantian Themes: Lectures by Wilfrid Sellars* (Atascadero: Ridgeview, 2017), p.20.

④ 塞拉斯：《经验主义与心灵哲学》，王玮译，第 3 页。

（material inference）的研究，试图在理性主义的强法则路径和休谟主义的祛法则路径之间探索一条中间道路。可以看到，由塞拉斯推动的“康德阶段”实际上是一种规范性转向。他和匹兹堡学派的其他哲学家都试图阐明，康德的思想中已经包含了关于规范性的核心洞见，只不过这个洞见还需要得到进一步的修正。正是在这个意义上，布兰顿指出，康德的“主要革命不是哥白尼式的革命，而是他的规范转向，将概念推论活动看作是某种我们必须以规范术语加以理解的东西”。①

事实上，从维特根斯坦的《哲学研究》开始，这种关于规范性的洞见就已经进入了分析视域，并通过克里普克等人的阐释逐渐成为分析哲学的核心议题。② 维特根斯坦对语境原则作出了实质性的拓展：命题不仅是唯一具有语用效力的单位，还是语言游戏中的游戏步骤。这一拓展将社会语境下的使用引入语义的讨论，将判断中的意向性理解为推论性，将“命题的首要性”推进到“规范的首要性”。

在塞拉斯之后，布兰顿对这个议题作出了实质性的推进。首先，布兰顿建议我们区分隐含在实践中的规范（norms implicit in practice）和清晰表达为规则的规范（norms explicit as rules）。他在《使之清晰》中指出，“这里的挑战是，拒斥理性主义的规则主义，又不滑向非规范的规律主义”。③ “规则主义”（regulism）认为控制行为的规则都可以用清晰的命题表达，而“规律主义”（regularism）则认为行为虽然会呈现一定的模式，但其中并不隐含规范。不同于这两个立场，布兰顿试图同时保留规范的隐含和清晰维度，并刻画出一条从隐含到清晰的连续线索。推论主义语义学的主要任务就是将这些隐含在实践中的规范身份（normative status）逐步推进到清晰的规范态度（normative attitude）。其次，在康德那里，探讨规范的基本前提是理性的自我立法

① 陈亚军、周靖：《匹兹堡问学录：围绕〈使之清晰〉与布兰顿的对谈》，上海：复旦大学出版社，2017，第 196 页。

② See Saul Kripke, *Wittgenstein on Rules and Private Language: An Elementary Exposition* (Cambridge, MA: Harvard University Press, 1982).

③ Robert Brandom, *Making It Explicit* (Cambridge, MA: Harvard University Press, 1994), p.32.

和自我规定。而布兰顿试图在黑格尔的帮助下阐明，个体理性的承诺（commitment）、责任（responsibility）和权威（authority）只有在共同体的维度下才有意义。因此，规范不是个体层面的约束，而是相互归派的社会态度，个体的规范身份最终是社会身份。

这些社会语境下的探讨（晚期维特根斯坦—塞拉斯—布兰顿）已经暗示了从"康德阶段"到"黑格尔阶段"的推进，而这个推进步骤的实质就是将命题的首要性理解为规范的首要性。正如布兰顿所指出的，如果康德在一种强的意义上相信判断先于概念，即认为概念的语义内容只是"理由网络中的一个节点"，那么康德应该会马上抛弃抽象主义的原子论图景，转而拥抱推论主义的整体论。[①]但不管怎样，无论是对早期的语境原则而言，还是对后期的规范转向而言，康德的贡献都是毋庸置疑的。概而言之，康德为分析语境提供了两个关键启示：第一，他纠正了自笛卡尔以来的对命题的遗忘，第一次将人理解为判断的话语生物，而非观念的思维生物；第二，他通过规范的约束性（Verbindlichkeit，bindingness）来讨论判断的有效性（Gültigkeit，validity），由此将笛卡尔式的"思维之我"推进到"负责之我"，并为在社会推论语境中探讨认识问题提供了契机。

---

① Robert Brandom, *Tales of the Mighty Dead* (Cambridge, MA: Harvard University Press, 2002), p.30.

第三章 分析视域中的黑格尔

"黑格尔是一个非常有趣的人，但并没有许多人想要自找麻烦去读他。他就在那里等着自找麻烦的人去寻找养分。"

我告诉他这些关于黑格尔的说法非常令人赞叹，并问他自己读了多少黑格尔。

"一点都没读，"他说，"我告诉你并没有很多人想要自找麻烦去读他。我关于黑格尔的信息都是来自坎威勒。"

弗朗索瓦兹·吉洛（Francoise Gilot）:《我与毕加索的生活》

远离与切近：一些表面的事实

一般认为，早期分析哲学运动的一个主要特征是实在论对观念论的反动，其典型表现是罗素和摩尔对以布拉德雷、麦克塔格特（J. M. E. MacTaggart）等人为代表的英国新黑格尔主义者的批判。在经历了与黑格尔的短暂精神相契之后[①]，罗素和摩尔在十九世纪的最后几年发起了对观念论的"反抗"（revolt），摩尔的一系列文章的标题（《拒斥观念论》《存在是一个谓词吗？》《外部世界的证明》）明确揭示了这一点。除此之外，分析哲学的另一位奠基者弗

① See Peter Hylton, *Russell, Idealism, and the Emergence of Analytic Philosophy* (Oxford: Clarendon, 1990), pp.72—104; Thomas Baldwin, *G. E. Moore* (London: Routledge, 1990), ch. 1.

雷格也在《思想》中表现出强烈的实在论倾向（该文的第二个主要结论是，事物不是观念，它们真实存在于心灵之外）。在这个意义上，达米特指出，“在哲学史上，弗雷格可以被归为反对黑格尔式观念论的实在者的一员”。① 在逻辑实证主义者登上分析哲学的舞台后，黑格尔又从另一个角度受到了严厉批判：他（以及柏格森、海德格尔等人）的形而上学体系成为逻辑实证主义者的主要靶子。卡尔纳普指出，“海德格尔的《形而上学是什么?》完全有理由引用黑格尔的论断‘纯粹的存在和存在的无是同一种东西’。黑格尔的形而上学和海德格尔的现代形而上学体系具有完全相同的逻辑特征”。② 除此之外，我们还可以从下一部分的讨论中看到，无论是在方法论还是在本体论上，黑格尔和分析哲学都相距甚远。基于以上这些事实，罗蒂完全有理由说，“哲学中的分析运动基于这样一个默认的共识：假装黑格尔从未活过”。③

但事实上，黑格尔与分析哲学的距离也许并不像表面上看起来那样遥远。首先，和分析哲学家一样，反心理主义始终是黑格尔批判康德的一个关键抓手。黑格尔认为，康德的先验心理学（研究心灵作出经验判断的普遍能力）最终滑向了我们是如何在经验中作出判断的经验心理学。他在《哲学科学百科全书》第一部分“逻辑学”(下称《小逻辑》)中指出，“思维的产物、思维的规定性或形式，一般说来是普遍东西、抽象东西”，而“语言是思想的产物，所以在语言中也不可能说出任何没有普遍性的东西。我单纯意谓的东西是我的，是属于我这个特殊个人的；但如果语言只表达普遍东西，那么，我就不可能说出我单纯意谓的东西。不可言说的东西，如情感和感觉，并不是最卓越、

① Michael Dummett, “Gottlob Frege”, in Paul Edwards, ed. *Encyclopaedie of Philosophy* (New York: MacMillan, 1967), vol.3, p.225.

② Rudolf Carnap, “The Elimination of Metaphysics through Logical Analysis of Language”, in A. J. Ayer, ed. *Logical Positivism* (New York: The Free Press, 1959), p.73.

③ Richard Rorty, “Epistemological Behaviorism and the De-Transcendentalization of Analytic Philosophy”, in Robert Hollinger, ed. *Hermeneutics and Praxis* (South Bend: University of Notre Dame Press, 1985), p.106.

最真实的东西，而是最无意义、最不真实的东西”。① 这里，他区分了“意谓”(Meinungen) 和 “思想”(Gedanken)，后者是普遍的，与个体的感性、直观、想象、欲求、意志无关。黑格尔还像弗雷格那样区分了“表象”与“思想”，他指出，无论是以“感性材料为内容”的表象，还是以“出自自觉思维的材料为内容”的表象，它们都是“个别化了的”，而“哲学所作的工作无非是把表象转变为思想，当然，还要再往后把单纯的思想转变为概念”。②

其次，和分析哲学家一样，黑格尔对作为先天综合判断的数学命题提出了质疑。他在《逻辑学》(下称《大逻辑》) 中指出，算数命题(比如“7+5=12”) 和几何命题(比如“两点之间直线最短”) 都是分析命题，关于前者，康德所理解的综合“完全是分析性质的，因为这种联系完全是造作出来的；本来在其中或引入其中的，都没有不是外在的东西”，而关于后者，“这种由质到量的规定(最短) 的过渡，这种应该构成综合的东西的过渡，却全然只是分析的”。③ 当然，黑格尔并没有抛弃先天综合判断，恰恰相反，他认为先天综合判断能够帮助我们纠正区分形式与质料的康德式构想。他指出，先天综合判断的“伟大和不朽之处”在于揭示出“一切自在的东西都是概念”和“概念在直观中同样呈现”，而这些洞见与数学命题是无关的。④ 而这一点恰恰是康德所忽视的。

再次，从更宽泛的视角来看，黑格尔的思路也在某种意义上契合于分析哲学的语言转向方案。比如，他在《大逻辑》的第二版序言中指出，“语言渗透了成为人的内在的东西，渗透了成为一般观念的东西，即渗透了人使其成为自己的东西的一切；而人用以造成语言和在语言中所表现的东西，无论较为隐蔽、较为混杂或已经很明显的，总包含着一个范畴；逻辑的东西对人是那么自然，或者不如说它就是人

① 黑格尔:《逻辑学》，梁志学译，北京：人民出版社，2002，第 60—62 页。
② 同上，第 60—61 页。
③ 黑格尔:《逻辑学》上卷，杨一之译，北京：商务印书馆，1982，第 220—222 页。
④ 同上，第 222 页。

的特有本性自身”。①

关于黑格尔与分析哲学的隐秘关联，我们还可以在分析哲学内部找到几个例证。米尔科夫（Nikolay Milkov）探讨了弗雷格与黑格尔的亲缘性，他认为弗雷格的逻辑是与“机械主义”（mechanicism）相对的“有机主义”（organicism），并提出了一系列例证来支持这一论断。②比如，弗雷格在《布尔的逻辑演算与概念文字》中指出，判断是将概念的部分有机关联的过程。③又比如，弗雷格在《算术基础》中提出了两种“分析”概念。他指出，不同于康德意义上的分析，真正的分析不应该是“简单地从箱中把刚刚放入的东西又取出来”，它“恰如植物包含在种子之中，而不是像房梁包含在房屋之中”，在这个意义上，它是“综合的”，但因为这个知识的扩展过程“可以被纯逻辑地证明”，因而是“分析的”。④

尽管罗素和摩尔最终抛弃了观念论，但早年的黑格尔主义阶段在他们的思想中留下了决定性的遗产，让他们走向了柏拉图式的实在论。从某种意义上来说，这种立场与观念论并不矛盾。另一个有趣的事实是，在早年的黑格尔主义阶段，比如在《论几何学的基础》中，罗素明确拒斥了分析判断和综合判断的区分，认为所有判断都既是分析的又是综合的。⑤对黑格尔主义者而言，这是强调“思有同一”的必然推论。在经过了一个长程的迂回之后，奎因等人在20世纪中叶再次得出了同样的结论。在这个意义上，分析哲学也许自始至终都没有远离黑格尔。

日常语言学派的工作方案和黑格尔的辩证法之间存在一定程度的亲缘性。赖尔在《心的概念》中指出，自己的工作是一种“逻辑地理学”（logical geography），它的目标是“揭示运用这些概念的命题的逻

---

① 黑格尔：《逻辑学》上卷，杨一之译，北京：商务印书馆，1982，第8页。

② Nikolay Milkov, *Early Analytic Philosophy and the German Philosophical Tradition*（London: Bloomsbury Academic, 2020），pp.53—66.

③ Frege, *Posthumous Writings*, pp.17—19.

④ 弗雷格：《算术基础》，王路译，第106页。

⑤ Russell, *An Essay on the Foundations of Geometry*, pp.57—58，p.115.

辑，这就是说，去表明，它们与哪些其他命题相一致或不相一致，从它们可以得出什么命题，从什么命题可以得出它们”。[①] 与之类似的，辩证法的主要任务是决定概念之间的逻辑关系和命题之间的逻辑秩序，并以逻辑的方式推演出世界本身的结构。和“逻辑地理学”一样，辩证法的目标不是增加知识，而是对逻辑关系和逻辑秩序的梳理和组织。这种亲缘性还得到了学理上的支撑：作为黑格尔在英语世界的主要解读者，芬德利（J. N. Findlay）对黑格尔的解读揭示了将黑格尔的工作方案等同于概念分析的可能性。[②]

维特根斯坦在《逻辑哲学论》中提出了一个著名的论断：“在永恒的形式（sub specie aeterni）之下看世界就是将其看作——有界限的——整体。”（6.45）[③] 波特（Michael Potter）指出，这个从斯宾诺莎式的属格名词（sub specie aeternitatis）转为形容词的用法来自黑格尔，并在克尔凯郭尔（Søren Kierkegaard）那里得到了批判性的应用，而维特根斯坦很有可能是从克尔凯郭尔那里得到了启示。[④] 我们对这一论断当然可以有不同的解读，但可以肯定的一点是，透过表面的逻辑原子主义，《逻辑哲学论》的构想距离黑格尔式的整体主义也许并不遥远。

除了以上这些零星的交集，从20世纪中后叶开始，黑格尔的思想资源开始系统地进入分析哲学家的视野。伯恩斯坦（Richard Bernstein）认为，黑格尔在英美哲学图景中的复兴有三条主要线索：第一条线索是西方马克思主义者对黑格尔的重新发现；第二条线索是一批哲学家试图利用黑格尔的思想资源超越分析哲学的局限性，其中包括泰勒（Charles Taylor）、麦金泰尔（Alasdair MacIntyre）、罗蒂以及伯恩斯坦本人；第三条线索则是由塞拉斯开创，并由麦克道威尔和

① 赖尔：《心的概念》，徐大健译，商务印书馆，2005，第2—3页。

② J. N. Findlay, *Hegel: A Re-examination* (London: George Allen & Unwin, 1958). See also Walter Kaufmann, *Hegel: Reinterpretation, Texts, and Commentary* (Garden City: Doubleday, 1965), pp.194—196.

③ 维特根斯坦：《逻辑哲学论》，《维特根斯坦文集》第2卷，第109页。

④ Michael Potter, *The Rise of Analytic Philosophy, 1879—1930: From Frege to Ramsey* (London: Routledge, 2020), p.399.

布兰顿继承的匹兹堡学派的工作。[1] 与分析哲学相关的是后两条线索。

在第二条线索中，用黑格尔超越分析哲学的突出代表是一批被称为新实用主义者的分析哲学家。不可否认，以奎因、戴维森、普特南、罗蒂等人为代表的新实用主义运动是一个非常模糊的概念，在何种意义上将某个思想家归为新实用主义者亦缺少恒定的标准，而一些"新实用主义者"本人也对这一标签持保留态度。但可以看到，从 20 世纪中叶开始，分析哲学内部涌现了一批具有鲜明的实用主义特征的理论方案。比如，纽拉特（Otto Neurath）对逻辑实证主义中的基础主义阵营的批判，奎因通过讨论翻译的不确定性引出的本体论相对性，克里普克就何谓遵守规则提出的解决方案，古德曼对"新归纳之谜"（new riddle of induction）的解答，等等。可以看到，提出这些方案的哲学家并不完全是通常意义上的新实用主义者。因此，较之于划出一个明确的"新实用主义者"阵营，探讨各种理论方案中的实用主义要素也许是一个更为妥当的做法。

从学理上看，新实用主义通过以皮尔士（Charles Peirce）、詹姆士（William James）、杜威等人为代表的古典实用主义与黑格尔发生关联。新实用主义的"实用主义要素"实际上是古典实用主义的一些关键思路，而古典实用主义在形成和发展的过程中又大量地运用和改造了黑格尔的思想资源。古典实用主义者用进化论的有机语汇重置了黑格尔的思辨语汇，将主客统一的辩证历程改造为有机体和环境的交互进程，以此来拒斥关于认识的"旁观者理论"（spectator theory）。除此之外，他们还试图用黑格尔的自然主义和历史主义洞见来反对康德式的先验路径，用历史性的生成来取代先验的理性结构。因此，当新实用主义者开始重新发现古典实用主义的资源，并将这些资源引入分析语境，形成带有强烈实用主义色彩的理论方案时，黑格尔也就自然而然地进入了他们的视野。

作为伯恩斯坦指出的第三条线索，匹兹堡学派实际上是在分析

---

① Richard Bernstein, *The Pragmatic Turn*（Cambridge: Polity, 2010）, pp.95—96.

的语境中再现了从康德到黑格尔的推进线索。综观该学派的理论发展，一个明确的结论是：如果我们在探讨心灵与世界的关系时借鉴了康德的洞见，那么最后就一定会落脚于某些黑格尔式的结论。塞拉斯将《经验主义与心灵哲学》称为“初期的‘黑格尔式沉思’”。① 他还在 1970 年的一次讲座中预言，“现在哲学已经第二次‘回到康德’了，一次黑格尔之旅还会遥远吗？” ② 事实证明，这个预言是准确的。尽管塞拉斯本人是非常自觉的康德主义者，但他播下的种子却成长为硕果累累的黑格尔之树，这些成果的主要代表是麦克道威尔的《心灵与世界》和布兰顿的《使之清晰》。麦克道威尔在《心灵与世界》的前言中指出，从某种意义上来说，《心灵与世界》和《使之清晰》都是解读《精神现象学》的“导论”(prolegomena)。③ 关于这条线索，我们将在本章的最后一部分中进一步讨论。

还要特别指出的是，新实用主义运动和匹兹堡学派这两条线索在一定程度上是汇流的，这不仅意味着新实用主义者的很多运思非常接近匹兹堡学派的关键思路，也意味着匹兹堡学派也可以被归入宽泛意义上的实用主义阵营。比如，塞拉斯在题为《自然主义与本体论》的“杜威讲座”中指出，“直到我的思想开始成熟，我开始真正遭遇杜威并开始探究他。这并不容易。虽然杜威已经比黑格尔明晰，但他缺少英国经验论者那种欺骗性的清晰性。他在我远离‘所予神话’，重新发现意义的融贯理论时吸引了我。因此，杜威的观念论背景最让我感兴趣。我在罗伊斯和皮尔士那里也发现了同样的主题。我惊讶于我所错过的”。④ 匹兹堡学派和实用主义的这种亲缘性在麦克道威尔和布兰顿那里得到了更为明确的体现。这些汇流意味着，为了澄清黑

① 塞拉斯：《经验主义与心灵哲学》，王玮译，第 36 页。

② Wilfrid Sellars, *Notre Dame Lectures 1969—1986* (Atascadero: Ridgeview, 2017), p.221.

③ John McDowell, *Mind and World* (Cambridge, MA: Harvard University Press, 1994), p.ix.

④ Wilfrid Sellars, *Naturalism and Ontology: The John Dewey Lectures for 1973—1974* (Atascadero: Ridgeview, 1997), p.1. See also James O'Shea, “How Pragmatist was Sellars? Reflections on an Analytic Pragmatism”, in Stefan Brandt & Anke Breuni, eds. *Wilfrid Sellars and Twentieth-Century Philosophy* (London: Routledge, 2020), pp.110—129.

格尔与分析哲学的关系，我们有必要将德国观念论、古典实用主义、新实用主义运动和匹兹堡学派放在一个相互关联的宏观论域中加以考察。①

在下面的篇幅中，我将首先在方法论和本体论的层面上澄清黑格尔与分析哲学的根本分歧。然后我将说明，从 20 世纪中叶开始，语言转向的内部出现了四个明显转向，这些转向为黑格尔进入分析视域制造了有力的理论契机。最后我会重新回到方法论和本体论的层面，探讨黑格尔可能帮助分析哲学实现的两个反思：从共时性的“分析”(analysis) 到历时性的“阐明”(explication)；从“语义上行”(semantic ascent) 到“语义下行”(semantic descent)。

黑格尔与分析哲学：方法论和本体论的分歧

如果要在最大程度上展示分析哲学和观念论的分歧，那么黑格尔无疑是最佳选择。无论是在方法论层面还是在本体论层面，黑格尔的思想和分析哲学可以说都是沿着完全相反的方向进行的。

先来看方法论层面的分歧。上一章提到，分析方法是通过“分解”概念获得明晰的逻辑形式。正如布莱克本（Simon Blackburn）所言，分析“是这样一个进程，它将一个概念分解为更为简单的部分，并由此展示概念的逻辑结构”。② 而对于黑格尔的辩证法而言，综合是第一位的，区分是第二位的。剑桥的新黑格尔主义者麦克塔格特指出，“整个辩证法的本质在于如下断言：各对相对范畴只能从它们所属的更为完善的范畴中抽象得到。因此，我们不必找出一个观念去调和两个和它没有关系的观念。我们只是在恢复这些观念的原初统一。我们会倾向于认为这是在调和矛盾，而矛盾是我们的心灵在处理实在时用到的

① 参见孙宁：《匹兹堡学派研究》，上海：复旦大学出版社，2018，第 195—220 页。

② Simon Blackburn, *Oxford Dictionary of Philosophy* (Oxford: Oxford University Press, 2008), p.14.

人为手段，但实际上，矛盾的创造才是人为的和主观的”。① 可以看到，根据这种黑格尔式的构想，整体是唯一的实存，而相互对立的矛盾部分则是一种人为的虚构。

分析哲学家敏锐地看到了这种方法论上的根本分歧。摩尔在《伦理学原理》中批判了黑格尔的“整体主义”。他区分了“有机整体”（organic whole）的三种涵义：第一，各部分相互关联，且是实现整体这个最终目的的手段；第二，各部分脱离整体就不再具有任何意义；第三，整体具有各部分所不具有的意义。② 摩尔认为，尽管整体主义者认为对部分的分析远不足以让我们获得关于整体的最终认识，但有机整体的这三种涵义之间并不存在逻辑上的关联，并且实际上都隐含着无法解释的矛盾，因而都是无意义的。而维特根斯坦则更为直接地指出，“在我看来，黑格尔总是想说，看起来不同的东西实际上是相同的。而我的兴趣则在于指出，看起来相同的东西实际是不同的。我总是在考虑引用《李尔王》中的一句话来作为书前的格言：‘我要教你如何区分。’”③

不过，区分和综合还只是表面的分歧，它更深地植根于运用理性的不同方式。虽然黑格尔在《精神现象学》中指出，“辩证的运动也同样是以命题为其组成部分或原素的”，但辩证法对命题的处理远远不同于分析的方法。④ 在《小逻辑》中，黑格尔将辩证法分为三个步骤：在“知性”阶段，思维停留在各个固定的规定性和它们彼此的差别上；在“否定理性”阶段，这些有限的规定性自我扬弃，向它们的对立面转化；在“思辨的或肯定理性”阶段，理性将各个对立的规定性作为环节统一到自身之内。⑤ 可以看到，从严格意义上来说，分析哲学只进行

---

① J. M. E. McTaggart, *Studies in the Hegelian Dialectic*（Cambridge: Cambridge University Press, 1921）, pp.93—94.

② G. E. Moore, *Principia Ethica*（New York: Dover, 2004）, p.31.

③ Rush Rhees, ed. *Ludwig Wittgenstein*: *Personal Recollections*（Oxford: Oxford University Press, 1984）, p.171.

④ 黑格尔:《精神现象学》上卷，贺麟、王玖兴译，第 45 页。

⑤ 黑格尔:《逻辑学》，梁志学译，第 151—162 页。

到第一个步骤。这并不是因为分析哲学家没有看到第二和第三个步骤的可能性①，而是因为他们认为这两个步骤不但无助于清晰的说理和论证，甚至还会对分析方案造成根本性的破坏。

为了更好地说明这种特殊的理性运用，我们不妨以康德为参照系来考察黑格尔的辩证逻辑。康德区分了普遍逻辑和先验逻辑：普遍逻辑是纯形式的，“它抽掉了知性知识的一切内容及其对象的差异性，并且只与思维的单纯形式打交道”②；先验逻辑是先天综合的，它试图讨论“我们有关对象而又不能归之于对象的知识来源”，也就是一切判断的条件。③康德认为，普遍逻辑涉及形式化的推理过程（推理理论），先验逻辑涉及判断得以成立的先天条件（判断理论）；前者涉及逻辑的可能性，后者涉及实在的可能性。在这个意义上，先验逻辑是普遍逻辑的前提，推理理论中的所有要点都可以从判断理论推导而出。这就是为什么在康德之后的逻辑发展中，判断理论比推理理论得到更多的关注。

黑格尔分别批判了康德的普遍逻辑和先验逻辑。就普遍逻辑而言，他认为康德不加批判地接受了亚里士多德的形式逻辑，而没有看到思维的形式和内容是无法分离的。黑格尔认为不存在这样一种逻辑，它可以只考虑思维的最一般化框架，但完全不涉及康德意义上的

① 比如，罗素就清楚地把握了辩证法的性质。他在《我的哲学发展》中写道，“当时［1896至1898年左右］我是一个成熟的黑格尔主义者，我试图建构一种完整的科学辩证法，这种辩证法最终应该落脚于证明所有实在都是心理的。我接受了下面这个黑格尔式的观点：没有一种科学是完全正确的，因为它们都依赖于某种抽象，而任何抽象迟早都会引向矛盾。在康德与黑格尔发生冲突的地方，我站在黑格尔一边”。Bertrand Russell, *My Philosophical Development*（New York: Simon & Schuster, 1959）, p.42. 罗素还在该书中收录了一条1898年1月1日的笔记：“如果我们从一开始就纳入空间和时间，就有可能获得一种辩证法，与纯粹逻辑相比，这种辩证法与表象的关系更近，且不只是单纯的范畴图形。范畴和感觉之间存在的某种化合引向无法通过纯粹范畴的单纯图型获得的新观念。……这样，我们就可以找到一种将表象转化为实在的方法，而不是先建构实在，再遭遇一种无望的二元论。”在同一条笔记中，罗素还指出，“对这种辩证法而言，在最后一个阶段之前的所有阶段，我们都不能过于严格地要求自洽性”。Ibid., pp.43—44.

② 康德：《纯粹理性批判》，邓晓芒译，第53页。

③ 同上，第54页。

直观。对先验逻辑而言，这一批评同样适用。虽然康德指出，先验逻辑并不是纯形式的，因为它是“一种在其中不抽掉知识的全部内部的逻辑”。[①] 但黑格尔认为，先验逻辑的对象化程度是远远不够的，因为康德说先验逻辑“只包含一个对象的纯思维的规则，它将排除一切具有经验性内容的知识”。[②] 从某种意义上来说，《大逻辑》中的“客观逻辑”部分就是针对普遍逻辑和先验逻辑的形式化缺陷作出的实质性修正。在黑格尔那里，统一了形式和质料的逻辑观最终落脚于一种独特的逻辑本体论或泛逻辑主义（pan-logicism）。这种逻辑形态将逻辑范畴视为实在的动态构件，试图用形式和内容的辩证统一代替单纯形式层面的建构，它不仅涉及思维形式，还涉及存在判断，其目标不是形式真，而是关于某物为真，在这个意义上它是一种“真实逻辑”（real logic）。因此，黑格尔对康德的批判实际包含三个相互关联的结论：所有思维都是客观的；逻辑不是形式化的；逻辑就是形而上学。可以看到，尽管这三个结论中的第一个结论契合分析哲学的反心理主义路径，但第二和第三个结论却和语言转向的方案背道而驰。

除此之外，黑格尔还提出了另一个专门针对先验逻辑的关键批评。黑格尔认为，先验逻辑在确立让一切知识得以可能的先天条件时，也为知识设置了无法超越的界限，而他的辩证逻辑则试图突破这种界限，最终进展到绝对知识。这一点突出体现在康德和黑格尔对二律背反的理解上：康德认为，在经验界限之外不恰当地使用理性会制造二律背反；而黑格尔认为，二律背反仅仅触及了理性的表面，它们不仅没有标示出思想的终点，反而在更深的层面上揭示了通向真理的线索——所有相互对立的观点都可以消融于下一层级的整体视域。他在《大逻辑》中指出，“但是只要对理性的二律背反的性质，或者更正确地说，辩证的性质，深入贯彻一下，就会看出每一个概念一般都是对立环节的统一，所以这些环节都可以有主张二律背反的形式。——变、实有

①② 康德：《纯粹理性批判》，邓晓芒译，第 54 页。

等等以及每一个其他的概念，都能够这样来提供其特殊的二律背反，所以，有多少概念发生，就可以提出多少二律背反”。①

从这个批评来看，黑格尔的辩证法在两个方面有别于分析方法。首先，如果说康德意义上的普遍逻辑试图揭示命题思维的最一般化逻辑框架，而先验逻辑试图确立让所有命题得以成立的先天条件，那么黑格尔的辩证逻辑则试图阐明，每个命题都会遭遇必然出现的对立命题，并通过扬弃自己的对立面最终成为一个新的、更高层级的命题。显然，不同于普遍逻辑和先验逻辑，辩证逻辑并不适用于以清晰性为根本旨归的分析方案。蒙克告诉我们，维特根斯坦在尝试呈现《哲学研究》中的新思想时试验了许多不同的方法：“他拒绝休谟和笛卡尔的方法，但这样说到康德的批判方法：‘这是正确的那种进路’”，而至于黑格尔的辩证法，维特根斯坦则有所保留：“辩证法很好，是一种我们做工作的方式。但它不应当如布洛德（C. D. Broad）的描述讲的那样，试图从两个命题 a 和 b 出发得到另一个更复杂的命题。它的目标应当是找出我们的语言的含糊不清之处。”②

分析方法要求明确界定每一个概念的内涵和外延，而根据辩证法，普通命题中的概念并不是固定的，每个概念中已经包含了其反面，并潜藏着从一个概念到另一个概念的契机。除了概念，命题本身的真值也是不确定的，它们是辩证历程中的诸“环节”。黑格尔在《精神现象学》序言中指出，“哲学里和哲学研究里教条主义的思想不是别的，只是这种见解：以为真理存在于表示某种确定结果的或可以直接予以认识的一个命题里”。③这些分歧体现了二值逻辑和三值逻辑的根本区分，前者只考虑真假，后者则涉及“有”（Sein）、“无”（Nichts）、“变”（Werden）三个维度。黑格尔指出，“变包含有与无两个这样的统一体”，而这意味着变处在双重的规定性中：“在一种规定里，无是直接的，即规定从无开始，而无自己与有有关，就是说过渡到有之

① 黑格尔：《逻辑学》上卷，杨一之译，第 200 页。

② 蒙克：《维特根斯坦传：天才之为责任》，王宇光译，第 327 页。

③ 黑格尔：《精神现象学》上卷，贺麟、王玖兴译，第 26 页。

中；在另一重规定里，有是直接的，即规定从有开始，有过渡到无之中，——即发生与消灭。”① 有些研究者质疑，作为逻辑范畴的“变”能否得到最终的澄清，但不可否认的一点是，“变”的引入不但从根本上挑战了西方的形而上学传统，还让以固定的词项和命题为基础的分析方法变得不再可能。如果说分析哲学是一种追求“固定”（fixation）的理论方案，那么黑格尔的辩证法则以“过渡”（transition）为最终归旨。对黑格尔而言，确定的真值不过是流变中的“暂态”。

其次，分析哲学只确定命题的真值，它并不像辩证法那样追求最终的绝对知识。泰勒区分了黑格尔的本体论辩证法（ontological dialectics）和历史辩证法（historical dialectics）。他指出，“本体论的辩证法从一个得到认识的目的或标准开始。其最初的任务在于表明，当下的客体将依据对于一个目的的认识而被理解”，而历史辩证法则不然，因为“在历史全部展开之前，我们按假定并不认识展开在我们面前的目的”。在此基础上，泰勒建议我们区分出两种方法：“严格的辩证法”和“解释性的或解释学的辩证法”。② 我们会在本章后面的讨论中看到，即使分析哲学在后来的发展过程中消化和吸收了黑格尔的历史辩证法洞见，但以绝对知识为最终诉求的本体论辩证法则被完全规避了。比如，布兰顿认为，进展到本体论维度之后的黑格尔体系是封闭的，而不是开放的。不同于黑格尔，他并不认为存在“一组最终的逻辑概念”，在这个意义上，他认为自己是“本体论寂静主义者”。③

再来看本体论层面的分歧。我们应该看到，分析方法和辩证法的显性分歧背后实际上有更深层的本体论原因。和任何哲学一样，分析

---

① 黑格尔：《逻辑学》上卷，杨一之译，第 96—97 页。

② 泰勒：《黑格尔》，张国清等译，上海：译林出版社，2002，第 332—333 页。在黑格尔那里，本体论辩证法最终进展到一种“神学逻辑”。他在《大逻辑》中指出，“逻辑需要作为纯粹理性的体系，作为纯粹思维的王国来把握。这个王国就是真理，正如真理本身是毫无蔽障，自在自为的那样。人们因此可以说，这个内容就是上帝的展示，展示出永恒本质中的上帝在创造自然和一个有限的精神以前是怎样的”。黑格尔：《逻辑学》上卷，杨一之译，第 31 页。

③ Robert Brandom, “Replies”, in Bernd Prien & David Schweikard, eds. *Robert Brandom: Analytic Pragmatist* (Frankfurt: Ontos Verlag, 2008), p.182.

哲学同样需要本体论的预设，即关于“何物存在”的基本构想，在这个意义上，分析的方法同时也是“证成的方法”。虽然早期分析哲学家对黑格尔的拒斥主要是实在论对观念论的反动，即认为黑格尔错误地拒斥了外部世界的存在，但这个结论并不能涵盖分析哲学家和黑格尔在本体论上的全部差异。上一章指出，分析哲学家持有可分解的世界观，只有一个可分解的世界才是可分析的。而在黑格尔的世界观中，所有存在都是绝对存在的片段或环节，因此并不存在严格意义上的个体存在，最终只有一个相互关联的存在整体。用罗素的比喻来说，这是“一桶子弹”（bucket of shots）和“一碗果冻”（bowl of jelly）之间的分歧：前者认为世界在逻辑和物理意义上都是由相互外在的原子组成的，后者则认为世界最终是不可分割的整体，任何部分之间的关系都是内在的。①这一点是分析哲学和黑格尔在本体论上的关键分歧。

罗素和摩尔对“内在关系理论”的批判突出体现了这种本体论上的分歧。罗素在《哲学问题》中指出，黑格尔的理由是“任何事物只要它和其本身之外的事物有关，那么在它自己的性质之中便必然包含着对于自身之外那些事物的某些关系”，但这只是“不能保证其确定性的假定”。②可以看到，他们的批判不只涉及认识论层面（根据内在关系理论，如果 A 被 B 认识，那么 A 和 B 的本质中就包含了这组认识和被认识的关系；而根据外在关系理论，A 和 B 的关系并不影响它们的本质），还涉及本体论层面，即用原子主义的本体论构想取代整体主义

---

① 罗素指出，“黑格尔认为，世界是一个紧密结合的统一体。一方面，他眼里的宇宙就像果冻——如果你触及它的任何部分，其整体便颤抖起来；另一方面，它又与果冻不同——它其实是不能被划分为部分的。根据黑格尔的观点，由部分构成的宇宙这一表象是一种幻觉。唯一的实在是绝对——绝对是他称呼上帝时所用的名称。在他的哲学体系中，我曾经找到了慰藉。按照其追随者们的解释，黑格尔曾是迷人的，可以论证的……其中对我影响最大的是麦克塔格特，他那时是我的挚友之一……但是，我一时冲动，将注意力从信徒的观点转向大师本人的著作。我发现，黑格尔哲学是一堆令人困惑的混杂之物，与双关语没有什么两样。因此，我放弃了他的哲学”。Bertrand Russell, *Portraits from Memory*（London: Allen and Unwin, 1956）, p.21. 转引自蒙克：《罗素传：孤独的精神，1872—1921》，严忠志、欧阳亚丽译，杭州：浙江大学出版社，2015，第 133 页。

② 罗素：《哲学问题》，何兆武译，北京：商务印书馆，2018，第 119 页。

的本体论构想。用罗素的话来说，对观念论的拒斥最终要落脚于“多元论的反抗”(revolt into pluralism)。[①] 在《拒斥观念论》中，摩尔将整体主义的本体论构想称为“有机统一体”(organic unity)理论：“两个不同的事物既有区分，又无区分。它既断言了区分，又断言了相互区分的事物形成了一个‘有机统一体’。基于这种统一体，每个事物离开了相互之间的关系就无法成为其所是的东西。”[②] 而根据外在关系理论，最小的存在单位之间的关联并不影响它们各自成为其所是的东西，它们本质上是离散的。

概而观之，观念语境中的判断是观念的统一体(unity)，而分析语境中的命题则是可分解的复合体(complex)，前者反映了基于内在关系理论的整体主义世界观，后者则体现了基于外在关系理论的原子主义世界观。这是观念论路径和分析路径的根本分歧。正是这个分歧将黑格尔移出了早期分析哲学家的视域，也正是这个分歧的适当消弭让黑格尔逐渐进入了分析的语境。我们将在下一部分的讨论中看到，黑格尔进入分析哲学的一个主要契机正是整体主义在分析哲学内部的兴起。尽管整体主义的兴起并不意味着分析哲学家放弃了原子主义的本体论构想，但至少意味着语义层面的原子主义世界观已经有所松动甚至被最终抛弃了。

语言转向内部的转向：引入黑格尔四个契机

尽管存在着方法论和本体论层面的根本分歧，但黑格尔和分析哲学并没有且行且远。从 20 世纪中叶开始，分析哲学内部出现了一系列转向，即语用转向、言语行为主义转向、整体主义转向和自然主义转向。这些转向给黑格尔进入分析哲学制造了非常有力的理论契机。

先来看语用转向。宏观地看，分析哲学经历了从语词(word)分

① Russell, *My Philosophical Development*, p.54.

② G. E. Moore, *Philosophical Studies* (London: George Allen & Unwin, 1922), p.15.

析过渡到句子（sentence）分析，再过渡到语汇（vocabulary）分析的发展历程。这些推进步骤背后的根本动因是对语义的重新理解：意义不再是语言表达和语言外对象（不管这些对象的本体论状态如何）的指称关系以及建立在这种关系之上的真判断，而变成了具体使用语境中的语用推论（pragmatic inference）。意义的使用理论让只考虑指称的语义自律（semantic autonomy）变得不再可能，由此造成了语言转向内部的“语用转向”。这一转向的主要思路是以语用层面的共识代替语义层面的表征，在基于理性推论的社会性活动中探讨意义的生成和发展。

关于语用转向，这里要指出两个要点。首先，这个转向并不仅涉及指称或使用这两种语义模式之间的优劣权衡，还涉及对分析方案的整体反思。这种反思在理想语言到日常语言的转向（从逻辑空间的构造转向语言规则的澄清）中已见端倪，用维特根斯坦在《哲学研究》中的话来说，一种“适用于真空的逻辑”是不可能的，逻辑必须是一门“规范科学”（§43）。[①] 这种反思的必然结果是：从独白式的（monological）理性空间转向对话式的（dialogical）理由空间，在一个完全不同的意义空间中重新构思分析方案。

其次，在语用转向中，用以解释语义的“用法”（usage）并不是理论的用法，而是实践的用法。在具体的实践中，并不存在预先确定的“规则”供我们在使用中遵守。因此，如果说语义学视域下的核心问题是与指称相关的种种问题，那么语用学视域下的核心问题就成了何谓正确遵守规则：规则不能脱离具体的实践被先行把握，但是如果不存在可供我们对照的规则，正确使用语言的行为又是如何产生的？维特根斯坦给出的答案是：“每一次遵守规则的行动都是一种释义”，即“用规则的一种表达来代替其另一种表达”。（§201）[②] 克里普克在《维特根斯坦论规则和私人语言》中发展了这个方案。他试图阐明，相对

① 维特根斯坦：《哲学研究》，《维特根斯坦文集》第 4 卷，第 69 页。

② 同上，第 144 页。

于寻找某种先天条件的“直接方案”（straight solution），更为恰当的解释是一种“怀疑主义方案”（skeptical solution）：语言使用者是否正确遵守规则并不取决于在某个特殊情况下的规则运用是否符合规则本身，而是取决于这次运用是否符合其他语言使用者的期望。[①] 这是一个完全以实践为导向的理论方案。

黑格尔对康德的批评明确揭示了语用转向的这两个要点。首先，黑格尔认为意义的确立不是理性的自我立法，而是一项社会性成就，所有先验构成本质上都是社会建制。在这个意义上，康德式的“规范理性主义”（normative rationalism）必须落脚于黑格尔式的“社会功能主义”（social functionalism）。其次，在康德那里，先验哲学的任务非常明确：先验哲学不考察对象，只考察让对象得以可能的先天条件。黑格尔对此的批评是：对认识的批判不能先于认识本身的历史，对判断的研究只能在判断的实践中进行。可以看到，这一批评已经预见了维特根斯坦和克里普克的主要思路。黑格尔实际上是在用一种“单层解释”来代替康德的“双层解释”，即不是先在先验活动中建立规范，然后再应用于经验，而是说，经验进程同时就是规范的建立和应用过程。在同样的意义上，维特根斯坦和克里普克试图阐明，不是先制定使用的规则，然后再应用于语言的使用，而是将具体使用语言的过程同时理解为规则的建立和应用过程。正是在这个意义上，布兰顿在《信任的精神》中指出，“黑格尔直接探讨了维特根斯坦提出的核心问题”。[②]

接着来看言语行为主义转向。“心理学行为主义”（psychological behaviorism）的主要动因是，为无法量化分析的内在进程寻找某些外在标准。由日常语言学派开启的“言语行为主义”（verbal behaviorism）和心理学行为主义分享了共同的诉求，即通过可观察的外显行为来确定内隐的心理状态和心理进程，当然这里的外显行为被特别地限定为“言语行为”（verbal behavior）。因此，我们可以将言语

---

① See Kripke, *Wittgenstein on Rules and Private Language*, pp.92—93.

② Robert Brandom, *A Spirit of Trust: A Pragmatist Semantic Reading of Hegel's Phenomenology* (Cambridge, MA: Harvard University Press, 2019), p.765.

行为主义理解为围绕言语行为展开的心理学行为主义。从某种意义上来说，言语行为主义的思路最为彻底地贯彻了语言转向的主旨，因为它不仅坚持语言之于观念的优先性，还认为任何观念本质上都是以言语行为的方式得到表达的命题。

言语行为主义的典型代表是“言语行为理论”（speech acts theory），该理论由奥斯汀在哈佛讲座《如何以言行事》中首次提出，并由塞尔（John Searle）等人发展至成熟的理论形态。奥斯汀试图纠正关于命题的“述谓谬误”（constative fallacy），即认为语言的主要功能是作出关于实在的断言，而忽视了它“述行的”（performative）功能。述行功能的实质不是“陈述”，而是“取效”。[①] 根据言语行为理论，命题的意义是言语行为的目的或意图，命题的真值则是言语行为的实际或预期后果。这样一来，探讨意义和真值的基本语境就转向了由“言者”（speaker）和“听者”（listener）在相互理解中形成的公共空间。

除了言语行为理论，言语行为主义在塞拉斯那里得到了最为明确的阐述。根据塞拉斯的“心理学唯名论”（psychological nominalism），“思考 p”（thinking-that-p）就是倾向于“说出 p”（saying-p），因此“想”就是“大声想出来”（thinking-out-loud）。在此基础上，塞拉斯试图建构一种作为社会哲学的“心灵哲学”，并在《经验主义和心灵哲学》的后半部分探讨了这种心灵哲学的可行性。这一构想的实质是通过主体间的共相来界定殊相。如果说言语行为理论仍然局限于语义理论，那么塞拉斯的言语行为主义则推进到了更宽泛的社会认识论。

我们可以在黑格尔那里找到一些非常接近心理学行为主义的表述。比如，他指出，“在我们怀疑物理事物是实在之前，我们应该怀疑灵魂的自足性，这就引向了唯物论。……为了避免这样的观点，即用奇迹消解自然法则的有序进程，我们或者接受唯物论，或者接受死路一条的二元论”。[②] 除此之外，黑格尔还预见到了言语行为主义的核

---

① J. L. Austin, *How to Do Things with Words*（Oxford：Clarendon，1962），p.3.

② G. W. F. Hegel, *Lectures on the Philosophy of Spirit 1827—1828*（Oxford：Oxford University Press，2007），p.70.

心结论：意义只有在公共行为的语境中才能被讨论。他在《精神现象学》中指出，“真正地说，人的真正的存在是他的行为（Tat，deed）；在行为里，个体性是现实的，而且那把所意谓的东西就其两个方面而予以扬弃的，也正是人的行为。首先，一方面，那意谓的东西是一种躯体的静止的存在；在行为里个体性呈现为否定性的东西，它扬弃了躯体的存在才显出自己来，或者说，它自己才有存在。其次，行为又扬弃了对具有自我意识的个体性的意谓的不可形容性，因为在意谓里，个体性是一种有无限规定和可以无限规定的因而不可形容的东西，而在实现了的行为里，这种坏的无限性则已经被扬弃掉了。行为是一种简单规定了的东西，普遍的东西，可以在一种抽象中予以把握的东西；它是一件杀人罪行，一件偷窃行为，或一件慈善行为，一件义勇行为等等；总之我们可以说出它是什么。行为就是这个行为，它的存在不仅仅是一个符号，而是事情自身”。[①] 当然，在黑格尔那里，讨论行为的主要语境是客观精神中的道德，但这些讨论显然已经触及了言语行为主义的两个关键洞见：首先，行为的基本特征是，我和其他人共享了作出这个行为的环境，其他人可以从不同的视角对这个行为作出解释和回应。其次，在社会建制中形成的规范引导着个体行为。

从表面上看，黑格尔刻画的精神发展历程（从感性确定性到绝对知识）与塞拉斯的心灵哲学方案（从共相到殊相）是背道而驰的。但实际上，在黑格尔那里，诸发展阶段之间的逻辑关联从一开始就被“现象学家”在反思中把握，现象学家的反思将相互外在的阶段整合为

① 黑格尔：《精神现象学》上卷，贺麟、王玖兴译，第 213 页。他还在《小逻辑》中指出，“尽管在个别场合中恶劣的外在环境会使良好的打算无法实现，合乎目的的计划在实施时受到阻碍，但一般来说，即使在这里内部与外部的本质统一也依然有效，因此我们必须说人的行为如何，人也就如何，并且可以提出福音书里的一句名言，即‘你必须从他们的行为果实认识他们’。……人虽然在个别事物上可以伪装自己，隐藏一些东西，但无法隐藏他全部的内心活动，他的内心活动会在整个生活进程里不可避免地流露出来，所以即使在这方面我们也必须说，人无非是他的一系列行为”。黑格尔：《逻辑学》，梁志学译，第 261—262 页。

精神发展的完整历程。以此为前提，一些黑格尔的解读者看到了这样一种可能性，即将黑格尔的“绝对知识”重构为基于“我们”的公共语汇。布兰顿是这种解读方案的突出代表。他不仅看到了黑格尔和塞拉斯之间的亲缘性，还试图阐明，黑格尔的理论工具能够帮助我们刻画公共空间中的各种态度和身份，最终实现塞拉斯提出的用公共性取代私人性的心灵哲学。

再来看整体主义转向。从20世纪中叶开始，分析哲学经历了从实证主义到后实证主义的整体主义转向。这一转向实际包含两个维度。首先，通过对“直接性”（immediacy）和“私人性”（privacy）的批判，以后期维特根斯坦、奥斯汀和塞拉斯为代表的一批哲学家试图推翻早期分析哲学的基础主义和原子主义方案。他们试图阐明，有效的分析方案不应该起始于作为语义原子的“所予”，而应该起始于整体的理论语汇。其次，通过取消分析与综合的区分，以奎因为代表的一批哲学家从根本上质疑了分析方案赖以成立的“分析性”概念。他们试图阐明，分析性一定是某个整体解释框架下的分析性，在这个意义上，分析同时也是一种综合。整体主义转向的这两个维度并不是相互独立的。正如奎因在《经验主义的两个教条》中所指出的，对第一个教条（分析命题和综合命题的区分）的批判是在为从整体论立场批判第二个教条（经验主义的还原论）做准备。因此，这两个教条是“紧密关联的”。①

事实上，维特根斯坦的《逻辑哲学论》中就已经提出了一种整体主义的思路。他指出，“一个命题确定了逻辑空间中的一个位置。……尽管一个命题只能确定逻辑空间中的一个位置，但是经由它整个的逻辑空间的确必然已经给出来了。……围绕着一幅图像的哪个逻辑脚手架决定了逻辑空间。一个命题把捉着整个逻辑空间”。（3.4—3.42）②但整体主义转向在如下的意义上不同于早期维特根斯坦的这种“逻辑整

---

① Quine, *From a Logical Point of View*, p.41.

② 维特根斯坦：《逻辑哲学论》,《维特根斯坦文集》第2卷，第26页。

体主义”：如果说早期维特根斯坦探讨的是作为整体的逻辑空间，那么整体主义转向后的分析哲学家（包括晚期维特根斯坦）探讨的则是作为整体的理由空间，他们关注的不是意义的逻辑结构，而是意义的证成。塞拉斯在《经验主义与心灵哲学》中指出，“根本在于，在将一个片段或一个状态描述为认识到的片段或状态时，我们不是在经验地描述那个片段或状态；我们是在将它置于理由的逻辑空间，即证成和能证成我们所说的话的逻辑空间”。① 而奎因则在《经验主义的两个教条》中指出，“还原论的教条残存于如下假定：每个陈述孤立地看，完全可以被证实或证否。我的相反想法基本上来自卡尔纳普在《世界的逻辑构造》中的物理世界理论，我认为我们关于外部世界的陈述不是个别地而只是作为一个整体来面对感觉经验的法庭”。②

匹兹堡学派的哲学家在黑格尔那里找到了拒斥“所予”的明确思路。塞拉斯将黑格尔称为“直接性的那位大敌”。③ 布兰顿则指出，“黑格尔在《精神现象学》的开头讨论了‘感性确定性’，他坚持认为指示词或指示让我们与世界发生认知接触，当且仅当它们与我们的其余概念工具以回指依赖的方式关联在一起”。④ 事实上，和分析哲学家的思路一样，黑格尔正是通过对语义原子的拒斥走向了整体主义。他在《小逻辑》中指出，“概念的每个环节本身都是整个的概念”。⑤ 他还在《精神现象学》中指出，“真理是全体。但全体只是通过自身发展而达于完满的那种本质。关于绝对，我们可以说，它本质上是个结果，它只有到终点才真正成为它之所以为它”。⑥ 可以看到，早期分析哲学家拒斥黑格尔的主要理由（整体主义和内在关系理论）现在变成了分析哲学家试图从黑格尔那里吸收的核心洞见。库克里克（Bruce Kuklick）

① 塞拉斯：《经验主义与心灵哲学》，王玮译，第 61 页。

② Quine, *From a Logical Point of View*, p.41.

③ 塞拉斯：《经验主义与心灵哲学》，王玮译，第 12 页。

④ Brandom, *Making It Explicit*, p.463, n.73.

⑤ 黑格尔：《逻辑学》，梁志学译，第 298 页。

⑥ 黑格尔：《精神现象学》上卷，贺麟、王玖兴译，第 12 页。

甚至认为，奎因和塞拉斯共享的语义整体主义是从观念论传统中提炼出来的核心线索。[①]

我们注意到，黑格尔式的整体主义方案中还保留了一种特殊意义上的“直接性”。这种直接性是每一个思维阶段开始时的未决定性，它产生于当下思维阶段所用的某组概念的有限性，可以通过概念的自我展开得到克服。黑格尔指出，“单纯直接性自身是一个反思名词，并且它自己与中介物的区别相关。因而这种单纯直接性的真正名称是纯有。正如纯知只应当完全抽象地叫做知本身那样，纯有也只应当被叫做一般的有：有，没有任何进一步的规定和充实，什么也不是”。[②] 可以看到，未经任何中介的“纯有”不具有任何实证性（positivity），它是有待进一步规定和充实的未决定状态；它并不是整体序列之外的推定对象（putative object），而是整体序列的逻辑起点。因此，这种黑格尔意义上的直接性并不违背整体主义的总体方案。

最后来看自然主义转向。早期分析哲学家自觉地拒斥自然主义的理论路径。他们的主要考量是，哲学和经验科学之间存在着问题域和方法论上的巨大差异：经验科学探究实际真理，而哲学的任务则是分析并确定命题的逻辑形式。根据这种区分，探讨科学与哲学之间的连续性，试图用因果性来解释规范性的自然主义路径也就自然而然走到了分析哲学的反面。维特根斯坦在《逻辑哲学论》中指出，“哲学不是自然科学的一种”。因此，“与其他任何一种自然科学相比，心理学与哲学的关系并非更加密切”；“与自然科学的任何其他假说相比，达尔文理论与哲学的关系并非更为密切”。（4.111，4.1121，4.1122）[③] 卡尔纳普在《世界的逻辑构造》中更为明确地区分了“逻辑价值”（logical value）和“认知价值”（epistemic value），他指出，分析的构造方法“只考虑对象名称、命题和命题函项的逻辑价值，而不涉及认识价值；

---

① 布兰顿：《在理由空间之内：推论主义、规范实用主义和元语言表达主义》，孙宁等译，上海：上海人民出版社，2019，第 49 页。

② 黑格尔：《逻辑学》上卷，杨一之译，第 54 页。

③ 维特根斯坦：《逻辑哲学论》，《维特根斯坦文集》第 2 卷，第 37 页。

它是纯逻辑的，而非心理学的”。[1]

但事实上，分析哲学从一开始就没有将自然主义完全排除。弗雷格在《思想》中区分了心理学和逻辑学，前者探讨“观念”，后者探讨“思想”。为了解释我们如何拥有一个思想，弗雷格指出，“这里最好选择一种特殊的表达，而‘把握’这个词为我们提供了这样一种表达。相应于对思想的把握必须有一种特殊的精神能力，思维能力。在进行思考时，我们不是制造思想，而是把握思想”。[2]这里的问题在于，弗雷格并没有解释如何在非心理学的意义上理解“把握”。这也反映出，弗雷格的双层语义学存在着一个重大的遗留问题：主观的“观念”和客观的“思想”在本体论层面存在实质性的断裂，这让“思想”成为无法得到恰当解释的超越存在。

“思想”的最初提出是为了保证“分析”的客观有效性，随着分析性的失效，“思想”的合法性也随之受到了质疑。在奎因提出的“自然化的认识论”（naturalized epistemology）中，弗雷格式的断裂在连续的自然进程中得到了最终克服。事实上，正是这个方案开启了分析哲学中的自然主义转向。奎因批判了经验主义的一般方案，即通过感觉材料加理性重构来获得关于外部世界的认识。他试图阐明，知识不是感性和理性两部分的叠加，而是一个完整的经验科学问题，换言之，认识论和经验科学是相互包容的。[3]他还在《经验主义的五个里程碑》中指出，经验主义的最后一个步骤是“自然主义”，自然主义认为先于自然科学的“第一哲学”并不存在，认识论在首要意义上是一种“经验心理学”。[4]可以毫不夸张地说，当代心灵哲学的主流路径就是由奎因提出的这种新认识论所主导的。

---

① 卡尔纳普：《世界的逻辑构造》，陈启伟译，第 98 页。

② 弗雷格：《弗雷格哲学论著选辑》，王路译，第 151 页。

③ See W. V. Quine, “Epistemology Naturalized”, in *Ontological Relativity and Other Essays* (New York: Columbia University Press, 1969), pp.69—90.

④ W. V. Quine, “Five Milestones of Empiricism”, in *Theories and Things* (Cambridge, MA: Harvard University Press, 1981), p.72.

除了在科学语境中改造认识论，对语义的反思也在一定程度上推动了自然主义的兴起。一方面，一批哲学家试图抛弃指称中介（比如弗雷格式的涵义），回到罗素式的指称观，即意义全部由指称对象决定。由于缺少了指称中介，说明语言如何与对象勾连就成了这条“直接指称”路径的核心问题。他们的最终解决方案是在“历史—因果”的语境中解释指称机制。这样一来，社会学和心理学等层面上的经验探究就势必被引入语义学探讨，语义理论的自然主义化也就不可避免了。一个突出的例证是，坚持在历史—因果的语境探讨语义的普特南同时也是最坚定的自然主义者（尽管他坚持的是非还原论的自然主义）。

另一方面，一些哲学家开始反思，我们是否因为过快地从观念推进到语言而失去了有效解释多义性和歧义性的能力。比如，戴维森指出，“如果语言是哲学家所认为的那样子，就不存在语言这样的东西。……我们必须放弃如下观念：语言具有可被明确界定的共享结构，可被语言使用者掌握并运用”。① 关于盖梯尔（Edmund Gettier）问题的讨论很好地说明了这一点。② 对盖梯尔问题的最初回应都是从反心理主义的正统分析路径出发的，回应者试图通过给信念增加逻辑限定来规避盖梯尔提出的问题。但是到了 20 世纪 60 年代末，一批分析哲学家开始意识到盖梯尔问题的解决方案也许在于，区分产生信念和支持信念的进程，进而从生成的路径探讨产生信念的因果进程。③ 到了 70 年代中期，更强的心理主义方案开始出现，这些方案试图阐明信念本

① Donald Davidson, “A Nice Derangement of Epitaphs”, in Ernie LePore, ed. *Truth and Interpretation: Perspectives on the Philosophy of Donald Davidson* (Oxford: Blackwell, 1986), p.446.

② See Edmund Gettier, “Is Justified True Belief Knowledge?” *Analysis*, 23: 6 (1963), pp.121—123.

③ See Alvin Goldman, “A Causal Theory of Knowing”, *Journal of Philosophy*, 64: 12 (1967), pp.357—72; Brian Skyrms, “The Explication of ‘X knows that p’”, *Journal of Philosophy*, 64: 12 (1967), pp.373—389; Peter Unger, “An Analysis of Factual Knowledge”, *Journal of Philosophy*, 65: 6 (1968), pp.157—170.

质上并不涉及逻辑推论，而取决于主体的心理事实。①

自然主义路径存在着一些难以克服的内在困难。比如，罗蒂指出，自然主义的最终困难是，基于我们当下的物理学，我们还无法理解经验和意识进程是如何从物理事物演化而来的："在我们和野兽之间寻找一种连续性的问题在于，它将不连续性这个令人尴尬的哲学问题推到了病毒与变形虫之间的断裂。但为什么在那里止步？为了消除这种尴尬，我们只能认为蛋白质分子，甚至夸克，也拥有某种类似于经验的东西。"② 但这并不妨碍金在权（Jaegwon Kim）在本世纪初作出如下判断："如果说当前的分析哲学具有一种哲学意识形态的话，那么这种意识形态无疑是自然主义。作为分析哲学的执政纲领，自然主义在二十世纪的大部分时间引导和限定了分析哲学。"③

康德所处的启蒙语境具有鲜明的反自然主义倾向。他在《纯粹理性批判》中指出，"理性智慧看出它自己根据自己的策划所产生的东西，它必须带着自己按照不变的法则进行判断的原理走在前面，强迫自然回答它的问题，却绝不只是仿佛让自然用襻带牵引而行；因为否则的话，那些偶然的、不根据任何先行拟定的计划而作出的观察就完全不会在一条必然法则中关联起来了，但这条法则却是理性所寻求且需要的。理性必须一手执着自己的原则（唯有按照这些原则，协调一致的现象才能被视为法则），另一手执着它按照这些原则设想出来的实验，而走向自然，虽然是为了受教于她，但不是以小学生的身份复述老师想要提供的一切教诲，而是以一个受任命的法官的身份迫使人们回答他向他们提出的问题"。④ 但是在黑格尔那里，理性和自然、人和

---

① See Gilbert Harman, *Thought* (Princeton: Princeton University Press, 1973), ch. 2; Alvin Goldman, "What is Justified Belief?" in George Pappas, ed. *Justification and Knowledge* (Dordrecht: Reidel, 1979), pp.1—23; Hilary Kornblith, "Beyond Foundationalism and the Coherence Theory", *Journal of Philosophy*, 77: 10 (1980), pp.597—612.

② Richard Rorty, *Truth and Progress: Philosophical Papers III* (Cambridge: Cambridge University Press, 1998), p.296.

③ Jaegwon Kim, "The American Origins of Philosophical Naturalism", *Journal of Philosophical Research*, APA Centennial Volume (2003), p.84.

④ 康德：《纯粹理性批判》，邓晓芒译，第 13 页。

动物的区分并不是决定性的，它们之间是一个连续的进程。比如，他在《艺术哲学》中指出，“人是动物，但即使是在动物功能中他也不只是自在地作为动物，而是意识到自身，辨识出自身，（像消化一样）将这种意识上升为自我意识的科学。人通过这些手段消解了自在存在的直接意识的界限。正因为他知道自己是动物，他变得不再是动物，认识到自己是精神”。① 因此，正如平卡德（Terry Pinkard）所指出的，在黑格尔那里，自然状态和理性状态的区分不在于前者是非规范性的，后者是规范性的，因为黑格尔认为“规范性已经在自然的有机生命中运作，对植物和动物而言存在善的和恶的东西，这些东西成为它们相互回应的理由”。② 对黑格尔而言，动物和人的关键区分在于，动物无法将这些理由作为理由本身来对待，并将它们用于进一步的推论中，它们只能“自在地”处理理由，而不能“自为地”处理理由。可以看到，黑格尔在自然主义的框架下保留了启蒙语境中的区分。这条思路对匹兹堡学派（特别是麦克道威尔和布兰顿）产生了极为关键的影响。

从更宽泛的视角来看，自然主义路径帮助分析哲学家在语言转向之后重新与世界接触，而这正是黑格尔修正康德的主要抓手（思维和存在的同一）。罗蒂在《哲学和自然之镜》中指出，和普特南观点一样，“奎因的‘自然化的认识论’、丹尼特（Daniel Dennett）对‘进化的认识论’的暗示，克里普克和费斯克（MiltonFisk）对亚里士多德的本质与自然必然性的概念的恢复，种种因果的指称论以及塞拉斯的摹写理论等等的共同动机在于，使认识论非先验化，而又使它履行我们永远希望它可能履行的事：告诉我们成功研究的标准不只是我们的标准，而且也是正确的标准、自然的标准、将引导我们达到真理的标准”。③ 可以看到，尽管罗蒂列举的这些理论方案完全超出了黑格尔的视域，但它们在根本诉求上和黑格尔并无二致。

---

① Hegel, *Aesthetics*: *Lectures on Fine Art*, 2 vols. (Oxford: Clarendon, 1988), p.80.

② Terry Pinkard, *Hegel's Naturalism*: *Mind*, *Nature*, *and the Final Ends of Life* (Oxford: Oxford University Press, 2012), p.26.

③ 罗蒂：《哲学和自然之镜》，李幼蒸译，北京：商务印书馆，2004，第 278 页。

以上的讨论概览了分析哲学内部的四个主要转向，并考察了黑格尔在这些转向中的位置。这些讨论的结论是：对分析哲学而言，“回到黑格尔”不仅在学理层面是完全可能的，而且已经在事实层面实际发生了。当然，这种“回到”并不是简单地重复黑格尔，而是以分析语汇重新改写黑格尔，并通过这种改写实质性地丰富分析哲学的理论内涵。

对分析哲学的两个黑格尔式反思

在澄清了黑格尔进入分析视域的理论契机之后，这部分的讨论将重新回到方法论和本体论的层面，探讨黑格尔可能帮助分析哲学实现的两个反思，即从共时性的“分析”到历时性的“阐明”，从“语义上行”到“语义下行”。

先来看方法论层面的反思。康德在《纯粹理性批判》中区分了理性的两种运用：一种是“单纯形式的、亦即逻辑的运用”，另一种是“实在的运用”，它们分别对应于普遍逻辑和先验逻辑。① 康德将理性的第二种运用称为“先验理性”：“所谓先验理性概念无非是有关一个给予的有条件者的诸条件的总体性的概念。”② 概而言之，理性的形式运用帮助主体作出关于某个对象的判断，而理性的先验运用则试图确立让对象成为可能的最一般原则，即一个演绎系统的先天条件。

前面已经指出，黑格尔的“辩证理性”不同于纯粹理性视域下的这两种运用。黑格尔认为，康德没有看到理性的对立面是绝对精神的必要环节，表面的矛盾可以在一种更深层的理性运用中得到扬弃。因此，理性的首要功能不是在反思中划出知识的界限，而是在思辨中克服反思层面的对立，由此进展到绝对知识。在首要的意义上，辩证理性既不是逻辑的能力，也不是原则的能力，而是思辨地把握精神历程

① 康德：《纯粹理性批判》，邓晓芒译，第261页。
② 同上，第276页。

的能力。在黑格尔的语境中，如果说普遍逻辑是理性的一阶运用，先验逻辑是理性的二阶运用，那么理性的辩证运用就是在一阶和二阶之间制造运动，由此不断拓展思维的界限。

当然，研究者对于如何把握黑格尔的辩证逻辑存在着分歧。比如，泰勒将它理解为绝对精神在历史文化中的具体展开。[①] 芬德利将它理解为思维内部的范畴分析。[②] 而皮平（Robert Pippin）则试图在形而上学和反形而上学的解读之外提出第三种解读，即将它理解为一切现实性的"总念性基础"（Notional foundation）。[③] 我个人倾向于（跟随布兰顿）根据黑格尔在《精神现象学》中的提示，将辩证理性理解为"回忆理性"（recollective rationality），即在辩证法的帮助下最终获得被概念把握的历史（die begriffene Geschichte）。黑格尔指出，"目标、绝对知识，或知道自己为精神的精神，必须通过对各个精神形态加以回忆的道路，即回忆它们自身是怎样的和怎样完成它们的王国的组织的"。[④]

大体而言，分析哲学是一种运用普遍逻辑的形式理性。当然，根据上一章的讨论，有一些分析方案也涉及先验逻辑的运用。普遍逻辑给出一个共时性的逻辑框架，而先验逻辑则试图说明这个框架的最终界限。它们的共同缺陷在于，在不同意义上止步于单层的理论框架（前者处在框架中，后者看到了框架的界限，但否认超出界限的可能性），而没有看到从一个理论层级递进到另一个理论层级的可能性。而这种可能性正是黑格尔的辩证理性所要揭示的最终洞见。黑格尔认为，我们可以从历时性的视角出发探讨概念层级间的递进关系，在这个意义上，辩证理性是一种历史理性。在历史理性的视角下，黑格尔找到

① 参见泰勒：《黑格尔》，张国清等译，第 307—308 页。

② Findlay, *Hegel*: *A Re-examination*, pp.58—76. See also Klaus Hartmann, "A Non-Metaphysical View", in Alasdair MacIntyre, ed. *Hegel*: *A Collection of Critical Essays* (New York: Anchor Books, 1972), pp.101—124.

③ Robert Pippin, *Hegel's Idealism*: *The Satisfactions of Self-Consciousness* (Cambridge: Cambridge University Press, 1989), p.176.

④ 黑格尔：《精神现象学》下卷，贺麟、王玖兴译，第 275 页。

了纠正康德式理性的关键步骤，即从共时性的“分析”进展到历时性的“阐明”，而这种“阐明”是对批判哲学的再批判。他在《小逻辑》中指出，批判哲学“把考察思维形式一般能在何种限度内达到对真理的知识作为自己的课题”，这其中当然有正确的成分，但“这里也立刻发生了误解，即想在认识活动以前就从事认识，或者说，在没有学会游泳以前不想先下水”。[①] 在黑格尔看来，对认识的批判不能先于认识本身的历史，因此对知识的先验奠基在原则上是不可能的。

事实上，这种历时性的阐明在分析语境的构造方案中就已经出现。卡尔纳普在《世界的逻辑构造》的第二版序言中指出，该书“讨论的主要问题是根据涉及直接所予的概念把一切知识领域的概念加以理性重构的可能性问题。所谓理性重构，这里是指给旧的概念找出新的定义。这些旧的概念通常都不是经过深思熟虑形成的，而或多或少是不知不觉地发展起来的。新的定义应当在清晰和精确方面超过旧的定义，首先应当更适合于一个系统的概念结构。这样一种概念的澄清，今日常被称为‘阐明’(explication)，在我看来仍然是哲学的最重要的任务之一，尤其是如果它涉及的乃是人类思维的主要范畴的话”。[②] 在卡尔纳普的语境中，“阐明”的本质是一种历史性的“构造”：“与其他的概念系统不同，构造系统的任务不是仅仅把概念区分为不同的种类并研究各类概念的区分和相互关系，而是要把一切概念都从某些基本概念中逐步地引导出来，‘构造’出来，从而产生一个概念的谱系，其中每个概念都有其一定的位置。”[③] 正是在这个意义上，达米特指出，与分析方法相对立的并不是海德格尔或其他大陆哲学家，而恰恰是卡尔纳普。[④] 这种系统的历史性构造方法在古德曼那里得到了最好的继承。古德曼指出，“我们拒绝对体系的建构作出绝对主义的证成，但这并不意

---

① 黑格尔：《逻辑学》，梁志学译，第102—103页。

② 卡尔纳普：《世界的逻辑构造》，陈启伟译，第1页。

③ 同上，第3页。卡尔纳普还将这种构造过程称为“具有严格逻辑形式的概念进展的辩证法”。同上，第82页。

④ Michael Dummett, “Can Analytical Philosophy be Systematic, and Ought it to Be?” *Hegel Studien*, 17 (1977), pp.126—305.

味着当下英国式分析的那种极端非体系化特征是成立的”。①

在布兰顿那里，历时性的阐明以另一种方式得到了运用。在黑格尔的启发下，布兰顿看到隐含的规则可以在层级性地解释递进中逐步转化为清晰的规范。因此，为了理解规范的意义和结构，我们必须对社会实践的历史作理性的重构，具体而言，我们可以通过回溯一个传统或给出一个谱系来探讨规范的建立过程。根据布兰顿的推论主义语义学，对规范语汇的历史性考察在两个方向上展开：“向后地，它必须具有推论后果，对原始内容的承诺让我们具有了承诺这些后果的资格；向前地，它必须具有推论前件，以这些关系为前提，我们可以得到继承原始内容的资格。”②

可以看到，这些理论方案中已经隐含了历史主义的洞见。自 20 世纪后半叶以来，分析哲学内部的各种理论方案都试图从不同角度阐明，将人类知识理解为共时性建构本身就是一种神话，而破除这种神话的关键步骤就是将历时性要素引入分析的理论活动，尽管这种引入可能会在根本上威胁到分析哲学的最初方案。我们还看到，被引入分析语境的历史主义不仅涉及“薄”意义上的概念构造过程（卡尔纳普），还涉及“厚”意义上的文化和社会进程。维特根斯坦的《哲学研究》就是“厚”历史主义的典型代表。他从探讨语用规则进展到探讨语言游戏，然后又进展到探讨更为宽泛的生活形式，从理想状态的逻辑分析转向了一种“人类自然史”。他指出，“下命令、提问、讲述什么、闲聊属于我们的自然史，正如走路、吃饭、喝水、玩游戏一样”。（§25）③

关于分析哲学家从黑格尔那里吸收的历史主义洞见，我们还可以作进一步的澄清。英美学界对黑格尔的解读主要有两条思路。第一条思路受到英国新黑格尔主义者的影响，主要代表是芬德利与泰勒。芬德利将黑格尔刻画的精神历程理解为极端的宗教表达，这种解读在泰

① Nelson Goodman, *Problems and Projects* (Indianapolis: Bobbs-Merrill, 1972), p.44.

② Robert Brandom, *Between Saying and Doing: Towards an Analytic Pragmatism* (Oxford: Oxford University Press, 2008), p.115.

③ 维特根斯坦：《哲学研究》，《维特根斯坦文集》第 4 卷，第 26 页。

勒那里得到了进一步展开。第二条思路则跟随黑格尔的法国解读者（科耶夫、萨特、梅洛-庞蒂等人），将黑格尔解读为一个“人本主义者”。① 这样一来，正如所罗门（Robert Solomon）所指出的，就出现了两个黑格尔：作为“绝对观念论者”的黑格尔和作为“历史主义者”的“赫拉克利特式”的黑格尔。② 相应地，也就出现了对《精神现象学》的两种解读：作为“认知上升”（cognitive ascension）的《精神现象学》和作为“人类经验的全景”（panorama of human experience）的《精神现象学》。③ 可以肯定的一点是，如果说分析哲学家对黑格尔的历史主义有所借鉴，那么这种借鉴自始至终都是在人本主义的视角下进行的。

在人本主义的视角下，分析哲学家的借鉴又从工具性借鉴和反思性借鉴两个方向展开。前一种借鉴在布兰顿那里得到了最为典型的体现。一方面，布兰顿认为，《精神现象学》的语境中“经验”（Erfahrung）是意识在抵达绝对知识之前的全部历程，它的实质是将概念内容应用于判断和意向性行为，同时确定概念内容的历史进程。另一方面，布兰顿试图用推论主义语义学将自我意识的现象学史改写为“明确的交互权威中心以及它们之间的协商过程”，将黑格尔式的“精神”改写为“在承认的过程中综合得到的社会实体”。④ 与此同时，他还试图通过忏悔（Geständnis，confession）、宽恕（Verzeihung，forgiveness）和信任（Vertrauen，trust）等一系列黑格尔式的语汇来重构建立和应用规范的社会实践史。布兰顿的这种借鉴将在本书的第八章得到更为深入的研究。

如果说布兰顿借助黑格尔的历史语汇丰富了分析的工具，并拓展了分析的论域，那么罗蒂则借助历史主义的洞见对分析方案本身进行

---

① See Raymond Plant, *Hegel* (London: Allen & Unwin, 1973); Robert Solomon, *In the Spirit of Hegel* (Oxford: Oxford University Press, 1983).

② Solomon, *In the Spirit of Hegel*, pp.14—16.

③ Ibid., p.26.

④ Robert Brandom, *Tales of the Mighty Dead* (Cambridge, MA: Harvard University Press, 2000), p.55, p.49.

了反思。他在《哲学和自然之镜》中指出，分析哲学仍然是一种试图为知识奠基的“康德哲学”，只不过分析哲学用语言表征代替了心理表征。并且，分析哲学仍处在笛卡尔和康德的传统中，即出于一种“逃避历史的企图”，试图“为任何可能的历史发展找出非历史性条件”。① 罗蒂认为，将历史主义引入分析哲学的后果是，在分析哲学内部重演了历史主义对启蒙纲领的反动，即不再寻找绝对的人性和普遍的价值，转而在变化和关联的语境中探讨人的价值、信念和行为。为了纠正逃避历史的企图，罗蒂援引了一系列思想资源，其中包括晚期维特根斯坦、杜威和海德格尔，当然也包括黑格尔。罗蒂在他最后一本文集的前言中指出，“黑格尔式的历史主义和维特根斯坦式的社会实践语言路径是相互补充和相互强化的”，而塞拉斯、戴维森和布兰顿等人的工作正是这种结合的具体体现。② 尤其值得一提的是，罗蒂还看到了辩证法对这种历史性反思的重要价值。他认为，在人本主义的视角下，辩证法的最终归旨不是绝对的整体，而是在一个开放的进程中对既有语汇作出“重新描述”（redescription）。他指出，“一个反讽者希望，当她在新的意义上使用旧的语词时，甚至引入了全新的语词之后，人们不会再用旧的语词来问问题。反讽者认为逻辑是从属于辩证法的，而形而上学家则认为辩证法只是一种修辞，修辞不过是逻辑的劣质替代”。③

一个必然会出现的问题是，历史视角（以及与此相关的生物、社会和文化视角）的引入是否会破坏分析哲学的严格性？进一步，这种历史主义的反思是否意味着彻底否定分析方案的合法性，甚至最终取消分析哲学？正如罗蒂所指出的，“胡塞尔的嫡传（萨特和海德格尔）和罗素的嫡传（塞拉斯和奎因）提出了有关必然真理的可能性这类问

---

① 罗蒂：《哲学和自然之镜》，李幼蒸译，第 6—7 页。

② Richard Rorty, *Philosophy as Cultural Politics: Philosophical Papers IV* (Cambridge: Cambridge University Press, 2007), p.9.

③ Richard Rorty, *Contingency, Irony, and Solidarity* (Cambridge: Cambridge University Press, 1989), p.78.

题，正如黑格尔提出了有关康德的问题一样。现象学逐渐演变为胡塞尔不无轻蔑地称为‘仅只是人类学’的东西，而‘分析派的’认识论（如‘科学哲学’）逐渐增加了历史主义和减少了‘逻辑性’（如汉森、库恩、哈尔和黑斯）。于是在胡塞尔的‘作为严格科学的现象学’和罗素的‘逻辑作为哲学之本质’两文发展了七十年之后的今天，我们又回到了这些宣言书作者所面对的同一假想中的危险：如果哲学变得太自然主义化，讲求实效的实证学科将把哲学挤到一边；如果它变得太历史主义化，那么思想史、文学批评以及‘人文科学’中类似的软性领域将把它吞并”。①

我个人并不认为历史主义化必然导致分析哲学消亡。这里的关键是意识到“分析语汇”本身的历史性。尽管不少分析哲学家已经探讨了语汇的层次和界限（比如罗素的类型论、塔斯基的真之理论、奎因对翻译问题的讨论等），但他们并没有进一步对分析语汇本身展开反思。现在，在一种历史主义的视角下，我们可以明确地看到，和任何语汇一样，分析语汇不仅有自身的表达界限，还有具体的理论历史。罗蒂试图阐明，我们应该放弃寻找各种意义上的“特权语汇”（privileged vocabulary）或“元语汇”（metavocabulary），转而通过“重新描述”（redescription）和“对话”（conversation）来尝试拓展既有的语汇。在罗蒂那里，有意义的区分不是语汇之间的区分，而是如下区分：有意愿和能力继续对话的，和试图终止对话的。在这个意义上，历史主义的反思并不意味着分析方案的消亡，相反，它意味着在最大限度上拓展分析的视域，而分析哲学和观念论的对话就是其中的一个可能方向。

再来看本体论层面的反思。站在当下的理论节点上，我们已经能够清晰地看到，语言转向提出的“语义上行”方案在很大程度上是一种无法实现的理论虚构。正如温奇（Peter Winch）所指出的，“从一开始就假定，人们可以明晰区分‘世界’和‘我们用来描述世界的语

① 罗蒂：《哲学和自然之镜》，李幼蒸译，第156页。

言’，并由此说哲学问题根本不是由前者而只是由后者而产生的，这是把尚待回答的整个哲学问题当作前提加以肯定了”。① 事实上，伯格曼在创制语言转向的提法时就已经指出，“好的语言哲学家，不管他的工作语言是理想语言还是日常语言，最终的诉求都是通过语言的手段思考世界”。② 上世纪末，罗蒂在回顾提出语言转向的著名文集时也指出，这一提法在现在看来是“装腔作势”和“令人难堪”的。③

所有优秀的分析哲学家都清楚地看到，我们无法脱离世界处理语言，“语义上行”的最终落脚点必须是“语义下行”。维特根斯坦在《逻辑哲学论》中通过实指指示（Erklärung，ostensive demonstration）探讨语言和实在之间的直接联系（Verbindung）。克里普克在《命名与必然性》中的工作从某种意义上回归了从亚里士多德到黑格尔的传统，即让必然性落脚于实在，而非单纯的概念。以塔斯基为代表的紧缩论语义学则试图阐明，真值谓词只是一种去引号的手段，对指称和真值的谈论最终受制于世界中的事态。我们还可以看到，尽管语用学放弃了通过指称世界来获得意义的思路，但对使用规则的讨论仍然落脚于某种基础性的世界框架中。维特根斯坦在《论确定性》中的如下论述为此提供了明确的例证：“我有一个世界图景。它是真实的还是虚假的？它首先是我一切研究和断言的基础。描述世界图景的命题并非全都在同等的意义上接受检验”；“不如说，地球存在是整幅图画的一部分，这幅图画构成了我的信念的起点”；“一种语言游戏的可能性以某些事实作为先决条件，这不是不言自明的吗？”④

在语言转向后重新回到世界的洞见在具有实用主义倾向的分析哲学家那里得到了系统的思考。奎因一方面要求我们以宽容的态度和实验的精神来选择不同的本体论语汇，另一方面又自问，“我们是否降低

① 温奇：《社会科学的观念及其与哲学的关系》，张庆熊等译，上海：上海人民出版社，2004，第 13 页。

② Bergmann, *Logic and Reality*, p.172.

③ Rorty, ed. *The Linguistic Turn*, p.371.

④ 维特根斯坦：《最后的哲学笔记》，《维特根斯坦文集》第 8 卷，第 138、145、246 页。

了自己的目光，满足于相对主义的真理论——只考虑每个理论中的陈述对该理论而言是否为真，而不允许更高的批评？”[①] 戴维森认为，虽然语言的本质是一种社会实践，但我们始终要用语言谈论某些东西。为此，他自觉地和达米特等“约定主义者”（conventionalist）划清界限。他试图阐明，为了让解释者和说话者共同意指某个公共事物或事件，世界和语言之间必须存在某种原初的适切性。他指出，“下面这种说法是无害的：真信念和真思维之所以为真，是因为世界就是如此。真信念和真思维正确地‘表征’了世界”。[②] 而布兰顿则试图阐明，完整的语义学方案应该将指称和使用这两个维度有机地整合在一起，而实现这一点的前提在于承认如下的事实：语言使用者是世界的一部分，我们在世界中生存、思考和言说，这意味着我们的语言必须和世界本质相关。但不同于传统的表征主义者，布兰顿的关键洞见是，我们不是在故事的开端去解释“为什么存在着（被谈论的）某物而不是（彻底的）无”，而是在故事的结束去解释“为什么我们所谈论的东西，会被构造为有性质的、有关系的对象”。[③] 换言之，我们必须在推论实践的终点用清晰的逻辑表达语汇来刻画语义推论的表征维度。

这种关于语言与世界的洞见还在匹兹堡学派的晚近代表（麦克道威尔和布兰顿）那里进一步发展为一幅概念实在论图景。根据这幅图景，概念可以一路达及世界本身，用布兰顿的话来说，“麦克道威尔和我都是关于世界的概念实在论者。我们认为，世界实际上是独立于人的，但已经被概念化……概念没有外在边界……世界其实就已经在概念塑造中了”。[④] 尽管麦克道威尔对“概念实在论”的提法持保留态度，但他的构想基本和布兰顿保持一致。宽泛地看，普特南的“内在实在论”（internal realism）、古德曼的“非实在论”（irrealism）、戴维森对“第三个教条”的批判也是一种概念实在论方案。但麦克道威尔和布兰

① W. V. Quine, *Word and Object* (Cambridge, MA: Harvard University Press, 1960), p.24.

② Donald Davidson, *Subjective, Intersubjective, Objective* (Oxford: Clarendon, 2001), p.46.

③ 布兰顿：《阐明理由：推论主义导论》，陈亚军译，上海：复旦大学出版社，2020，第140页。

④ 陈亚军、周靖：《匹兹堡问学录：围绕〈使之清晰〉与布兰顿的对谈》，第199页。

顿第一次在分析的语境中指出，黑格尔是概念实在论的主要思想资源。康德和黑格尔有一个共同的旨趣：放弃对前对象化世界的追问，将对象把握为处于建构过程当中的观念。他们的分歧在于对如下问题的回答：前对象化世界是否还保留本体论上的重要性？康德的答案是肯定的，而黑格尔则将此视为康德的不彻底之处。黑格尔认为，这种保留态度让康德没能将前对象化世界进一步纳入观念的建构过程中，从而在观念论内部实现一种不同于康德式普遍有效性的真正客观性。黑格尔试图将康德那里的前对象化世界重新拉回到思维内部，这一步骤的关键在于消除先验演绎中的外在性。

黑格尔在《大逻辑》中指出，“无论是在普通心理的表象中，或是在康德的先验哲学中，都被认为是这样的，即：经验的材料、直观的杂多和表象，最初都自为地实有，然后知性去到那里，在它之中带来统一，并且通过抽象把它提高为普遍形式。知性以这种方式，便是一个本身空洞的形式，这个形式一方面只有由于上述的现成的内容才获得实在，另一方面又抽去了内容，这就是说，内容作为某种东西，不过对于概念用不着而被去掉了。概念在以上两种活动中，都不是独立的，不是那先行材料的本质和真的东西，可是材料倒是自在自为的实在，它是不容从概念摘出的”。① 他还指出，“事物在这里会被提出来作为我们的概念的准绳，但恰恰是这个事物，对于我们来说，却不是别的，而只能是我们对于事物的概念”。② 可以看到，这些论断给麦克道威尔和布兰顿的概念实在论构想提供了非常有力的理论支援。

根据麦克道威尔在《心灵与世界》中提出的构想，心灵受到来自世界的冲击，但这种冲击又全部在概念领域内完成。他认为，康德在他的经验理论中明确提出了“感受性”(receptivity)和“自发性”(spontaneity)统一，即在经验中被给予的东西同时也由主体对概念的自发运用所决定。事实上，康德本人也认为，感受性和自发性的区

① 黑格尔:《逻辑学》下卷，杨一之译，第251页。

② 同上，第13页。

分并不是确凿无疑的。比如，他指出，“空间在作为对象被表象出来时（我们在几何学中实际上就需要这样做），就包含有比直观的单纯形式更多的东西，这就是把按照感性形式给出的杂多统摄在一个直观表象中，以致直观的形式就只给出了杂多，而形式的直观却给出了表象的统一性。这种统一性，我在感性论中曾仅仅归之于感性，以便只注意到它是先行于一切概念的，虽然它是以某种综合为前提的，这综合不属于感官，但通过它，一切有关空间和时间的概念才首次称为可能的”。①

但麦克道威尔又认为，康德因为先验观念论的方案而放弃了这一洞见，最终走向了概念与实在的分离，而我们有可能利用黑格尔的绝对观念论来修正这种二元论构想：“绝对观念论的核心是拒斥概念领域有外部界限的观点，我们已经到达了这样一点，可以由此开始驯化这种哲学的修辞。”②这种对康德的黑格尔式修正在《将世界纳入视野》中得到了更为深入的讨论。麦克道威尔指出，黑格尔试图追求一种“将主体的自我决定和客观限制结合起来的康德式直观概念”，从而帮助我们“在经验认知的语境中理解黑格尔谈论的从意识的对立面中解放出来。直观的对象现在被把握为完全客观的，即便它们经过了时空的组织。但它们对意识（至少是知觉意识）的异在性却得到了扬弃——不是取消，而是放到了一个更大的、不会再威胁到主体自我决定的理性叙述当中”。③

如果说麦克道威尔（和塞拉斯）仍然试图保留作为法庭的“经验”，那么布兰顿则完全抛弃了这种外在性诉求，更加彻底地拥抱了世界与概念的统一体。在这个意义上，布兰顿最终实现了匹兹堡学派的黑格尔化。他不仅认为我们可以大胆地承认经过黑格尔改良的康德就是黑格尔而非康德，还认为塞拉斯和麦克道威尔对经验法庭的探讨是

① 康德：《纯粹理性批判》，邓晓芒译，第107页。

② McDowell, *Mind and World*, p.44.

③ 麦克道威尔：《将世界纳入视野：论康德、黑格尔和塞拉斯》，孙宁译，上海：复旦大学出版社，2018，第95页。

多余的，我们的概念运作无须答复或回应世界的某个限制性部分，因为概念运作就是世界本身。从某种意义上来说，布兰顿的推论语义学是黑格尔的逻辑本体论（逻辑进程和世界进程的本质同一）在推论主义语境下的重新表达。

塞拉斯在《哲学与人的科学映像》中提出这样一个看似平实但实际上极为深刻的洞见：人总是“世界中的人”（human in the world）。[①]以上这些本体论层面的反思最终揭示的正是这样一幅“语言使用者在世界中”的图景。根据这幅图景，语言对世界的断言就是世界本身的一部分。这个视角从根本上规定了语言分析的基本方向：分析的最终成果必须在最大程度上反映世界生成的复杂性，这意味着一切已经固定成型的分析方案都必须接受进一步的质疑和修正。而关于语义的探讨也就成为了一个极端开放的议题，它的丰富性远远超出了已有的分析论域。

与此同时，这个关于语言和世界的整体构想也实质性地调整了分析哲学的任务。塞拉斯在同一篇文章中指出，“哲学工作的不同之处在于它‘着眼于整体’。否则，哲学家就和坚持反思的专家没有区别了，历史哲学家也就和坚持反思的历史学家没有区别了。……一个哲学家只有反思了哲学思考的本质，才可以说是着眼于整体的。哲学家反思哲学本身在事物体系（scheme of things）中的位置，正是这种反思将他和反思的专家区分开来。没有对哲学工作展开这种批判性反思的哲学家最多只能算是潜在的哲学家”。[②]可以看到，基于一种黑格尔式的反思，这段话明确指出了分析工作（以及任何哲学工作）应该具有的自我意识和自我主张：哲学如果还要有别于其他学科，首先，它必须探讨世界的各个部分最终是如何联系在一起的；其次，更为重要的是，它必须在方法和结论上对自己提出的这幅整体性图景进行整体性的反思。

---

① Wilfrid Sellars, *Science*, *Perception and Reality*（Atascadero: Ridgeview, 1963）, p.6.

② Ibid., p.3.

第四章　在逻辑实证主义和新康德主义之间：《世界的逻辑构造》中的康德与非康德因素

引　言

根据一般的哲学史叙事，逻辑实证主义在学理上接续于近代经验论到十九世纪实证主义这条线索。但是自 20 世纪 90 年代开始，以弗里德曼（Michael Friedman）为代表的一批研究者开启了一场重新评价逻辑实证主义的运动。[①] 他们试图阐明，除了经验论传统，逻辑实证主义还有一个更为隐秘的思想资源，那就是新康德主义。当然，新康德主义运动内部存在着巨大的分歧。虽然李普曼（Otto Liebmann）提出了“回到康德”的口号，但事实证明，新康德主义者的回溯方式大相径庭。大体而言，我们可以区分出三条主要路径：第一，以精确科学为导向的马堡新康德主义者；第二，以经验心理学为导向的哥廷根新

① Michael Friedman, *Reconsidering Logical Positivism*（Cambridge: Cambridge University Press, 1999）, pp.7 ff; *A Parting of the Way*: *Carnap*, *Cassirer*, *and Heidegger*（La Salle: Open Court, 2000）, pp.70 ff. “Carnap's *Aufbau* Reconsidered”, *Nous*, 21: 4（1987）, pp.521—545; “Epistemology in the *Aufbau*”, *Synthese*, 93: 1—2（1992）, pp.15—57; Alan Richardson, *Carnap's Construction of the World*: *The Aufbau and the Emergence of Logical Empiricism*（Cambridge: Cambridge University Press, 1998）, chs. 4 & 5. See also Susan Haack, “Carnarp's Aufbau: Some Kantian Reflexion”, *Ratio* 19（1977）, pp.170—175; Werner Sauer, “On the Kantian Background of Neopositivism”, *Topoi* 8: 2（1989）, pp.111—119.

康德主义者；第三，以观念论为导向的海德堡新康德主义者。第一条路径更靠近逻辑实证主义，第二条路径更靠近现象学，第三条路径则更靠近新黑格尔主义。逻辑实证主义的新康德主义资源主要来自以科亨（Hermann Cohen）及其学生纳托普（Paul Natorp）、卡西尔（Ernst Cassirer）等人为代表的马堡新康德主义者。

厘清逻辑实证主义和新康德主义的关系是一个非常困难的任务，这对表面的二元关系背后实际涉及十九世纪实证主义、新康德主义和逻辑实证主义的三方关系。从宽泛的视角来看，十九世纪实证主义和新康德主义被相同的问题所驱动：当自然科学和精神科学支配着可认识物的所有领域，哲学在人类知识的体系中还能保留怎样的位置？实证主义者给出的回答是：作为“统一科学”（united sciences）的哲学必须揭示所有自然科学和精神科学背后的逻辑框架。孔德（Auguste Comte）在《实证主义概论》中指出，实证主义必须“为我们对现象的各种观察提供了唯一的逻辑和科学关联，使它们成为一个自洽的整体”。[①] 在这个问题上，新康德主义者和实证主义者持相同的见解。基于这个共同的诉求，他们一起创办了《科学哲学季刊》（1902 年改名为《科学哲学和社会学季刊》），一些著名的新康德主义者——比如李普曼、文德尔班（Wilhelm Windelband）、费英格（Hans Vaihinger）等——都是该杂志的主要撰稿人。

但十九世纪实证主义和新康德主义又产生了明显的分歧。较之于哲学的统一功能，新康德主义者更强调哲学的批判功能，即用哲学去检查科学语汇本身的逻辑，这也是康德的批判哲学给他们留下的重要遗产。比如，科亨在《康德的经验理论》中指出，康德的核心问题并不是“表象的成因是什么”这个事实问题（quid facti），而是“先天综合判断的合法性在哪里”这个权利问题（quid juris），在这个意义上，康德所做的并不是关于对象的一阶探究，而是关于知识条件的二阶探

① Auguste Comte, *A General View of Positivism* (New York: Robert Speller & Sons, 1957), pp.1—2.

究。[1]事实上，这种批判性动机也是导致新康德主义者后来和实证主义者分道扬镳的主要原因之一（另一个原因是他们关于道德哲学的不同看法）。沙夫（Robert Scharff）曾富有启发性地将实证主义区分为两种类型："系统"（systematic）实证主义和"批判"（critical）实证主义。虽然这两种实证主义都试图用理想的科学知识代替形而上学，但前者仍试图"发展出总体性的概念图型和乌托邦式的社会政治改革方案"，而后者则更倾向于"消除可能藏匿在实验理论的外衣之下的任何形而上学痕迹"。沙夫指出，实证主义的总体发展趋势是从系统实证主义转向批判实证主义，而这一转向正是逻辑实证主义的前兆。[2]如果这个判断成立，那么新康德主义在某种意义上就成了十九世纪实证主义和逻辑实证主义之间的中介环节。

逻辑实证主义继承了新康德主义者的"批判"实证主义，他们抛弃了哲学的思辨功能，保留了哲学的批判功能。在研究维也纳学派的专著中，克拉夫特（Victor Kraft）援引文德尔班的论述提出了一个主导逻辑实证主义的康德式动机："康德动摇了哲学的这种自信态度，他证明了在各门具体科学所获得的知识之外或之上，不可能有对世界的哲学的（形而上学的）知识。在这个弃权声明之后，哲学作为一个专门学科的领域大大缩小，仅限于对理性的批判的自我意识了。"[3]除了这个康德式动机，逻辑实证主义的另一个主要动因是一种分层的知识观。在十九世纪实证主义者的理论中，单纯的亲知（Kennen）和真正的知识（Erkennen）之间并没有明确的区分。而逻辑实证主义者则通过事实命题和分析命题的区分提出了一个双层的理论方案：一方面以经验观察作为知识基础，另一方面则以科学的概念和结构作为统一的认识手段。在这个双层结构中，经验观察和形式系统是相互独立的，经验

① Hermann Cohen, *Kants Theorie der Erfahrung*（Berlin：Ferdinand Dümmer，1871），p.25.

② Robert Scharff，*Comte After Positivism*（Cambridge：Cambridge University Press，1995），pp.45—46.

③ 文德尔班：《哲学史教程》，转引自克拉夫特：《维也纳学派》，李步楼、陈维杭译，北京：商务印书馆，1998 年，第 167 页。

观察提供的命题是综合的，而构成形式系统的命题则是分析的，它们共同构成了关于知识的完整解释：综合命题提供知识的内容，分析命题解释知识的普遍性、必然性和系统性，它们分别在经验科学和哲学中得到处理。这种双层知识观进一步凸显了理论的批判功能，并强调了结构性调整对知识的关键作用。

逻辑实证主义者和新康德主义者的主要分歧在于，前者认为知识结构是纯分析的，并果断地剔除了形而上学的部分，而后者则给先天综合知识留出了位置。逻辑实证主义者认为，知识的材料和形式之间不可能存在任何意义上的中间地带，因此批判工作必须在普遍理性的内部完成，而新康德主义者则超出了普遍理性的领域，通过先验理性的工作实现对世界的批判性建构。

本章尝试以卡尔纳普的《世界的逻辑构造》(以下简称《构造》) 为切入口来探讨逻辑实证主义和新康德主义的关系。贝泽尔（Frederick Beiser）指出，在黑格尔之后的诸多哲学方案中，和当代哲学的分析构想最接近的是新康德主义，但“这种相似性是模糊的，原始的新康德式意义很少有保留下来的。一个 19 世纪 60 年代的新康德主义者和一个当代分析哲学家是非常不同的”。[①] 虽然这个判断有充分的学理依据，但是至少在卡尔纳普这里，我们会发现分析哲学和新康德主义的距离远不像想象中那样遥远。卡尔纳普的博士论文导师鲍赫（Bruno Bauch）虽然属于西南新康德学派，但多年来和马堡新康德主义者过从甚密。[②] 卡尔纳普也在《构造》中多次援引鲍赫、纳托普、卡西尔等人的思想。以这些事实性的交集为前提，本章的讨论试图在学理上阐明，不同于对《构造》的经验论解读和新康德主义解读，更妥当的做法是将这个方案放在逻辑实证主义和新康德主义之间。

下面的篇幅将首先概述对《构造》的经验论解读，并指出这种

---

① Frederick Beiser, *After Hegel: German Philosophy 1840—1900* (Princeton: Princeton University Press, 2014), p.51.

② 鲍赫的博士论文导师是李凯尔特（Heinrich Rickert），后者和文德尔班一起建立了西南新康德学派（Southwest neo-Kantian），也称巴登新康德学派（Baden neo-Kantian）。

解读可能存在的三个问题，接着分别考察《构造》中的康德因素和非康德因素。在此基础上，我将阐明，对《构造》的经验论解读和新康德主义解读都存在一定的片面性，因为《构造》的理论方案明确地处在逻辑实证主义和新康德主义之间。这种居间性不仅体现了卡尔纳普思想的复杂性，也说明逻辑实证主义作为一种“语言转向”后的分析哲学思潮并没有规避西方哲学传统的根本问题，即心灵与世界的关系问题。

经验论语境中的《构造》？

在经验论的视域下，洛克的《人类理解论》、休谟的《人性论》、马赫的《感觉的分析》、罗素的《我们关于外部世界的知识》以及卡尔纳普的《构造》面对的是同样的问题：如何通过来自感觉的直接材料证成我们关于外部世界的知识？这个问题在康德那里并不存在，因为证成在康德那里是理性自我立法的事情。从这个角度来看，《构造》明确地处在经验论的线索中。罗素在《我们关于外部世界的知识》中指出，自己的构想“可以通过更细微的材料实现，即通过定义点、瞬间和粒子的逻辑方法”。卡尔纳普在这句话的旁边写下了这样的脚注：“窄化和深化这个基本假设就是我的任务！”① 卡尔纳普的挚友费格尔（Herbert Feigl）曾指出，卡尔纳普在《构造》中令人惊叹地推进了罗素在《我们关于外部世界的知识》中提出的方案，而之后古德曼又在《表象的结构》中对此作出了进一步的推进。② 古德曼也指出，《构造》“属于现代哲学的主要传统，并将十八世纪英国经验论者的努力向前推进了一点”。③

① W. V. Quine & Rudolf Carnap, *Dear Carnap, Dear Van: The Quine-Carnap Correspondence and Related Work* (Berkeley: University of California Press, 1991), p.24.

② Roger Buck & Robert Cohen, eds. *Boston Studies in the Philosophy of Science, Vol.VIII: In Memory of Rudolf Carnap* (Dordrecht: D. Reidel, 1971), p.xiii.

③ Paul Schilpp, ed. *The Philosophy of Rudolf Carnap* (La Salle: Open Court, 1963), p.558.

《构造》的基本构想是，从被给予的基本要素出发，先界定这些要素之间的基本关系，再以这种关系为基本概念，通过概念的“系谱学”（genealogy）构造出世界（诸对象的领域）的最终逻辑结构。卡尔纳普将构造的基本要素界定为“原初经验”（Elementarerlebnisse/elementary experience），将原初经验之间的基本关系界定为“相似性记忆”（recollection of similarity）。他在《构造》的第二版序言中阐述了自己的构想：“在本书中我讨论的是……把一切概念还原为直接的所予在原则上是可能的。不过，我向自己提出的任务并不是要在人们为支持这个论点而提出的许多一般哲学论证之外再增加点什么，毋宁说，我是第一次要去尝试把上述这类概念系统实际构造出来；这就是说，我首先要选择一些简单的基本概念，例如呈现于粗糙的经验材料之中的那些感觉性质和关系；然后在此基础上对各类概念作出更进一步的定义。”①

可以看到，《构造》的野心是只在基本要素和基本关系的基础上构造出世界中的所有对象。卡尔纳普指出，“按照构造理论，一切科学命题归根到底都是关于原初经验之间的关系的命题，所以一切具有内容的（即不是纯形式的）知识都可追溯至经验”。②《构造》的最终目标是给出一个严格的经验论版本，这种严格性也让该方案带上了极强的还原论色彩。事实上，这一点也是研究者的普遍共识。比如，奎因在《经验主义的两个教条》中指出，“以陈述为单位的彻底还原论为自己制定了如下任务：界定一种感觉材料语言，并指出如何将余下的有意义的陈述都翻译为这种语言。卡尔纳普在《世界的逻辑构造》中提出的正是这一方案”。③他还在《自然化的认识论》中指出，“将外部世界解释为感觉材料的逻辑构造，这是罗素的方案。而卡尔纳普则在1928年的《构造》中最完美地执行了这一方案”。④

---

① 卡尔纳普：《世界的逻辑构造》，陈启伟译，上海：上海译文出版社，2008年，第2页。

② 同上，第336—337页。

③ W. V. Quine, *From a Logical Point of View* (Cambridge, MA: Harvard University Press, 1961), p.39.

④ W. V. Quine, *Ontological Relativity and Other Essays* (New York: Columbia University Press, 1969), p.74.

但我们放在本小节标题中的问号提示我们，这种经验论解读并不是决定性的。我们可以提出以下三个可供考量的要点：第一，不可否认，《构造》主导语汇是现象论的，卡尔纳普用现象论的语汇来界定基本要素（原初经验）和基本关系（相似性关系）。尽管他一再强调"原初经验"并不是一般意义上的感觉材料，但因为他选择用现象论语汇描述这些材料，所以就很难与感觉材料论拉开距离。① 另外，尽管卡尔纳普指出，两个原初经验之间的相似性记忆并不必然涉及心理进程，而是构造系统中的基本关系，但他在实际描述这种关系时还是用到了描述心理现象的语汇，比如，记忆不仅指"一个已然消失的经验之再现"，而且指"一个此前不久存在过、尚未消失而犹有余效的经验例如一个知觉之保存"。② 然而，如果我们能够透过现象论的表象，就会发现《构造》在初始语汇的选择上实际上是中立的，现象论语汇只是其中一条可能的路径。卡尔纳普在《构造》中反复指出，建立在心理要素之上的系统构造只是一种可能性，建立在物理要素之上的系统构造同样也是可能且合法的。③ 考虑到语汇选择上的这种"约定主义"（conventionalism）倾向，《构造》所呈现的现象论外观也许只是一种理论上的"约定"，它并非必然如此。④

第二，如果现象论语汇的选择只是一种"约定"，那么卡尔纳普是否一定像感觉材料论者那样落脚于某种私人性的内容，由此让《构造》的理论方案不可避免地陷入唯我论？卡尔纳普指出，自己的思路是一

① 卡尔纳普在思想自传中指出，"在一些哲学家（特别是马赫和罗素）的影响下，我在《构造》中认为现象论的语言最适合对知识的逻辑分析。我相信哲学的任务是将所有知识还原为一个确定性的基础。因为最确定的知识是被直接给予的，而关于物理事物的知识是派生的和较不确定的，所以哲学家就必须使用以感觉材料为基础的语言"。Schilpp，ed. *The Philosophy of Rudolf Carnap*，p.50.

② 卡尔纳普：《世界的逻辑构造》，陈启伟译，第 149 页。

③ 参见《构造》第 57、59、62 节。

④ 约定主义贯穿了卡尔纳普的整个思想发展历程。在发表于《构造》之前的作品中（《论物理学的任务》和《物理概念的构成》），卡尔纳普就表现出了强烈的约定主义倾向。这一立场在后期进一步发展为"宽容原则"。See Edmund Runggaldier，*Carnap's Early Conventionalism*（Amsterdam：Rodopi，1984）.

种“方法论的唯我论”(methodological solipsism)，即“对自我心理基础的选择只是应用了唯我论的形式、方法，而非认可它的论点的内容”。① 更进一步，一种对《构造》的非唯我论解读是否可能成立？

第三，如果感觉材料不是构造系统的必然起点，那么对《构造》的还原论解读是否仍然成立？卡尔纳普指出，不同于“把实在还原为所予”的做法，《构造》试图将“关系理论应用于对实在的分析，以便把构造的概念系统的逻辑形式条件表达出来”。② 他还指出，“对还原问题的回答导致建立一个统一的系谱式的科学概念的还原系统，这个系统只需要很少几个根本概念”。③ 可以看到，如果说《构造》的方案是还原论，那么它也是一种非常特殊的还原论，因为还原的目标不是被直接给予的材料，而是构造中最基本的形式成分。

基于以上三点考量，如果《构造》并不是一般意义上的现象论、唯我论和还原论，那么对它的经验论解读在很大程度上就无法成立了。这样一来，是否有可能对《构造》作一种康德式的解读，并把它从经验论的线索移置到新康德主义的线索中？下面我们就要来分别考察《构造》中的康德因素与非康德因素。

《构造》中的康德因素

在《构造》的体系中，作为材料的基本要素和作为形式成分的基本关系从一开始就是两个相互关联的理论部件，因此不存在纯粹的未经加工的材料，所有材料都是具有一定形式的材料。卡尔纳普指出，如果说构造理论是经验论，那么它并不是一种“粗疏的经验论”，因为它“赋予知识的形式成分以重要的意义”。④ 他还指出，“实证主义强调，知识的唯一的材料是未加工的经验的所予；我们必须在这里寻找

① 卡尔纳普:《世界的逻辑构造》，陈启伟译，第 118 页。
② 同上，第 6 页。
③ 同上，第 2 页。
④ 同上，第 337 页。

构造系统的基本要求。但是先验观念论特别是新康德学派（李凯尔特、卡西尔、鲍赫）则有理由着重指出，仅仅有这些材料是不够的；还必须加上次序安排，即我们的'基本关系'"。① 这种"形式质料说"将卡尔纳普和一般意义的经验论者明确地区分开来。

进一步，卡尔纳普不仅指出了基本要素和基本关系的本质关联，还试图通过基本关系推导出基本要素。正是这个步骤让卡尔纳普从一个非正统的经验论者走向了康德主义者。在《构造》中，关于外部世界的知识由基本要素构造而来，构造的第一步是用基本关系对原初经验进行最初的界定和刻画。可以肯定地说，康德的先验感性论对这个步骤产生了决定性的影响。② 而在接下来的构造步骤中，卡尔纳普给出的方案——不同的对象通过逐步运用等级形式而被构造出来——可以说是先验演绎的语义学版本。就《构造》的整体方案而言，正如卡尔纳普在思想自传中所指出的，虽然引导《构造》的是"从知觉中构成物理事物概念的心理学事实，但我的真正目标并不是描述这个生成过程，而是描述它的理性结构，即对形象过程的图型式描述，这种描述由理性步骤构成，并本质地引向与实际心理学过程相同的结果"。③ 因此，我们完全有理由说，在《构造》中形式成分是首要的，被给予的材料则是派生的，而正是这种形式成分的首要性促使我们对《构造》作出康德主义的解读。

根据这条思路，卡尔纳普最终得到了一个非常接近康德的结论："一切对象都是被构造出来的，而且被构造的对象只有作为以一定方式构成的逻辑形式才成其为概念认识的对象。"④ 在《构造》的语境中，对

① 卡尔纳普：《世界的逻辑构造》，陈启伟译，第 144 页。

② 当然，康德意义上的时空形式并不等于卡尔纳普意义上的基本关系。卡尔纳普试图阐明，任何其他范畴（比如同一性、相似性、强度、时间和空间）原则上都可以通过作为基本关系的相似性回忆推导出来（关于时空的具体的推导过程，参见《构造》的第 87—89 节，第 124—125 节）。但实际上，他在推导时间次序、二维的视野次序和三维的空间次序时都用到了经验性的直观，因而已经预设了某种更为基础的时空形式。

③ Schilpp, ed. *The Philosophy of Rudolf Carnap*, p.16.

④ 卡尔纳普：《世界的逻辑构造》，陈启伟译，第 324 页。

象是被构造的结果，构造的过程就是对象化的过程。卡尔纳普最终构造出四个等级的对象：自我心理的对象、物理的对象、他人心理的对象、精神的对象（文化对象）。这四个等级的对象最终构成了一个极为宽泛的对象域。卡尔纳普指出，对象“总是在最广泛的意义上使用的，即指可对其做出陈述的一切东西。因此，不仅事物属于对象，而且特性和联系、类和关系、状态和过程以及现实的和非现实的东西都算是对象”。① 需要特别注意的是，这四个等级的对象之间是一个层级性的结构，这个结构完全是由逻辑体系决定的。这个层级性的构造方案以罗素的类型论为基础。根据罗素的类型论，一个层次上的逻辑类无法界定其自身，为了对它作出说明，我们必须诉诸下一层次上的逻辑类。

可以看到，尽管对象的构造以原初经验为起点，但原初经验的实际作用只是一个“占位符”（placeholder），它的意义是在构造过程中得到充实的。对《构造》的经验论解读无一例外地忽视了这一点。卡尔纳普试图阐明，对象的确定并不依赖于直观，而是依赖于关系层次的复杂化和关系范围的扩大化，也就是说，对象是在逻辑关系的拓扑学空间中得到界定的。为此，卡尔纳普区分了两种界定方式：指示界定（ostensive definition）和限定摹状词（definite description）。他试图通过“铁路地图”的例子阐明，不需要诉诸指示的纯结构性限定摹状词是可能的。② 除此之外，他还区分了特性描述（property description）和关系描述（relation description），并强调了后者的首要性：“关系描述是整个构造系统的开端，因而也是全部科学的基础。而且，每种科学理论的目的，就其内容而言，都是要成为一种纯粹的关系描述。……在科学上，特性描述或者起一种更方便的关系描述形式的作用，或者

① 卡尔纳普：《世界的逻辑构造》，陈启伟译，第 3 页。

② 卡尔纳普指出，“如果一个对象领域不是太狭窄，其间的关系有极其多样的结构，那么，根据一种结构描述，通过该对象领域内的一个或更多的纯结构描述的关系，我们就能反复地以纯结构陈述而无需利用指示对诸个别对象做确定的摹状，凡是还不能做出这样明确的描述之处，则必须扩大对象领域，或者借助于其他的关系。如果科学上可用的一切关系都被使用之后，一个对象领域的某两个对象之间仍然看不出有任何区别，那么对于科学来说，它们就是完全相同的，尽管从主观上来看它们是不同的”。同上，第 29 页。

在转换尚不可能的地方，表示有关理论的一种暂时的状态。”①

根据上面这些区分，卡尔纳普最终区分了“对象”和“准对象”（quasi-object），前者的存在模式是“存在”（Sein/being），后者的存在模式则是“有效”（Gelten/validity）。他指出，对象和对象性的区分只是暂时的：“某个符号表示一个概念还是一个对象，一个语句适用于概念还是对象，这在逻辑上并没有什么差别，最多只有一种心理的即表象的差别。这根据不涉及两种不同的理解，而只是对解释的两种不同的说法，因此我们在构造理论上有时讲构造对象，有时又讲构造概念，这并没有什么实质的区别。”②但是，就《构造》的最终理论形态而言，对象是从对象性推导而来的。卡尔纳普指出，“构造理论超出了通常对存在的东西和有效的东西的看法，因为它不把这种对立看作一次完成的，只有一道断然的界限，而是把它看作一种不断重复，从一个等级继续进到另一个等级的关系：对第一等级的对象有效的东西被看作一个第二等级存在的东西，然后它又可成为新的有效的东西的对象（第三等级），如此等等。对构造理论来说，具有严格逻辑形式的概念进展的辩证法就在这里。因此存在的东西和有效的东西的概念是相对的，表现着每个构造等级与直接相继的下一个等级的关系”。③因此，从严格意义上来说，《构造》中不存在对象，只存在准对象。

根据以上的讨论，不管是强调形式成分的首要性，还是通过“有效”意义上的对象性推导出“存在”意义上的对象，《构造》都体现了鲜明的康德式特征。不过，在继承康德式遗产的同时，卡尔纳普又分别在以下两方面对康德作出了关键改造。

---

① 卡尔纳普指出，“如果一个对象领域不是太狭窄，其间的关系有极其多样的结构，那么，根据一种结构描述，通过该对象领域内的一个或更多的纯结构描述的关系，我们就能反复地以纯结构陈述而无需利用指示对诸个别对象做确定的摹状，凡是还不能做出这样明确的描述之处，则必须扩大对象领域，或者借助于其他的关系。如果科学上可用的一切关系都被使用之后，一个对象领域的某两个对象之间仍然看不出有任何区别，那么对于科学来说，它们就是完全相同的，尽管从主观上来看它们是不同的”。卡尔纳普：《世界的逻辑构造》，陈启伟译，第 20—21 页。

② 同上，第 9 页。

③ 同上，第 82 页。

第一个改造是，在强调形式成分的前提下，从认识层面的综合推进到纯粹逻辑的构造。在康德那里，范畴的实质是一种关系描述：量的范畴涉及存在形式的变化关系，质的范畴涉及存在属性的转变关系，而关系范畴（实体与偶性、原因与结果、基于因果交互的协同性）和模态范畴（可能性与不可能性、现实性与非现实性、必然性与偶然性）都是成对出现的。但卡尔纳普在这四种关系描述之外又提出了一种特殊的关系描述：结构描述（structure description）。他指出，结构描述“不仅像任何关系描述一样不提及各关系项的属性，而且甚至也不提及这些项之间的关系本身”，换言之，结构描述只考虑关系的形式属性（比如对称性、自反性、传递性等），即“无须涉及该关系的含义和具有该关系的对象的种类即可予以表述的那些属性”。① 如果说康德的范畴涉及一阶关系描述，那么卡尔纳普的形式属性则涉及二阶关系描述。

卡尔纳普的基本构想是，虽然对象可以通过与其他对象的关系得到区分（一阶关系描述），但最终必须通过纯形式的结构得到界定（二阶关系描述）。他试图阐明，真正意义上的构造必须从认识的综合进展到逻辑的构造：“认识的综合，将所予加工改制为构成物、改制成事物或‘实在’的表象，大都是在无意中而非按照自觉的程序发生的。……构造系统是对在认识上多半直观进行的实在之全部构造的一种理性的重构。……在进行理性重构时，构造理论必须通过抽象，不是就个别情况而是对全部意识过程，把纯粹的所予和加工制作分别开来。” ② 他还指出，“构造方法的一个本质特征正在于此：它对对象名称、命题和命题函项只考虑其逻辑价值，而不涉及其认识价值；它是纯逻辑的，而

① 卡尔纳普指出，“如果一个对象领域不是太狭窄，其间的关系有极其多样的结构，那么，根据一种结构描述，通过该对象领域内的一个或更多的纯结构描述的关系，我们就能反复地以纯结构陈述而无需利用指示对诸个别对象做确定的摹状，凡是还不能做出这样明确的描述之处，则必须扩大对象领域，或者借助于其他的关系。如果科学上可用的一切关系都被使用之后，一个对象领域的某两个对象之间仍然看不出有任何区别，那么对于科学来说，它们就是完全相同的，尽管从主观上来看它们是不同的”。卡尔纳普：《世界的逻辑构造》，陈启伟译，第 21 页。

② 同上，第 183—184 页。

非心理学的”。①

我们不能从单纯的反心理主义视角来理解卡尔纳普的构想。他的落脚点不是从主观的亲知进展到客观的知识，而是试图阐明，一切认知形式（康德意义上的直观形式和知性形式）都必须以纯粹的逻辑形式为前提。卡尔纳普指出，“一个纯结构命题只能包含纯逻辑符号，其中不允许出现关于任何实在领域的未经定义的基本概念”。这样一来，最终需要解决的问题是：“我们能否把作为最后的非逻辑对象的这些基本关系从科学命题中消除掉，以此来完成这个形式化的过程？”② 如果说康德的哥白尼式革命在保留对象和主体两个极点的前提下调转了两者的从属关系，那么卡尔纳普则试图通过纯逻辑化的结构描述来界定和刻画对象本身。如果说康德试图强调形式成分在认识中的核心地位，那么卡尔纳普则试图在形式和材料的背后再设置某个更为基础的形式层面，从这个层面开始展开对世界的构造。从某种意义上来说，这是一种非常极端的“逻辑观念论”（logical idealism）构想。

卡尔纳普在《构造》中指出，“根据构造理论的看法，对康德派关于认识论问题的立场具有基本意义的‘先天综合判断’根本不存在”。③ 从逻辑观念的视角出发，我们对这个判断的理解也得到了相应的更新：驱使卡尔纳普拒斥先天综合判断的也许并不只是逻辑实证主义的基本纲领，即事实命题和分析命题之外不存在第三类有意义的命题，还是出于这样一种洞见，即先天综合判断在一阶关系描述中的功能可以通过二阶关系描述实现，康德意义上的先天综合判断可以被逻辑构造所取代。从这个视角来看，卡尔纳普对先天综合判断的拒斥只

① 卡尔纳普指出，“如果一个对象领域不是太狭窄，其间的关系有极其多样的结构，那么，根据一种结构描述，通过该对象领域内的一个或更多的纯结构描述的关系，我们就能反复地以纯结构陈述而无需利用指示对诸个别对象做确定的摹状，凡是还不能做出这样明确的描述之处，则必须扩大对象领域，或者借助于其他的关系。如果科学上可用的一切关系都被使用之后，一个对象领域的某两个对象之间仍然看不出有任何区别，那么对于科学来说，它们就是完全相同的，尽管从主观上来看它们是不同的”。卡尔纳普：《世界的逻辑构造》，陈启伟译，第 97—98 页。

② 同上，第 267 页。

③ 同上，第 198 页。

是对逻辑实证主义纲领的表面采纳，这种采纳不仅没有拒斥康德式先验路径的遗产，还通过一种彻底化形式最大程度地保留了这个遗产。因此，对“经验主义的第一个教条”（分析与综合的区分）的批判并不适用于卡尔纳普，因为分析和综合的区分在卡尔纳普那里实际上是先验路径下的区分，而不是经验论语境中的区分。正如理查森（Alan Richardson）所指出的，“分析／综合在卡尔纳普那里的方法论意义就是先天综合／后天综合在康德那里的方法论意义，即由此区分让客观判断成为可能的框架与框架内的客观判断”。①

卡尔纳普对康德的第二个改造是从主体的构造推进到主体间的构造。前面指出，《构造》的方案并不是唯我论的，因为它的起点不是私人的心理片段，而只是在约定的意义上使用了现象论语汇。但实际上，还有另一个理由让《构造》远离唯我论，即《构造》的基本语境是主体间的。卡尔纳普指出，“全部知识的主观出发点虽然是内心体验及其联系，但是正如构造系统要指出的，我们仍然有可能达到一个由概念把握从而对一切主体都是完全相同的、主体间的、客观的世界”。② 我们注意到，马堡学派的主要方案是将康德的构成性先天概念（constitutive a priori）转译为科学建构中的规范性理想（regulative ideal），其中的关键步骤是从科学共同体的主体间视角来探讨规范性理想的建构。从这个角度来看，卡尔纳普和新康德主义者的思路是非常接近的。对主体间维度的强调让卡尔纳普最终抛弃了康德式的先验主体。他指出，“如果一切科学命题归根结底都仅以‘我的’经验的关系为对象，那么科学怎样才能得到主体间有效的命题呢？”因此，“对原始主体的一些其他说法，如‘先验主体’、‘认识论主体’、‘超个体意识’、‘意识一般’，也许都应看作权宜的手段，因为从对象认识顺序的自然出发点即自我心理的东西出发，人们看不到走向超出主观的东西

① Alan Richardson, “Two Dogmas about Logical Empiricism: Carnap and Quine on Logic, Epistemology, and Empiricism”, *Philosophical Topics*, 25: 2 (1997), p.161.

② 卡尔纳普：《世界的逻辑构造》，陈启伟译，第5页。

的途径”。①

事实上，在康德那里就已经隐含了主体间性的线索，这些线索也为卡尔纳普和马堡学派改造康德提供了可能性。不同于近代哲学家的一般做法（比如笛卡尔、马勒伯朗士、贝克莱等人），康德并没有通过诉诸超主体（上帝或绝对心灵）来保证知识的客观内容。例如，他在《纯粹理性批判》第二版中区分了判断和联想律，前者给予表象的客观统一性，后者只提供主观统一性：“[表象]借助于直观的综合中统觉的必然统一是互相隶属的，就是说，这是按照对一切表象作客观规定的原则的，如果从这些表象能形成知识的话，而这些原则全都是从统觉的先验统一这条原理派生出来的。只有借此才从这种关系中形成一个判断、亦即一种关系，它是客观有效的，并且足以与同样一些表象的只具有主观有效性的那种关系、例如按照联想律的关系区别开来。”② 可以看到，“表象借助于直观的综合中统觉的必然统一是互相隶属的”实际表达的是在诸个体视角在相互沟通和交流的基础上得到客观知识的过程。在这个意义上，表象的客观统一性最终落脚于视角间的融贯系统。

如果说主体间的构造在康德那里还只是一条隐而未显的线索，那么卡尔纳普则明确地将主体间维度放在了《构造》的核心位置。在《构造》的语境中，被构造的“世界”最终是一个主体间概念。这种构造是在两个方向上展开的：在共时性的方向上，它要求我们超出唯我论的视角，进展到基于公共描述的社会行为主义；在历时性的方向上，它要求我们超出单一世代的视角，进展到世代际的视角。这里要特别强调历时性方向上的主体间维度：虽然卡尔纳普和康德一样将哲学工作理解为“建筑术”（Architektonik），但他在更为宽泛的视域中理解“建筑”（Bau）。他在《构造》的第一版序言中指出，这种建筑术“在任何地方都诉诸清晰性，但承认不可能穷究尽探生活的全部错

① 卡尔纳普：《世界的逻辑构造》，陈启伟译，第124—125页。

② 康德：《纯粹理性批判》，邓晓芒译，第95页。

综复杂，它既仔细探讨个别的形式，同时又宏观把握整体，它既重视人们的联合，同时又关心个人的自由发展”。这样的建筑不只是纯粹理性的建筑，还是理性共同体的建筑：“这样小心翼翼地把一砖一瓦累积起来，我们就会建立一个稳固的建筑物，而未来的每一代人可以继续扩建。”①

主体间维度还产生了一个关键的理论后果：随着思想的进展，卡尔纳普越来越倾向于用物理主义语汇来取代《构造》中的现象论语汇。他在《构造》的第二版序言中试图用“基本元素”（basic element）来代替原初经验，以此来避免“在构造感觉性质时出现的某些缺点”。他还指出，这种基本元素类似于马赫提出的基本元素，比如“在某个时间某个视野位置上的某一种类的红”。这样一来，基本概念就从原初经验之间的相似性记忆变成了基本元素之间的某些关系，比如“x早于y，在视野和其他感觉场内的空间邻近关系，质的相似性如颜色相似的关系”。②这个物理主义转向背后的原因是多样的，其中不乏维也纳小组的其他成员（比如纽拉特）对卡尔纳普的影响。但最主要的原因是，卡尔纳普逐渐认识到，物理主义语汇的核心优点在于它的“主体间性”，即“用这种语言描述的事件在原则上可以被所有这种语言的使用者观察到”。③

以上我们考察了《构造》中的康德因素以及卡尔纳普对这些因素所作的改造。在这些讨论的基础上，我们可以将《构造》视为《纯粹理性批判》的语义学版本。卡尔纳普的下面这段表述明确揭示了这两个方案之间的亲缘性：“在构造理论中，直观杂多被称为‘所予’、‘基本要素’。……我们或许可在等级形式的意义上理解‘范畴’一词；这样我们就可以说，在我们的构造系统中只有两个范畴，即类和关系。不过，如果我们只把基本关系称为范畴，这也许更符合我们一向的语言习惯。下面的事实就说明这一点：在某种意义上，每个关于任一对

① 卡尔纳普：《世界的逻辑构造》，陈启伟译，第3—4页。

② 同上，第3页。

③ Schilpp, ed. *The Philosophy of Rudolf Carnap*, p.52.

象的命题在内容都是一个关于基本要素的命题，在形式上则是一个关于基本关系的命题。”①

《构造》中的非康德因素

现在让我们来考察《构造》中的非康德因素。卡尔纳普在《构造》中提出了构造理论的四个主要问题：基础问题（basis）、等级问题（ascension form）、对象形式问题（object form）和系统形式问题（system form）。《构造》的非康德因素主要出现在“基础问题”部分。

尽管奎因等人将卡尔纳普作为还原论的典型代表加以批判，但卡尔纳普认为自己的思路与感觉材料论者的还原论思路之间存在着关键区分。他指出，以罗素为代表的感觉材料论者所讨论的“所予”是一种抽象的所予，而真正的所予必须是“在认识上先于一切他物的东西”，即“作为总体和不可分的单元的经验本身”。② 他还将这一批评拓展至实证主义者：一些实证主义认识论系统“不是以经验本身而是以感觉要素或其他经验成分为基本要素，而没有注意到它们之为抽象的性质”，而对于真正的实证主义者来说，“没有任何东西使其不能承认原初经验具有不可分的单元的性质并将其作为基本要素”。③ 我们已经在上一节的讨论中指出，理解这种区分的要点在于，卡尔纳普的方案中并不存在提前确定意义的语义原子（“感觉材料”），原初经验必须在构造过程中获得它的全部意义。换言之，卡尔纳普意义上的“所予”只是给构造系统提供了必要的逻辑起点，它们的内涵和外延要在构造的终点才能被完整地揭示。

卡尔纳普试图阐明，从构造系统反过来界定作为基础的原初经验是可能的。正如弗里德曼所指出的，卡尔纳普的主要目标“不是以更为确定的直接感觉经验材料来证明更高级的数学物理知识，而是试图

① 卡尔纳普：《世界的逻辑构造》，陈启伟译，第 158 页。
② 同上，第 126 页。
③ 同上，第 141 页。

阐明，我们主观的直接感觉经验也可以通过内在于经验中的纯形式的逻辑数学结构来获得知识的客观性”。① 为了实现这一目标，卡尔纳普用到了一种特殊的“准分析”（quasi analysis）方法。② 我们不在这里讨论准分析方法的细节。大体而言，该方法的核心是利用真正的分析方法（proper analysis）和准分析方法在分析结果上的形式相似性。卡尔纳普试图阐明，真正的分析方法（以颜色类为例）是通过对相似性序偶（pair）的外延描述来构成相似圈（similarity circle），最终在不指示对象的前提下确定对象类。我们可以运用类似的准分析方法来分析不可分析的原初经验（以合声为例），由此得到原初经验的准特征或准成分。可以看到，不管是真正的分析方法还是准分析方法，它们的实质都是试图通过逻辑构造的形式成分来界定经验的基础。

但这个理论方案有一个主要困难：这两种分析方法只是在分析结果上具有形式相似性，真正的分析方法能够在多大程度上适用于对原初经验的分析是需要存疑的。事实上，卡尔纳普本人也清楚地看到了这两种方法的实质性区分。他指出，准分析之所以不是真正的分析，是因为它实际上是“一种披上了分析的语言外衣的综合”。③ 如果不能用构造的方法分析出原初经验的全部内容，那么遗留在原初经验中的综合部分就会不可避免地变成某种意义上的感觉材料，因为这些部分本质地处在世界的逻辑构造之外。更进一步，如果这个问题不能得到解决，那么《构造》的理论方案就无法真正摆脱还原论和唯我论的威

① Friedman, *A Parting of the Way*, p.75.

② 参见《构造》第 69—73 节。

③ 卡尔纳普：《世界的逻辑构造》，陈启伟译，第 142 页。卡尔纳普还指出，“基本要素不是任何真正的分析所能达到的，而是只有通过准分析或其他构造方法才能得到，而这些方法又都是综合的，因此，如果不是从这种方法的语言外表而是从其实质来看，那么这些要素就只有通过综合而非分析才能得到。所有其他对象都是由基本要素构造出来的综合的东西，而且仅就其可回溯到这些基本要素而言才是可分析的。分析仅当其以综合为前提并且仅就其以综合为前提而言才是可能的；分析不过是从综合建立的道路上倒转回来，即从最终的构造物回到中间的构造物，最后（通过在构造理论意义上的‘完全的’分析）回到基本要素。当然，在科学的意义上这样的分析也还是不‘完全的’；但是把这种分析继续进行下去，就是准分析，亦即又一个新的综合”。同上，第 142—143 页。

胁。这种不彻底性给各种批评留下了空间。比如，奎因认为，尽管卡尔纳普试图界定的感觉材料语言并不只包括狭义的感觉事件，而且还包括逐层建构的逻辑类，但“卡尔纳普仍然吝啬地将处在逻辑之外的部分或感觉部分作为他的出发点”。[①]而古德曼则指出，尽管《构造》并不是“当下的唯我论”，但至少是一种“宽泛意义上的唯我论”。[②]在同样的意义上，洪谦指出，“是否卡尔纳普在唯我主义前面加上‘方法上的’或其他修饰词，就可以改变唯我论的本质了？”[③]

更深层次的困难在于，虽然卡尔纳普认为作为基础的原初经验只是构造系统的逻辑起点，但他还是试图将原初经验界定为“总体和不可分的”。我们可以从中看到一种与“逻辑观念论”（通过逻辑构造来界定对象）相对立的经验论动机。在传统经验论者的阵营中，除了卡尔纳普，触及这个经验层面的也许只有休谟（生动而有力的“印象”）。而后来的古典实用主义者则进一步挖掘了这个经验层面。出于这种强烈的经验论动机，原初经验在《构造》中的功能就不再只是构造系统的逻辑起点，它还反映了我们与世界遭遇时所受的冲击，这些冲击揭示了世界本身的非逻辑性。

在《构造》之后思想发展中，卡尔纳普刻意淡化了基础问题，并在维也纳学派内部围绕实在论展开的争论中坚定地站在了反基础主义的“左派”。[④]他指出，“像罗素、爱因斯坦以及很多杰出科学家一样，石里克和赖兴巴赫相信实在论是科学不可或缺的基础。而我则认为科学只需要接受一种实在论的语言，但关于外部世界的实在性理论对科学体系而言只是一种空洞的附加”。[⑤]这一争论最终聚焦于对“记录句”（Protokolsatz/protocol sentence）的理解上。卡尔纳普试图阐明，

① Quine, *From a Logical Point of View*, p.39.

② Nelson Goodman, *The Structure of Appearance*（Indianapolis：Bobbs-Merrill, 1966）, p.154.

③ 洪谦：《论逻辑经验主义》，北京：商务印书馆，2005 年，第 77 页。

④ 在维也纳学派内部，反基础主义的“左派”阵营以纽拉特、卡尔纳普、哈恩（Hans Hahn）等人为代表，基础主义的“右派”阵营则以石里克、魏斯曼（Friedrich Waismann）、赖兴巴赫（Hans Reichenbach）等人为代表。

⑤ Schilpp, ed. *The Philosophy of Rudolf Carnap*, p.46.

记录句不是被给予的，而是约定的，因此对记录句的探讨并不涉及强意义上的“可证实性”(verifiability)，只涉及弱意义上的“可确证性”(conformability)。右派的担忧是，如果记录句只是一种约定，那么作为逻辑实证主义基本纲领的“证实原则”就在源头上被推翻了。而卡尔纳普则认为，逻辑实证主义的主要诉求不在于对基础的探讨，而在于尽可能地简化体系的推导过程，尽可能地拓展体系的解释力。但是在这个鲜明的反基础主义立场背后，我们还是能看到卡尔纳普在尝试保留记录句的某种基础性地位。比如，他在《物理语言中的心理学》中指出，“系统句和记录句的区别在于如下事实：系统句在某些情况下可能被否认，而记录句作为认识论的出发点则无法被拒斥”。①

如果说《构造》的康德因素主要是通过形式成分来界定对象，那么它的非康德因素则在于保留了处在构造系统之外的某种“所予”，并将一定的认知效力赋予这部分内容。从原则上来说，《构造》中的康德因素和非康德因素是不可调和的：一个形式先于对象的理论方案不能将任何认知效力赋予非形式的材料，反过来，探讨世界的非逻辑部分会在根本上取消通过形式构造世界的基本前提。卡尔纳普的如下表述明确地体现了这一组矛盾：一方面，“在进行真正的构造时，不言而喻，所有实际包含在经验中的内容必然在构造上显现，思维活动也必然被构造出来”；另一方面，我们又必须假定“所予的可保存性”，即“每个原初经验，都是作为一个同一之物被保存下来的，从而不止一次地被用来加工制作，而且每一次都能被确认为同一个东西”。② 在充分认识到这组矛盾的基础上，最后一小节的讨论将尝试给出一个公允的结论。

在逻辑实证主义和新康德主义之间

我们在前面的讨论中提到了卡尔纳普的物理主义转向。他在 1925

① Rudolf Carnap, “Psychology in Physical Language”, in A. J. Ayer, ed. *Logical Positivism* (New York: The Free Press, 1959), p.191.

② 卡尔纳普：《世界的逻辑构造》，陈启伟译，第 185—186 页。

至 1927 年间的书信中表达了对《构造》的不满。他告诉赖兴巴赫和石里克，他想从物理主义的立场出发另写一部著作，作为对《世界的逻辑构造》的补充，而只有第二部著作才能被称为《实在逻辑》（Wirklichkeitslogik）或《世界的逻辑构造》，第一部著作只能被称为《认识逻辑》（Erkenntnislogik）或《认识的逻辑构造》。[①] 事实上，卡尔纳普在《构造》中就已经看到了物理主义构造路径的可行性，只不过他对本体论层面的物理主义断言持保留态度。他指出，"从构造理论的逻辑观点看，对科学唯物主义没有什么可反对的地方。科学唯物主义关于所有心理对象和其他对象都可还原为物理对象的主张是正确的。至于形而上学唯物主义超出这一点的主张，即认为所有心理过程按其本质来说都是物理的，除了物理的东西之外没有任何东西存在，构造理论和一般（理性）科学既不提出也不否定"。[②]

但实际上，从现象论到物理主义并不存在真正意义上的"转向"，它们只是理论语汇上的选择。卡尔纳普并不考虑哪一条构造路径更接近世界本身，而是哪一条路径能够得到更恰当和简洁的构造体系。他在思想自传中指出，"在建立《构造》的体系时，……我也指出了在物理主义基础上构造概念系统的可能性。我选择现象论基础的主要动机是，不仅想探讨概念之间的逻辑关系，还想探讨同样重要的认识论关系。这一体系想要理性地重构（虽然不是描述）概念构成的实际过程。……传统现象论或唯物论的本体论理论完全在我的考量之外"。[③] 可以看到，卡尔纳普并不试图作出关于"何物存在"的本体论断言，不同的构造路径也不通过符合世界来获得它们的有效性。在卡尔纳普看来，对世界的讨论只能通过刻画世界的逻辑构造才能实现。这是一种非常强烈的康德式动机，同时也符合"语言转向"的基本精神。

但另一方面，在强调逻辑构造的首要性的同时，《构造》还是保

① See Alberto Coffa, *The Semantic Tradition from Kant to Carnap: To the Vienna Station* (Cambridge: Cambridge University Press, 1991), p.403, n. 11.

② 卡尔纳普：《世界的逻辑构造》，陈启伟译，第 110—111 页。

③ Schilpp, ed. *The Philosophy of Rudolf Carnap*, p.18.

留了世界本身对构造系统的制约。我们注意到，卡尔纳普区分了认识次序（epistemic order）与逻辑的构造次序（logical-constructional order）。[①] 他指出，除了逻辑的构造次序（即前面提到的类型论构造法），我们还需要考虑“认识上的在先性”，即“就一对象（或一对象种类）与另一对象的关系而言称前者为认识在先的，而称后者为认识居次的，如果我们是通过前者的中介才认识到后者，因而对后者的认识是以对前者的认识为前提的”。[②] 如果说逻辑的构造次序是在系统中确定的，那么决定认识次序的则是系统外因素，即来自世界本身的制约。不管认识次序是否会在根本上动摇通过逻辑形式构造对象的基本方案，但可以肯定的一点是，对认识次序的讨论在康德式动机之外又增加了一种经验论动机。如果我们将这两种动机分别归属给观念论和实在论，那么它们在原则上就是不可调和的。

但是在这两种动机之间摇摆并不是卡尔纳普的最终落脚点。为了理解这一点，我们必须跳脱“观念论 / 实在论”的语境来理解《构想》的理论方案。卡尔纳普的实际构想很可能是，一种逻辑主义的对象理论不必拘泥于在实在论和观念论之间作出选择。他指出，“被构造的东西是像马堡学派所说‘由思想产生’的呢，还是如实在论所主张‘只是’被思想所‘认识’呢？我们的构造理论使用一种中立的语言；按照这种理论，事物既不是‘被产生的’也不是‘被认识的’，而是‘被构造的’；而且我们现在应该强调指出，‘构造’一词在这里总是在完全中立的意义上使用的。因此，从构造理论的观点来看，关于对象是‘被产生的’还是‘被认识的’之争乃是一种无益的言词之争”。[③] 进一步，“实在论、观念论和现象论这几种所谓认识论派别在认识论范围内是一致的。构造理论表现出了它们共同的中立的基础。它们只是在形而上学的领域，因而（如果它们可算是认识论派别的话）只是由于超

① 卡尔纳普：《世界的逻辑构造》，陈启伟译，第 117 页。

② 同上，第 103 页。

③ 同上，第 9 页。

越界限，才发生分歧的”。[①] 可以看到，在构造理论的视域下，逻辑构造既是“发明”（invention）也是“发现”（discovery），它既是心灵的产物，也是世界本身的结构。这样一来，我们就无须在观念论和实在论之间作出选择，因为它们是同一个硬币的两面。

从某种意义上来说，这个黑格尔式的结论已经同时超出了新康德主义和逻辑实证主义的视域。尽管卡尔纳普在《构造》中触及了这个洞见，但他并没有沿着这条思路推进下去。我们将会在下一章的讨论中看到，这条思路的最终完成是在古德曼那里。如果说卡尔纳普代表了构造理论的康德阶段，那么古德曼则代表了构造理论的黑格尔阶段。从最终呈现的理论形态来看，《构造》在很大程度上保留了这两个动机之间的张力：一方面，它试图将客观有效性的最终解释权归属给我们的逻辑结构；另一方面，它坚持逻辑实证主义的双层理论方案，将知识理解为经验证据和形式构造结合的产物。

从卡尔纳普之后的思想发展来看，我们会发现他的最终出路并不是以黑格尔的方式调和这两种动机，而是以一种类似于实用主义的方式消解了这个问题。奎因区分了前期卡尔纳普和后期卡尔纳普（“新卡尔纳普”），他认为在新卡尔纳普那里，主要问题不再是世界的逻辑构造，而是阐明如下的核心论点，即“哲学就是句法”。[②] 这个判断大体而言是恰当的。前后期的卡尔纳普之间即使不存在立场上的根本转变，也存在着理论视角的明显变化。这种变化在《语言的逻辑句法》中得到了明显体现。首先，卡尔纳普从探讨世界的逻辑构造转向了不涉及语义的句法分析。他试图阐明，每个造成困惑的“哲学句”（philosophical sentences）都可以被改写为清晰的“句法句”（syntactical sentences）。[③] 他还指出，我们所使用的“对象句”（object sentences）实际上是“伪对象句”（pseudo-object-sentences）或“准句

---

① 卡尔纳普：《世界的逻辑构造》，陈启伟译，第 325 页。

② Quine & Carnap, *Dear Carnap, Dear Van*, pp.47—48.

③ Rudolf Carnap, *Logical Syntax of Language* (London: Routledge & Kegan Paul, 1937), pp.305—306.

法句”(quasi-syntactical-sentences)。[①] 其次，他将前期的约定主义立场进一步发展为“宽容原则”(The Principle of Tolerance)：“我们的任务不是设置阻碍，而是达成约定。”[②] 此时的卡尔纳普确信，世界可以有不同的逻辑构造，哲学的根本任务是研究每一种构造语汇，用清晰的方式给出句法规则并加以评估。

但不管怎样，仅就《构造》而言，卡尔纳普的理论方案明确地处在逻辑实证主义和新康德主义之间。我们已经阐明，让其中一个动机完全吸收另一个动机的尝试在原则上是无法成功的，这也意味着对《构造》的经验论解读和新康德主义解读都存在一定的片面性。《构造》的这种居间性不仅体现了卡尔纳普思想的复杂性，也说明逻辑实证主义作为一种主流的分析哲学思潮并没有因为“语言转向”而仓促规避最为根本的哲学问题。和之前的各种哲学探索一样，在给出了一个关于世界构造的语义学版本之后，卡尔纳普需要对心灵与世界的关系作出解释。在这个意义上，分析哲学深刻地处在西方的哲学传统中。也正因为如此，它无法和康德所处的德国观念论传统拉开距离。

---

① Rudolf Carnap, *Logical Syntax of Language* (London: Routledge & Kegan Paul, 1937), pp.284—285.

② Ibid., p.51.

第五章　心灵的构造与世界的肌理：象征主义语境中的古德曼和卡西尔

引　言

在分析哲学的语境中，“构造世界”始终是“语言转向”这个表面纲领背后的重要母题。卡尔纳普在《构造》中提出的方案在古德曼那里得到了最好的继承，后者的博士论文《性质的研究》(1941年，修订版以《表象的逻辑》为题于1951年出版，《性质的研究》直到1990年才出版)对《构造》作出了实质性的推进。① 我在前一章中指出，如果说卡尔纳普代表了构造理论的康德阶段，那么古德曼则代表了构造理论的黑格尔阶段。本章的主要任务是考察这一论断的成立条件和理论后果，并探讨是否还有将这一论断进一步推进的空间。为此我选择了两个特殊的视角。在引言部分，我将在概述这两个视角后对它们的合法性略作说明。

第一，不同于观念论的构造体系或逻辑实证主义的构造体系，我将在“象征主义”(symbolism)这个更宽泛的语境中探讨构造问题。从十九世纪晚期开始，哲学、艺术理论、语言学、人类学、神话学等领域的理论探索中出现了一条“象征主义”的新思路。这些在背景、

---

① See Nelson Goodman, *A Study of Qualities* (New York: Garland, 1990); *The Structure of Appearance* (Indianapolis: Bobbs-Merrill, 1966), p.142.

主旨和方法上大相径庭的理论共同分享了一个核心观念：将人和动物区分开来的关键在于象征符号（symbol）的使用。在这个意义上，人不仅是“理性动物”（animal rationale），还是“象征动物”（animal symbolicum）。作为象征动物的人通过象征符号表征各种意义上的对象。象征符号是一个极为宽泛的范畴，它可以是一个词语、一个句子、一个科学公式、一个神话、一首诗、一个仪式、梵·高的星空、哥德堡变奏曲等等。对象征的探讨涉及最宽泛意义上的人类经验，它可以从罗素和怀特海在《数学原理》中使用的符号系统一直延伸至弗洛伊德（Sigmund Freud）探讨的梦或荣格（Carl Jung）探讨的原始意象。

古德曼自觉地将自己的理论方案归入象征主义的线索。他在《构造世界的多种方式》的序言中指出，他的构想从康德开始，经过刘易斯（C. I. Lewis），最终落脚于象征主义：如果说康德“用心灵的结构取代了世界的结构”，刘易斯“用概念的结构取代了心灵的结构”，那么象征主义路径则“进一步用科学、哲学、艺术、知觉以及日常话语的很多种符号系统的结构取代了概念的结构”。①

第二，为了更好地呈现古德曼的思路，我选择卡西尔的“象征形式哲学”（The Philosophy of Symbolic Forms）和古德曼进行对勘。②做出这个选择的理由是：首先，根据前一章的讨论，卡西尔所代表的

① 古德曼：《构造世界的多种方式》，姬志闯译，上海译文出版社，2008 年，第 2 页。刘易斯在《心灵与世界秩序》中指出，我们可以在知识中区分出两个元素：“作为思维活动产物的概念，以及独立于这种活动的感觉所予”，而“经验真理，或者说关于对象的知识，是对所予进行概念性解释的结果”。C. I. Lewis, *Mind and the World Order*（New York: Dover, 1929），p.37.

② 《象征形式哲学》在卡西尔生前只出版了三卷（1923，1925，1929），分别讨论语言、神话和科学这三种不同的象征形式。1996 年，编者根据卡西尔的手稿出版了《象征形式哲学》的第四卷。这一卷并不是专门处理一种象征形式，而是以一种综合的视角考察了象征形式的诸种功能。当然，卡西尔的象征形式并不仅限于语言、神话和科学。第四卷的编者告诉我们，“在《象征形式哲学》的第一个提纲中，卡西尔提到他想用一卷来处理艺术，但因为时机不对一次次放下了这个计划”。Ernst Cassirer, *The Philosophy of Symbolic Forms, vol.4: The Metaphysics of Symbolic Forms*（New Haven: Yale University Press, 1996），p.xxiii. 除此之外，卡西尔提到过的象征形式还有习俗、法律、经济、技术等。以英文出版于 1944 年的《人论》是对象征形式哲学的概要性介绍。

马堡新康德主义和逻辑实证主义的构造路径在主旨和方法上存在着明显的亲缘性，古德曼在接续卡尔纳普的理论方案时也就自然而然地继承了后者和新康德主义的这种亲缘性。其次，古德曼和同处在象征主义线索中的卡西尔之间存在着诸多学理上的交集。古德曼在《艺术的语言》中告诉我们，他熟读了卡西尔的《象征形式哲学》和《语言与神话》。[①] 他还在《构造世界的多种方式》中指出了他和卡西尔共享的一系列主题："世界的多样性、'所予'的似是而非性、理智的创造力、符号的多样性以及构造作用。"[②]

如果我们在象征主义的视域下将古德曼和卡西尔关联起来看，就会发现他们实质性地推进了康德的构造方案：首先，他们将康德探讨的概念结构进一步拓展到更为宽泛的象征形式，用古德曼的话来说，象征包括了"字母、语词、文本、图画、图表、地图、模型"等等。[③] 其次，他们将康德所处的牛顿式科学框架进一步拓展为更为多元的象征形式，即"从唯一的真理和一个固定的、被发现的世界向构造中的多种正确的甚至冲突的样式或世界的转变"。[④]

在下面的篇幅中，我将首先概述卡西尔在象征形式哲学中提出的原因与形式的辩证法。然后再考察古德曼对卡尔纳普的推进，以及这种构造方案所揭示的非实在论立场。在此基础上，我将阐明卡西尔和古德曼的构造方案在何种意义上呈现了鲜明的黑格尔式特征。除此之外，我还将从卡西尔和古德曼所处的象征主义语境出发阐明这个共性背后的深层理论动因，以及由此驱动的对构造理论的重新理解。

原因与形式的辩证法：卡西尔的象征形式哲学

卡西尔在《人论》中指出，"与其说人的理智'需要图像'，不如

① See Nelson Goodman, *Languages of Art: An Approach to a Theory of Symbols* (Indianapolis: Bobbs-Merrill, 1968), p.xii, p.77n.

② 古德曼：《构造世界的多种方式》，姬志闯译，第 1 页。

③ Goodman, *Languages of Art*, p.xi.

④ 古德曼：《构造世界的多种方式》，姬志闯译，第 2 页。

说它需要象征。人类知识的本性就是象征的知识”。[①] 作为自觉的康德主义者，卡西尔的象征形式哲学是沿着康德提出的理论路径展开的，象征形式是经过拓展了的对象化方式的总称。他在《文化科学的逻辑》中指出，我们必须将“对象的‘所予性’转化为实现对象性的‘任务’”，而象征形式的客观性“不是在于它们模仿了独立存在的实在，而在于它们预先赋予实在形式，决定了对象化的方式和方向”，换言之，“象征的功能是把握所有‘对象’或事实的前提条件”，“它的态度是生产性的，而不只是接受性或模仿性的”。[②] 但卡西尔和康德在对“形式”的理解上出现了一些关键分歧。首先，卡西尔（以及他所属的马堡学派）试图将康德那里的构成性先天概念（constitutive a priori）转译为科学建构中的规范性理想（regulative ideal）。其次，更为关键地，卡西尔试图将康德依据的牛顿式经验知识框架推进到一种基于广义精神科学（Geisteswissenschaften）的总体性结构（“文化形式的一般理论”），而这也是他探讨象征哲学的根本动因。卡西尔指出，康德没有认识到，“科学不过是‘象征形式’体系中的一个成员和要素。在某种意义上，它可以被视为这些形式的拱顶石，但它不能独立存在，如果其他能量没有在一个‘全体视界’中与它相互分享，它就无法完成它的特殊工作”。[③]

根据这种理论诉求，卡西尔试图将康德所处的近代认知语境拓展到更为宽泛的象征领域，这些领域包含语言、神话、宗教、历史、艺术、科学等。他在《象征形式哲学》的语言卷中指出，认知的最终目的是“让多样的现象服从一个‘基本命题’的统一体”，它的原则是“特殊的、受限的”，而“一旦我们认识到认知，无论我们将它界定得多么普遍而完全，不过是心灵可以把握并用来解释存在的许多形

---

① Ernst Cassirer, *An Essay on Man: An Introduction to a Philosophy of Human Culture* (New Haven: Yale University Press, 1944), p.57.

② Ernst Cassirer, *The Logic of The Cultural Science* (New Haven: Yale University Press, 2000), pp.30—31.

③ Ibid., p.18.

式中的一种，我们的视角就拓展了”。[①] 概而言之，卡西尔试图将康德式的“理性批判”（critique of reason）推进到一种广义的“文化批判”（critique of culture）。文化批判的任务是“尝试理解和展示每一种文化内容并不只是孤立的内容，而是基于形式的普遍原则，并预设了人类精神的独创行为”。[②]

但我们也应该看到，卡西尔在拓展康德的同时又继承了批判哲学的基本方法。他的象征形式哲学基本上是在形式层面展开的。在和海德格尔的达沃斯论战中，卡西尔将形式化作为克服自身有限性的最终手段。他指出，“人将他的存在转化为形式，将他的每一个内在经验转化为客观的形式，并由此将自身客观化，正是这种形式的功能将人的有限存在引向某种新的东西，不是让他从一开始的自身有限性中完全解放出来，而是让他有所生长。这是一种内在的无限性。人不能从自身有限性跃向一种现实的无限，但他能够运用形式，将自身存在的直接性引向纯粹形式的领域。他自身的无限性就在这形式中”。[③] 卡西尔还在另一处区分了持唯物论立场的哲学家（比如爱奥尼亚的自然哲学家）和持观念论立场的哲学家（比如柏拉图和康德），并将自己明确地归入观念论阵营。他指出，唯物论者考察的是世界的原因（cause），观念论者考察的是世界的形式（form），尽管唯物论者也涉及形式，但这种形式是涉及原因和效果的“有机形式”（organic forms），而非固定的“构形”（Gestaltungen）。[④]

这个在形式层面展开的理论方案会遇到两个主要问题。首先，卡西尔指出，每种象征形式都有自己的“调性”（tonality），无论是语言、神话还是科学，“每种象征形式都不能简单地还原为或派生自另外的象征形式。每个象征形式都指示了一个特殊的路径，并通过这一路径构

① Ernst Cassirer, *The Philosophy of Symbolic Forms*, *vol.1*: *Language*.（New Haven: Yale University Press, 1955）, p.77.

② Ibid, p.80.

③ 转引自 Oswald Schwemmer, “Event and Form: Two Themes in the Davos-Debate between Martin Heidegger and Ernst Cassirer”, *Synthese*, 179: 1（2011）, p.64。

④ Cassirer, *The Logic of The Cultural Science*, p.88.

成属于它自己的‘实在’层面”。[①] 这里的问题在于如何区分不同象征形式的调性。我们看到，卡西尔在拓展康德的同时并没有抛弃康德的基本分析框架。比如，在对语言的讨论中，卡西尔依次考察了感性表达层面的语言、直观表达层面的语言（包括空间关系的表达、对时间的表征、数目概念的发展，以及内直观领域的表达）、概念思维层面的语言（主要是定义和分类），以及表达判断和纯粹关系的语言。卡西尔对神话和科学知识的讨论也采取了同样的思路。由此造成的后果是：由于分析框架的单一性，卡西尔并不能在形式层面上实质性地区分出各种象征形式的调性。

其次，卡西尔认为各种象征形式在相互区分的同时又构成了某种“功能统一性”（unity of function）。他在《人论》中指出，“多样和区分并不意味着纷争或不和谐，所有功能都在相互补充中最终完成。每个功能都开启了一个新的视域，向我们展示人性的一个新层面。不和谐中蕴含着和谐，对立也不是相互排斥，而是相互依赖”。[②] 这里的问题在于如何界定这种功能的统一性。卡西尔明确指出，自己的“人类文化的现象学”必须和黑格尔的“精神现象学”保持距离。[③] 换言之，他要做的不是在不同象征形式的分支之间寻找“实体和源头的统一性”，而是寻找“纯粹的功能统一性”。[④] 这样一来，这种统一性就必须是对每种象征形式进行实际探究之后得出的结论，而不是依赖于某个预先设定的总体框架。

这两个问题无法在单纯的形式层面得到解决。根本的原因在于，我们无法在脱离“生成”的前提下探讨“结构”的调性和功能统一性。卡西尔清楚地认识到了这一点。他指出，“原因”和“形式”必须以积分（integration）的形式得到整合，而不是以对立面的形式简单联合起来。[⑤]

---

① Cassirer, *The Philosophy of Symbolic Forms*, vol.1, p.78.

② Cassirer, *An Essay on Man*, p.286.

③ Ibid., p.52.

④ Cassirer, *The Philosophy of Symbolic Forms*, vol.1, p.77.

⑤ Ibid., p.104.

他试图阐明，人通过象征形式和世界分离，又通过这种分离和世界更加紧密地联系在一起，将这种分离和重组的双重运作称为“辩证法”（dialectic）：“形式的概念和原因的概念相互分离，这种分离是为了再次找到彼此，并更紧密地联系在一起。”①

不同于苏格拉底或黑格尔式的用法，卡西尔探讨的辩证法更接近于柏拉图在《斐利布篇》中的用法。柏拉图区分了存在的未决定状态、存在的决定状态、两者的混合，以及产生混合的原因。②卡西尔探讨的辩证法正是生成和存在的这种混合状态（becoming towards being）。这种在原因和形式之间展开的辩证法并不是亚里士多德意义上的形式质料说（hylomorphism），因为它寻求的不是“结合”，而是“对话”。因此，这种辩证法要求我们不仅要对原因和形式作形态学（morphology）的研究，还要对两者的关系做动态学（dynamics）的考察。根据这种辩证法，卡西尔最终得到了这样一种实在观：实在既不是“物自身”，也不是“单纯抽象存在的形式”，而是“向精神生活形式的多样性和丰富性敞开，但这种精神生活又带有内在必然性的印记，因而带有客观性的印记。在这个意义上，每个新的象征形式……都是由内而外的启示，是‘世界与精神的综合’，它让我们真正确信两者在源头上是同一的”。③

这一论断将卡西尔和康德明确区分开来，并让象征形式哲学带上黑格尔的色彩。卡西尔指出，传统观念论强调“感性世界”（mundus sensibilis）和“理智世界”（mundus intelligibilis）之间的区分，认为前者的原则是“接受性原则”，后者的原则是“纯粹行动的原则”。但对于象征形式哲学这种特殊的观念论形态而言，“这一对立不再是不可调和和相互排斥的”，相反，“感觉和精神现在以一个新的交互和关联形式联合在一起”。它试图阐明，“精神本身的功能必须在感觉世界中寻求具体的完成”。④他还在《象征形式哲学》的神话卷中指出，如果我们考

① Cassirer, *The Logic of The Cultural Science*, p.100.

② Plato, *Philebus*, 23c—27e.

③ Cassirer, *The Philosophy of Symbolic Forms*, vol.1, p.111.

④ Ibid., pp.86—87.

察各种象征符号的发展历程，就会发现“它们的关键成就不在于在内部世界中复制了外部世界，也不在于简单地向外投射了一个业已完成的内部世界，而是在于，‘内’与‘外’、‘我’与‘实在’这两个因素只有在这些象征形式中并通过后者的中介相互决定和相互界定。每一种象征形式都包含了‘我’对‘实在’的把握，但这里的‘我’和‘实在’都不是事先给定的量，它们并不是将存在分为业已完成的、自我封闭的两半，然后再组合为一个整体。相反，每一种象征形式的关键成就正是在于如下事实：‘我’和‘实在’之间的界限不是预先存在和永远不变的，象征形式必须自己创造界限，而且每一种象征形式的创造方式都是不同的”。[①] 在这个意义上，象征形式哲学最终呈现的并不是心灵表征世界的各种方式，而是在象征活动中得到揭示的世界本身。

世界的“样式”：古德曼的非实在论

前面提到，古德曼在《性质的分析》和《表象的结构》中实质性地推进了卡尔纳普的构造方案。和卡尔纳普一样，古德曼试图从基本对象和基本关系出发构造出世界中的诸对象，但他对卡尔纳普做出了两个关键修正。

首先，我们在前一章指出，卡尔纳普的主要构造方法是用类型论方法确定诸对象的层级序列，将一个层级上的对象定义为前一层级的逻辑类。而古德曼则认为，卡尔纳普的主要失误就在于使用了柏拉图式的逻辑类，因而没有如实展现出表象的真正结构。古德曼认为真正的构造方法不是建立在类型论之上的集合论（set theory），而是以“个体微积分”（calculus of individuals）为基础的整分论（mereology）。[②] 集合论认为，虽然集合类的数量在原则上是无限的，但它们可以由相

① Ernst Cassirer, *The Philosophy of Symbolic Forms*, *vol.2*: *Mythical Thought* (New Haven: Yale University Press, 1955), pp.155—156.

② See Nelson Goodman & Henry Leonard, "The Calculus of Individuals and its Uses," *Journal of Symbolic Logic*, 5 (1940), pp.45—55.

同的基本元素构成。而整分论则认为，相同的基本元素不能构成多于一个的实体，换言之，构成每个实体的基本元素都是独特的，它们不能在不同的构造进程中通用。古德曼试图阐明，真正的构造不应该探讨不同层级的逻辑类之间是如何“派生”(derivation)的，而应该探讨个体表象是如何“分延”(differentiation)的。

这两种不同构造方法实际上导致了两种极为不同的构造体系。古德曼将卡尔纳普式的构造体系称为“殊相体系”(particularistic system)，将自己的构造体系称为“现实体系”(realistic system)，前者的基本单位是时空中的殊相，比如现象事件(phenomenal events)，后者的基本单位是非具象的质性元素，比如感质(qualia)。[①] 古德曼指出，殊相体系的主要问题是“抽象问题”(the problem of abstraction)，即从具体的殊相中抽象出可重复的普遍性质；现实体系的主要问题是“具象问题”(the problem of concretion)，即从感质中建构出不可重复的具体殊相。[②] 尽管古德曼认为这两条构造路径都是可行的，但他最终采用了以感质为基本单位的构造路径。这个选择有两个理论后果：首先，如古德曼所言，他的构造方案带有强烈的唯名论倾向，因为它的起点不是同质的属性，而是不可靠的甚至不可检验的感质。其次，从更深的层次来看，古德曼的构造方案是沿着和卡尔纳普相反的方向进行的，因为感质是真正意义上的未经区分的原初整体。如果说卡尔纳普的构造是从基本元素开始的层级性构造，那么古德曼的构造则是从原初整体开始的逐步区分。因此，尽管卡尔纳普试图用“原初经验”取代感觉材料论者的“抽象所予”，但在古德曼看来，只要他没有用到从整体开始的“分延”方法，就仍然处在和感觉材料论者相同的理论框架中。

其次，虽然卡尔纳普在《构造》中选择现象论语汇（在经验中被给予的东西）作为构造的出发点，但这个初始点的选择完全是理论实

① Goodman, *The Structure of Appearance*, p.142.

② Ibid., p.146.

践中的约定。古德曼继承了这一点。他在《表象的结构》中指出，虽然该书的问题"在现象论的系统中得到处理"，但他并不认为这个系统对物理主义的系统而言具有"认识论上的优先性"。因此，构造的基本单位"可以被理解为任何对象、主体、经验之流或系统中的其他实体。这些基本单位是中立的质料。比如，一个呈现可以是现象之流的一部分，也可以是物理对象的一部分，这取决于之后的系统构造"。[①] 但与卡尔纳普不同的是，不同的构造系统在古德曼那里不仅仅是约定的语义学版本，还是各种可能对象构成的存在域本身。因此，古德曼的构造理论并不像卡尔纳普那样落脚于在约定主义视角下展开的逻辑句法研究，而是落脚于在可能世界视角下展开的多元实在论。尽管这两个落脚点都带有鲜明的实用主义特征，但我们在讨论卡尔纳普和古德曼思想中的实用主义因素时要特别注意这个区分。

在古德曼看来，不同的构造语汇不仅体现了我们理解实在的各种"方式"(ways)，还体现了实在本身的各种"样式"(versions)。他的这种多元实在论立场在《构造世界的多种方式》中得到了进一步的展开。从某种意义上来说，该书标题中的"方式"是误导性的，因为在古德曼那里并不存在单纯心理性的"方式"，心灵把握世界的"方式"同时也是世界本身的"样式"。古德曼指出，"我们所谈论的是存在着多个真实的世界，而不是对于一个唯一真实的世界我们可以有多种可能的选择"。[②] 对传统意义上的实在论者或观念论者而言，这是一个难以理解的摇摆立场。古德曼自己也指出，"实在论者将会反对世界不存在这个结论；观念论者将会对所有相互抵触的样式都描述了不同的世界这个结论表示异议。对于我来说，这些观念既同样令人欣喜，也同样令人沮丧，因为它们之间的这些差异，毕竟都是纯粹约定的"。[③] 我们注意到，卡尔纳普也在《构造》中指出，"实在论、观念论和现象论这几种所谓认识论派别在认识论范围内是一致的。构造理论表现出了它们

① Goodman, *The Structure of Appearance*, pp.141—142.

② 古德曼:《构造世界的多种方式》，姬志闯译，第 2 页。

③ 同上，第 123 页。

共同的中立的基础。它们只是在形而上学的领域，因而（如果它们可算是认识论派别的话）只是由于超越界限，才发生分歧的”。[①] 但实际上，卡尔纳普在《构造》中悬置了本体论层面的探讨，而古德曼则试图用一种新的本体论来同时取代实在论和观念论的世界观。

可以看到，就理论效应而言，古德曼对卡尔纳普的这两个修正在很大程度上拉开了他们之间的距离。如果说卡尔纳普的构造方案以内容和形式的区分为前提（尽管他尝试通过基本关系来界定基本要素），那么古德曼的构造方案无论是在起点（作为原初整体的“感质”）还是在终点（世界的“样式”）都抛弃了这种区分。首先，就构造的起点而言，古德曼指出，“谈论未结构化的内容或一个未被概念化的所予之物或一个没有属性的实体都是一种自欺；……如果离开了形式，内容就会消失。我们可以有脱离世界的语词，但是却不可能有脱离语词或其他符号的世界”。[②] 其次，就构造的终点而言，古德曼最终给出的方案在任何意义上都不是纯形式化的构造，构造系统的逻辑句法同时也是被构造对象的内在结构。概而言之，我们无法在古德曼的方案中明确区分“质料”和“方法”“事实”和“理论”。正如古德曼所言，世界的构造只能“从一个样式开始，在另一个样式那里终结”。[③]

古德曼最终将自己的立场界定为“非实在论”（irrealism）。他在《论心灵及其他物质》中指出，自己既是“反实在论者”（anti-realist），又是“反观念论者”（anti-idealist），因而是一个“非实在论者”（irrealist）。[④] 具体而言，非实在论“并不是认为每个事物甚至所有事物都是非实在的，而是认为世界溶解为不同的样式，而正是这些样式构造了不同的世界”。[⑤]

非实在论是一个极难澄清的立场，古德曼与普特南、舍夫勒

---

① 卡尔纳普：《世界的逻辑构造》，陈启伟译，第 325 页。

② 古德曼：《构造世界的多种方式》，姬志闯译，第 6—7 页。

③ 同上，第 100—101 页。

④ Nelson Goodman, *Of Mind and Other Matters* (Cambridge, MA: Harvard University Press, 1984), p.i.

⑤ Ibid., p.29.

（Israel Scheffler）和亨培尔（C. G. Hempel）就此展开了细致的辨析和争论。[①] 比如，舍夫勒指出，古德曼一方面试图对世界做出“样式化解释”（versional interpretation），另一方面又试图对世界做出“客观化解释”（objectual interpretation），而这两种解释明显是对立的。因为前一种解释试图阐明世界是由我们构造的，而后一种解释则试图保留如下的可能性，即并不是每个事物甚至所有事物都是非实在的。[②] 较之于舍夫勒，普特南更倾向于对古德曼的非实在论做同情性理解。他一方面像古德曼一样拒绝承认一个预先存在的、不带“人面”（human face）的世界，但另一方面，他又不想像古德曼那样承认世界就是由人构造的，他指出，“人的心灵并没有创造星星或山峦，但这个‘扁平的’（flat）说法并不足以解决实在论和反实在论的哲学问题”。[③] 普特南认为，古德曼的立场有观念论的嫌疑，而他的“内在实在论”（internal realism）则能够规避这种危险。他指出，“如果我们选择谈论世界，那么这些世界从何而来？古德曼的回答很明确：它们是我们制造的。……这样，一种像黑格尔或费希特那样极端的观念论形式就在当代分析哲学中完全成熟了”。[④] 而古德曼对此的回应是：“普特南忘记了我的非实在论坚定地拒斥观念论和实在论。根据我的用法，‘实在论’回避所有观念论体系，‘观念论’回避所有实在论体系，而‘非实在论’则不偏袒任何一方。”[⑤]

我认为，理解非实在论的核心在于如何理解古德曼意义上的“样式”。这里要特别指出四个要点。第一，如前所述，样式不仅是我们理解和把握世界的概念框架，还是世界本身的结构和肌理，有多少种样式就有多少个真实世界。古德曼指出，“我并不认为说不存在世界只

① See Peter McCormick, ed. *Starmaking: Realism, Anti-Realism and Irrealism*（Cambridge, MA: MIT, 1996）.

② Ibid., p.133.

③ Hilary Putnam, *Realism with a Human Face*（Cambridge, MA: Harvard University Press, 1990）, p.30.

④ Peter McCormick, ed. *Starmaking*, p.180.

⑤ Ibid., p.204.

存在样式就是观念论，因为我认为样式（不管是语言的还是图像的）不是心理性的，也不一般地指涉观念或理念，而是具有象征功能的对象”。①

第二，样式的构造在某种意义上是一种“创造”（creation）。在古德曼的语境中，创造并不意味着无中生有（ex nihilo），而是指“我们总是从一些在手的旧的样式或世界开始，我们一直这样坚持着它们，直到我们做出了新的决断，并获得了把它们重构成一个新的样式或世界的能力”。②

第三，古德曼认为不同的世界样式本质上是不可通约的。不同于卡尔纳普或奎因的“一元论”（monism），即认为任何有意义的世界样式原则上都可以被还原为同一个单一样式，古德曼认为不同的世界样式之间是无法对译的。他指出，“从一个体系向另一个体系的还原，确实有助于理解世界样式之间的关系；但严格合理意义上的还原却很少，它几乎总是不完整的，唯一的还原即使有，也极其罕见”。③

第四，古德曼有时候会将自己的立场界定为“受到严格限制的彻底相对主义”。④一方面，不存在一个关于世界的“正确”样式，因为不存在一个脱离样式的世界供我们去对照符合；另一方面，世界的样式又必须是“契合实践”的，即必须考虑分类是否正确、归纳推理是否有效、举样是否合宜、样本是否自洽等。⑤古德曼认为，接受多元实在观并不意味着放弃对世界样式的批判性研究。他指出，“乐于接受所有的世界并没有构造出任何世界。仅仅承认许多可以利用的参照系，并没有给我们带来天体运动图；仅仅承认不同的基础是适合的，并不能产生出科学理论或哲学体系。仅仅知晓各式各样的观看方式也不能绘制出图画。一个宽广的心灵并不能取代艰苦的工作”。⑥也正是在这

① Peter McCormick, ed. *Starmaking*, p.204.

② 古德曼：《构造世界的多种方式》，姬志闯译，第 100 页。

③ 同上，第 5 页。

④ 同上，第 2 页。

⑤ 同上，第 143 页。

⑥ 同上，第 22 页。

个意义上，他在《论心灵及其他物质》中指出，“我是一个相对主义者，但我坚持认为必须对理论、解释和艺术品作出好坏的区分”。①

古德曼的非实在论构想在他的艺术理论中得到了明确的示例。他指出，“现实主义”(realism)的标准是相对的，它“由特定时间下的特定文化或个人的表征系统标准所决定”，“如果表征取决于选择，而准确取决于信息，那么现实主义实际上就是一种习惯”。②如果我们对这个论断做极端的理解，那么原则上就不存在严格意义上的非现实主义。古德曼试图阐明，那些“纯粹抽象绘画”和“没有对象、不能字面地或隐喻地应用于任何事物甚至连那些最宽容的哲学家都不把它们视为任何世界的作品”所呈现的世界虽然不能被“指谓”(denote)，但可以被“例证”(exemplify)或“表达”(express)。③

进一步，从更宏观的视角来看，艺术作品表征一个对象既不是“复制”它，也不是“模仿”它，而是“实现”(achieve)它。④古德曼指出，“有效的表征和描述需要发明。……自然模仿艺术是一个过于胆小的断言。自然是艺术和话语的产物”。⑤我们应该在非实在论的语境中理解这些论断。它们想要阐明的是，心灵构造世界的形式就是世界本身的结构。在这个意义上，“发明”(invention)也就意味着“发现”(discovery)。古德曼指出，“天真之眼(innocent eye)的神话和绝对所予(absolute given)的神话是邪恶的共犯”，而“接受(reception)和解释(interpretation)并不是相互分离的运作，它们是完全相互依赖的。以一个康德式的格言来说：天真之眼是盲的，纯洁的心灵是空的”。⑥他还指出，如果我们一定要区分出艺术作品的“风格”(style)和“主题”(subject)，我们只能说，“所言说的东西可以随着言说方式

① Goodman, *Of Mind and Other Matters*, p.i.

② Goodman, *Languages of Art*, pp.37—38.

③ 古德曼：《构造世界的多种方式》，姬志闯译，第 109—110 页。

④ Goodman, *Languages of Art*, p.9.

⑤ Ibid., p.33.

⑥ Ibid., p.8.

的变化而变化”。①

心灵的构造与世界的肌理

如果我们将卡西尔和古德曼并置起来看，就会在两者的方案中看到一个明显的共性，即他们都开始对纯形式化的构造方案有所反思。卡西尔看到，每种象征形式的调性和诸象征形式之间的功能统一性无法在单纯的形式层面得到解决，我们需要通过在原因和形式之间展开的辩证法实现“世界与精神的综合”。而古德曼则试图阐明，完全停留在句法中的构造方案是无法成立的，我们在探讨心灵的构造时也在刻画世界的肌理，反过来，我们在勾勒世界的肌理时也在进行心灵的构造。从某种意义上来说，卡西尔和古德曼都试图用一种黑格尔式的构造方案取代康德式的构造方案，即从概念性（conceptual）的构造转向实体性（substantive）的构造。正是在这个意义上，我认为古德曼将构造理论从康德阶段推进到了黑格尔阶段。这个关于构造的黑格尔式洞见，用戴维森的话来说，就是拒斥在材料和框架之间做出二元区分的“经验主义的第三个教条”。②

但是我们在探讨卡西尔和古德曼的共性时，除了看到从康德推进到黑格尔的理论效应，还应该看到更深层次的理论动因，即两者所处的象征主义语境。古德曼在《构造世界的多种方式》中提出了他和卡西尔共同面对的一系列问题：“在什么意义上说存在着多个世界？真实的和虚构的世界有什么区别？它们是由什么构造的？它们是怎样被构造的？象征在世界的构造中起什么作用？构造世界和认识是如何发

① 古德曼：《构造世界的多种方式》，姬志闯译，第 26 页。

② 戴维森将康德视为这一教条的典型代表。他指出，“我们从框架和实在的二分得到概念相对性，真是相对于框架而言的。抛弃了这个教条，这种相对性也随之消失。当然句子的真仍然是相对于语言而言，但这种真是客观的。我们并没有因为放弃了框架与世界的二分而放弃世界，而是无中介地触及了熟悉的对象，正是这些对象让我们的句子和信念为真或为假”。Donald Davidson, *Inquiries into Truth and Interpretation* (Oxford: Clarendon, 1984), p.198.

生联系的？”[①] 这些问题背后的核心是，在象征活动中构造的世界是以何种存在模式存在的？波普（Karl Popper）在《客观知识》中引入了三个世界的概念。[②] 其中“世界 1”由物理对象和物理事件构成，“世界 2”由心理事件构成，“世界 3”由人类精神的产物构成，这些产物包括但不限于科学理论、艺术作品、神话传说、社会组织等。根据这一界定，波普意义上的“世界 3”和由象征活动构造的世界是外延同构的。因此，促使卡西尔和古德曼提出黑格尔式方案的根本动因并不是观念论或分析哲学内部的理论推进，而是为了在象征主义的语境中解释围绕“世界 3”展开的各种问题。

因为卡西尔和古德曼采取的象征主义路径极大程度地拓展了康德所依据的精确科学框架，他们也就有了更丰富的理论资源来探讨构造的原因和形式问题。卡西尔在神化象征中看到心灵的构造与世界的肌理是如何统一的。在神化象征中，“我通过全能的意志把握所有事物，让它们服从我的目的，但正是这种尝试显示出我仍然完全被事物支配和主宰。所谓的做（doing）也意味着承受（undergoing）”。因此，在神话思维中只有一个未经区分的效验领域，在这个领域中，“魔力（mana）被平等地归属于思维和人格、精神和物质、有生命的和无生命的”。[③] 他还指出，“对神话而言，并不存在严格固定和分离的‘事物世界’，因为它尚缺少被所有理论知识的第一目标：制造不变的联结。每个形式都可以转化为另一个形式，任何东西都可以来自任何东西。事物的形式在任何时候都有可能消失，因为这些形式并不是由固定的属性建构而来的。‘属性’和‘性质’是从经验性观察中得知的元素，它是在很长一段时间中反复出现的相同测定或关系。而神话却对这种相似性和统一性一无所知，因为对它而言，世界可以在任何时候

① 古德曼：《构造世界的多种方式》，姬志闯译，第 1—2 页。

② See Karl Popper, *Objective Knowledge*: *An Evolutionary Approach*（Oxford: Clarendon, 1972）.

③ Ernst Cassirer, *The Philosophy of Symbolic Forms*, vol.2, pp.158—159.

转换面孔，因为世界的面孔是由情感决定的”。① 简言之，在神化象征中，“我”与“世界”的交缠是第一位的，而把“事物”从人类经验的整体中抽象出来，则需要经历艰苦而漫长的过程。这让我们想到列维-布留尔（Lucien Lévy-Bruhl）对原始知觉的讨论。列维-布留尔在《原始思维》中用“互渗”（participation）来界定原始的前逻辑思维。他指出，“与传统的万物有灵论相反，原始人的思维首先想象到的是神秘力量的连续、不间断的生命的本源，到处都有的灵性，而个体或者个人、灵魂、神灵则表现出只占次要地位”。② 他还指出，“存在物的无处不在或者许多存在，一个与许多、一个与另一个、个体与种等等的同一，这一切会使服从于矛盾律的思维感到深恶痛绝和陷入绝境的东西，却是原逻辑思维所绝对能容忍的。此外，我们叫做经验的那种东西，亦即由观察现象之间的客观联系而得出的教训，对这种思维也是行不通的。它有自己的经验，这是彻头彻尾神秘的经验”。③

古德曼在对艺术象征的讨论中得到了类似的洞见。他试图阐明，对艺术象征而言，区分外部对象的表征（representation）和内部情感的表达（expression）是没有意义的，因为在象征中呈现的世界同时具有这两个面向。这里的关键在于，为了理解艺术象征，我们必须从二元的认知关系转向更为流动的审美关系，从关注象征运作的认知效应（cognitive efficacy）转向关注象征运作的“审美征兆”（symptoms of the aesthetic）。古德曼在《艺术的语言》中指出，典型的认知效应包括“精细的区分，适当的暗指，把握、探索和理解世界的方式，分析、分类、排列和组织的方式，构造、操作、保留和改造知识的方式，对简单性和精妙性、力度和精确性、范围和选择性、熟悉度和新鲜度的考量”。④ 而审美征兆则包括句法密度（syntactic density）、语义密度（semantic density）、句法饱满性（syntactic repleteness）和

---

① Cassirer, *The Logic of The Cultural Science*, p.40.

② 列维-布留尔：《原始思维》，丁由译，北京：商务印书馆，2014 年，第 111 页。

③ 同上，第 493—494 页。

④ Goodman, *Languages of Art*, p.258.

例证（exemplification）。以句法饱满性为例，古德曼认为葛饰北斋（Katsushika Hokusai）的线条具有心电图所不具有的饱满性。①在这个区分的基础上，他还试图阐明，从艺术象征的角度来看，重要的不是在分类和排列中确定世界，而是世界的“疯狂增殖”(mad proliferation)。②他在《构造世界的多种方式》中提出了构造世界的各种方式：组合（composition）和分解（decomposition）、加权（weighting）或强调（emphasis）、排序（ordering）、删减（deletion）和补充（supplementation）、变形（deformation）。在古德曼的语境中，这些方式并不是构造世界的句法规则，而是世界本身的增殖形式。尽管卡西尔没有写出《象征形式哲学》的艺术卷，但他应该不会反对以下论断，即艺术象征和神化象征在某种意义上是同源的。在艺术象征中，我们看到的是一个心物交缠在一起的世界，在这个世界中，心灵的构造就是世界的肌理。

卡西尔和古德曼从神话象征和艺术象征中得到的最终启示是：非人的世界（“世界 1”）和属人的世界（“世界 2”）是一个近代视域下的区分，“世界 3”的本体论状态作为一个“问题”正是在这个框架下出现的。为了解决（或者更确切地说是“消解”）这个问题，我们必须回到古代的世界，即一个非人的部分和属人的部分相互交缠的世界。这些探讨给我们的最终启示是，我们探讨的不是如何在“世界 1”和“世界 2”之间安置一个“世界 3”，而是将“世界 3”作为理解“世界 1”和“世界 2”的基本前提和最终语境。

对于不再天真的现代心灵而言，这个洞见是较难被领会的。卡西尔给出的提示是，在科学的象征形式下遇到的理解困难或许可以在另一种“调性”的象征形式（比如神话或艺术）的帮助下得到解决。而古德曼给出的解决方案则是将“隐喻”引入构造语汇。在古德曼看来，隐喻的引入会给构造理论带来两个重要更新。首先，隐喻会打破

---

① Goodman, *Languages of Art*, pp.252—253.

② 古德曼：《构造世界的多种方式》，姬志闯译，第 21 页。

事实和虚构之间的固态区分，由此在最大程度上打开构造的空间。他在《艺术的语言》中指出，“是否隐喻只是年轻的（juvenile）事实，事实不过是年老的（senile）隐喻？”① 其次，隐喻通过在本域（native realm）和异域（foreign realm）之间有意制造赖尔意义上的“范畴谬误”，将已有的思维定式重新打散和再次激活，让我们在既有的构造之外看到新的可能性。古德曼指出，“隐喻性力量要求将新颖与适合、古怪与明显结合起来。好的隐喻既让人满足又使人惊讶。如果一个隐喻的转换产生了新的、显著的组织，而不是只是给旧的组织重新贴上标签，那么这个隐喻就是最有力的”。② 当然，这些对隐喻的讨论已经超出了本章的主题和空间。

这些象征主义语境中的讨论让我们看到，如果说古德曼对卡尔纳普的构造理论有所推进，那么这种推进从根本上来说还不是从构造的康德阶段推进到黑格尔阶段，而是让我们看到，心灵与世界是在相互塑造的过程中不断展开的，一种好的构造理论不仅应该关注已经成型的部分，更应该关注尚未成型的部分。更为重要的是，卡西尔和古德曼的理论方案让我们看到，观念论和分析哲学的分野也许能在象征主义这个更宽广的语境中得到弥合。

---

① Goodman, *Languages of Art*, p.68.

② Ibid., pp.79—80.

第六章　描述性形而上学的康德资源与黑格尔倾向：对斯特劳森的定位性考察

引　言

麦克道威尔在《心灵与世界》的前言中提到，斯特劳森的康德解读对他本人的工作产生了重要影响。他指出，“我不确定斯特劳森的康德是否是真的康德，但我确信斯特劳森的康德比康德本人更接近后者想要实现的目标”。①他还在一个关键的脚注中指出，“斯特劳森的康德，也就是我的康德，比康德本人更接近黑格尔”。②研究者已经从各种不同的视角探讨了斯特劳森与康德的关联。③但是除了麦克道威尔，我尚未看到其他研究者将斯特劳森与黑格尔关联起来，并在这个视角下检视斯特劳森的思想。麦克道威尔提出的这个视角当然是出于他本人的理论诉求，即探讨一种经过黑格尔改良的康德，他的目的并不是定位斯特劳森的思想，而是将后者作为自己的理论同盟。本章的任务是回到斯特劳森的思想本身，考察他是否真的具有黑格尔倾向，以及这种倾向在何种意义上影响了他的思想体系，由此较为公允地评估麦克道威尔的论断。

---

① John McDowell, *Mind and World*（Cambridge, MA: Harvard University Press, 1994）, p.viii.

② Ibid., p.111n.

③ See Hans-Johann Glock, ed.*Strawson and Kant*（Oxford: Oxford University Press, 2003）.

斯特劳森与黑格尔并没有实质性的交集。因此，本章的考察必须从斯特劳森对康德的解读着手。可以毫不夸张地说，斯特劳森对康德的解读是后者重新进入了分析视域的主要动因。斯特劳森在他的思想自传中告诉我们，在他进入牛津的 PPE 学程时，哲学课程只有两个选项：逻辑和康德（主要是《纯粹理性批判》和《道德形而上学基础》）。① 从 1959 年开始，斯特劳森隔年地开设《纯粹理性批判》的讲座，《感觉的界限》是这些讲座的直接成果。此后直至去世，斯特劳森一直没有中断《纯粹理性批判》的讲座，并对《感觉的界限》作了一系列的修正和补充。斯特劳森将康德研究和自己的理论方案有机地整合在一起，提出了“描述性形而上学”（descriptive metaphysics）的整体构想。除此之外，他的康德研究还有一个更为宽泛的理论效应：在斯特劳森的引导下，分析哲学从 20 世纪 60 年代开始走上了“歧途”，将已被拒斥的形而上学和本体论命题重新引回分析哲学内部，开始用分析的方式对世界的结构和存在的性质进行刻画。这种对传统分析路径的偏离甚至叛变极大程度地拓展了“分析”的理论视域。

虽然我们无法在斯特劳森的著作中找到对黑格尔的直接讨论，但不同于分析哲学家的一般看法，斯特劳森并不认为黑格尔的方法完全和分析路径背道而驰。比如，他在《分析与形而上学》中指出，除了“还原”（reductive）的分析方法，还可以有“关联”（connective）的分析方法，后者“追溯一个系统中的联系，但不希望将我们所检查的概念拆解或还原为其他更简单的概念”。② 更为重要的是，除了方法上的亲缘性，斯特劳森对康德的修正性解读带有很明显的黑格尔倾向。我们需要细致地辨析和澄清这些倾向，以便在康德和黑格尔的坐标系中定位斯特劳森的思想。

在下面的篇幅中，我将首先概述主导斯特劳森思想推进的核心线索，并阐明斯特劳森的理论方案如何与他的康德研究有机地整合在一

① See Lewis Edwin Hahn, ed. *The Philosophy of P. F. Strawson*（Chicago：Open Court，1998），p.4.

② P. F. Strawson，*Analysis and Metaphysics*（Oxford：Oxford University Press，1992），p.21.

起。在此基础上，我将阐明，斯特劳森对康德的修正性解读带有很明显的黑格尔倾向，而他的描述性形而上学与黑格尔的“修正性形而上学”（revisonary metaphysics）也许能在更深的层面统一起来，这其中不但涉及斯特劳森本人的思想体系，也涉及分析康德主义的一些核心问题。

斯特劳森的核心线索

1948年，28岁的斯特劳森开始在牛津担任讲师。在赖尔的邀请下，他最初的一系列讲座以《论指称》为题发表于《心灵》杂志。[①] 斯特劳森在该文中考察了在句子中作“特殊指称使用”（uniquely referring use）的表达，也就是单称主词（singular subject）的指称问题。

大体而言，斯特劳森对语义的理解处在“弗雷格—罗素”的传统中，这一传统认为任何有意义的表达都必须指称一个语言外的实体。深受斯特劳森影响的埃文斯在《指称种种》中提出的“罗素原则”（Russell's Principle）很好地概述了这一传统：“主体不能作出关于某物的判断，除非他知道他的判断是关于哪个对象的。……为了成为实质性的原则，我认为罗素原则需要某种区分性的知识：主体必须将他的判断对象和其他事物区分开来。”[②] 尽管如此，斯特劳森在《论指称》中极为严厉地批评了罗素的摹状词理论，他认为该理论忽视了表达的“使用”（use）和“陈述”（utterance）语境，这种忽视的主要后果是没能看到指称在某种意义上是一种“约定”（convention）。与此同时，这种忽视还导致了另一个问题：罗素没有区分（1）使用一个表达做出一个特殊的指称和（2）断言有且只有一个具有如此这般特征的个体存在；因而也就没有区分（1）指称特殊个体（particular individuals）的

① P. F. Strawson, “On Referring”, *Mind*, 59: 235 (1950), pp.32—44. Reprinted in P. F.Strawson, *Logico-Linguistic Papers* (London: Methuen, 1971), pp.1—27.

② Gareth Evans, *The Varieties of Reference* (Oxford: Clarendon, 1982), p.89.

句子和（2）特殊的存在句。斯特劳森认为摹状词理论的主要问题是将（1）同化为（2），在将存在转换为约束变项的值时抛弃了（1）所指称的特殊个体，由此从根本上背离了罗素原则。

这种围绕"特殊个体"展开的指称理论在《个体》中得到了更为深入的展开。斯特劳森在该书中提出了两种最基本的特殊个体，也就是斯特劳森意义上的"基本殊相"（basic particulars）："物体"（material bodies）和"人格"（persons）。在斯特劳森的语境中，"基本殊相"的基础地位并不是因为它们是还原的最终结果，而是因为它们的"本体论优先性"（ontological priority）。这种优先性意味着，只有当基本殊相被认为是存在的，其他殊相才能被认为是存在的。①

《个体》的第一部分试图对这些基本殊相作描述性地刻画，第二部分则尝试将它们引入命题思维的逻辑空间。更为重要的是，斯特劳森还试图以一种先验的方式建立我们"确认"（identification）和"重复确认"（reidentification）这些殊相的基本框架，即经验赖以展开的统一时空系统。斯特劳森的核心结论是：基本殊相必须在统一的时空系统中得到理解，物体和人格都是在时空系统中占据一定广延的基本对象。②他指出，"时空关系的体系具有特殊的包容性和广泛性，因此它能特别地作为我们组织关于殊相的个别思维的框架。每个殊相或者在时空体系中占据它的位置，或者只能通过在时空中占据位置的殊相才能得到界定。……虽然我们可以自由地将异质的关系作为界定描述的框架，但时空关系的系统仍然是这些附加的基础（ground work）。殊相之间的其他关系整合了时空要素，或者包含时空中的交互，或者被这种交互所象征"。③

在此基础上，斯特劳森还将在时空框架下界定和描述殊相的任务

① P. F. Strawson, *Individuals: An Essay in Descriptive Metaphysics*（London: Methuen, 1959）, p.59.

② 斯特劳森指出，我们要对人格的"广延性"作特别的理解：基本对象所占据的空间形式可以是空间的类比，而不一定要是实际空间。See P. F.Strawson, *The Bounds of Sense: An Essay on Kant's Critique of Pure Reason*（London: Methuen, 1966），pp.162 ff.

③ Strawson, *Individuals*, pp.25—26.

称为“描述性形而上学”，并把它和“修正性形而上学”区分开来。他指出，描述性形而上学试图“描述我们思考世界的实际结构”，而修正性形而上学则试图“制造一个更好的结构”。① 描述性形而上学的核心要义是，不用理想的概念图式取代自然形成的概念图式，只通过适当的描述揭示概念框架的一般性结构特征。

可以看到，从《论指称》到《个体》实际构成了一条从语言哲学到形而上学的连续线索。但这条线索并没有就此结束，我们必须将《个体》和《感觉的界限》结合起来才能完整地理解斯特劳森的理论方案。《个体》的理论方案在斯特劳森的康德研究中得到了有力支撑，并实质性地影响了斯特劳森对康德的解读。一方面，《个体》的理论方案实际上采取了康德式的先验路径。斯特劳森试图阐明，对象取决于我们界定它们的能力，即在统一的时空系统内对它们进行确认和重复确认的能力。② 这个统一的时空系统并不派生于感觉经验，而是我们获得任何信念的前提条件。另一方面，斯特劳森又试图将康德的先验框架拉入经验主义的语境。他在《个体》中一再强调，统一的时空系统是物体和人格所处的经验框架。他指出，“通过确认性的指称，我们将他人和自己的报导和叙述嵌合进关于经验实在的单一叙述中。这种嵌合和关联最终取决于，在我们所处的单一时空系统中将各种叙述中的殊相联系起来”。③ 这种对康德的修正性解读在《感觉的界限》中得到了完整的体现。

《感觉的界限》：斯特劳森读康德

《感觉的界限》是斯特劳森在长期思考后对康德作出的成熟解读。早期分析哲学对康德的主要批评是从反心理主义的视角展开的，斯特劳森同样继承了这条思路。他指出，虽然康德试图阐明经验知识的一

---

① Strawson, *Individuals*, p.9.

② Ibid., pp.62—63, p.119.

③ Ibid., p.29.

般结构和基本原则，但他的讨论仍然是从主体的认知能力着手，主要运用了“心理学语汇”（psychological idiom）。① 斯特劳森试图用日常语言路径的概念分析方法来取代康德的先验心理学。在日常语言分析的语境中，确认和再确认的工作是在“言者”（speaker）和“听者”（listener）的公共交流中实现的；而在康德的语境中，这个工作是由先验统觉完成的。

但斯特劳森对康德的修正性解读并不是从这一点着手的。对斯特劳森而言，对康德的解读首先意味着作出正确的取舍。他在思想自传中指出，“如果我在康德那里找到了许多要抛弃的东西，我同样找到了许多想要采纳的东西，这些东西经过修正可以回答我自己的一些自然偏见或不成熟的思想”。② 在《感觉的界限》中，斯特劳森试图将康德哲学中的有益部分（对经验结构的分析）和无益部分（先验观念论的总体方案）区分开来。在他看来，前者是康德对人类思维框架作出的“巧妙而精深的解释”，而后者作为一种“总体理论”则应该被抛弃。③《感觉的界限》的理论目标是，在保留“正确”部分并剔除“错误”部分之后，得到一种真正意义上的“经验哲学”，这种经验哲学“一方面摆脱了超验形而上学的幻相，另一方面摆脱了沉溺于私人意识内容的传统经验论”。④

《感觉的界限》分为三个主要部分：“经验形而上学”（The Metaphysics of Experience）讨论先验感性论和先验分析论部分；“超验形而上学”（Transcendent Metaphysics）讨论先验辩证论部分；“先验观念论的形而上学”（The Metaphysics of Transcendental Idealism）批判先验观念论的总体方案。斯特劳森认同康德在前两部分中的基本结论，但在最后一部分和康德产生了关键的分歧。一方面，斯特劳森认为康德在前两部分的讨论中正确地划定了感觉的界限。他指出，在康德那里，“任

①④ Strawson, *The Bounds of Sense*, p.19.

② Hahn, ed. *The Philosophy of P. F. Strawson*, p.20.

③ Ibid., p.12.

何经验概念都必须本质地包含最低限度的结构”；并且，“将结构性概念或其他概念作超出经验界限的使用都会导致空洞的意义”。但另一方面，康德又在先验观念论的总体方案中僭越了这些界限。斯特劳森指出，“康德在一组理论的框架中展开这些限制性结论，而这组理论本身是违反他的批判性原则的”。①

与斯特劳森区分的两种形而上学结合起来看：康德的先验分析和先验演绎是一种描述性形而上学，它们试图阐明，我们的所有经验都处在一个统一的时空系统中，任何试图超越感觉界限的理性尝试都会遭遇根本性的二律背反。但先验观念论则在超越感觉界限的同时提出了一种修正性形而上学。斯特劳森建议我们保留康德的描述性洞见，抛弃康德的修正性尝试。

在保留康德的描述性洞见时，斯特劳森还试图帮助康德作出一些必要的澄清。比如，在讨论先验感性论时，斯特劳森对时空形式的“先天性”提出了两种解读：一种“朴素的”（austere）解读认为，先天性是指“任何有意义的经验概念中的本质性结构要素”；另一种“先验观念论”的解读则认为，先天性“只能被完全归属给认知构成的性质，而不能被归属给事物本身的性质”。②斯特劳森试图帮助康德确立第一种解读。他指出，就时空形式而言，第一种解读实际包含了三个论断：首先是“客观性理论”（the objectivity thesis），即关于对象的经验必须能够和对象本身相区分，某个特殊的主体经验并不影响事物的实际所是。其次是“空间性理论”（the spatiality thesis），即上一论断中的对象必须是空间性存在；最后是“时空统一性理论”（the thesis of spatio-temporal unity），即必须有一个统一的经验性时空框架包容所有的经验及其对象。③

概而观之，斯特劳森试图提出这样一种可能性：在解读康德时，我们可以在抛弃先验观念论的前提下探讨一种“经验实在论”

① Strawson, *The Bounds of Sense*, pp.11—12.
② Ibid., p.68.
③ Ibid., p.65.

（empirical realism）。他在康德的文本中找到了这种解读的隐含线索。比如，康德指出，“对我自己的存在的单纯的、但经验性地被规定了的意识证明在我之外的空间中诸对象的存有”。① 斯特劳森在援引这段话的同时指出，“康德在‘驳斥唯心论’中的直接考量是，指出这些时间关系的必要区分必须在经验内部得出，因此我们必须能够直接地、非推论性地意识到空间中的诸对象”。② 他还进一步指出，康德的天才之处在于将“主观知觉的时间秩序”和“知觉对象本身的秩序”结合为一个关于客观世界的“统一而持存的框架”。③

斯特劳森也看到，康德的经验实在论有现象论的倾向。比如，康德在讨论第四个谬误推理时批判了对外部实在的笛卡尔式怀疑。他指出，“正如我自己的实存着一样，外物也实存着，更确切地说，两者的实存都是有我的自我意识的直接证据的，区别只在于：对于我自己的作为思维着的主体的表象只是与内感官相关，而表示有广延的存在者的那些表象却也与外感官相关。关于外部对象的现实性我不需要推理，正如对于我的内感官的对象（我的思想）的现实性一样，因为它们双方都无非是这样的表象，对它们的直接知觉（意识）同时就是它们的现实性的足够证明了”。④ 斯特劳森指出，因为在康德那里，时空中的物质本质上依赖于我们的表象方式，所以康德的经验实在论“比康德本人所认识到的更接近贝克莱”。⑤ 但这种现象论的解读并不是斯特劳森的落脚点。他认为，康德意义上的空间在我们“之中”和贝克莱意义上的空间在我们“之中”有着完全不同的涵义。康德的意思不是说，空间是存在于个体心灵中某种特殊的“图像”，康德的意思是，以空间

---

① 康德：《纯粹理性批判》，邓晓芒译，北京：人民出版社，2004，第 203 页。康德还在另一处指出，“他可以承认物质的实存，而并不超出单纯的自我意识”。同上，第 325 页。

② Strawson, *The Bounds of Sense*, p.27.

③ Ibid., p.29.

④ 康德：《纯粹理性批判》，邓晓芒译，第 325 页。康德还指出，“我们只有从人的立场才能谈到空间、广延的存在物等等。如果我们脱离了唯一能使我们只要有可能为对象所刺激就能获得外部直观的那个主观条件，那么空间表象就失去了任何意义”。同上，第 31 页。

⑤ Strawson, *The Bounds of Sense*, p.22.

的形式思维事物（事物有广延，相互之间有空间关系等等）是人特有的思维方式。换言之，康德并不像贝克莱那样否认外在于心灵的对象，而是认为我们对对象的认识取决于人类经验的本质结构。

斯特劳森认为，康德的关键问题在于，他的先验观念论完全取消了他的经验实在论洞见。这一点突出体现在作为先验观念论副产物的物自体上。斯特劳森认为康德的物自体是一个修正性概念，因此它超出了对实在的描述。康德研究中的"双重刺激"（double affection）难题正是由此而来的，即除了时空中的经验对象所造成的刺激（empirical affection），还存在作为先验客体的物自体对我们的刺激（noumenal affection）。斯特劳森指出，康德的先验观念论认为第一种刺激预设了第二种刺激，但他并没有给出合理的论证。① 而在斯特劳森看来，在这两种刺激中只有第一种才是可理解的，这种处在"时空界限"中的刺激也就是"具有科学心灵的哲学家"（洛克、罗素等）所理解的刺激。②

为了扭转这一错误，斯特劳森建议我们将与经验无关的物自体转换为经验中的基本殊相。康德对物自体作出如下界定：（1）物自体存在于意识之外，它们不是现象；（2）物自体刺激我们的感觉并产生表象；（3）我们不能在时空中认识物自体，因为时空是主观的感觉形式。斯特劳森认为，我们可以在保留前两点的前提下拒斥第三点。康德的问题在于，他认为时空既是一种"经验现实"（empirical real），又是一种"先验理念"（transcendental ideal），而在斯特劳森这里，物自体对我们的刺激只能在作为经验现实的时空中完成，而如果物自体只能在作为经验现实的时空中刺激我们，那么它们就不再是实质性的物本身，而变成了经验中的特殊个体。这一点突出体现在斯特劳森的知觉因果理论。不同于传统的现象论知觉观（即知觉的直接对象只能是心理图像），斯特劳森认为，我们的知觉经验直接依赖于时空中的物理存在。

---

① Strawson, *The Bounds of Sense*, p.250.

② Ibid., pp.40—41.

他指出，“感知觉的经验因果性地依赖于时空世界这一观念……既不是通过科学的进展发现的，也不是通过普通的观察发现的。它也不需要任何精致的哲学论证。它以大致显见的方式蕴含于如下观念：感知觉产生了关于客观时空世界的真判断”。①

斯特劳森对康德的修正性解读遇到了很多批评。比如，阿里森指出，不能把先验观念论的总体方案和《纯粹理性批判》完全区分开来。理解这一点的关键在于，康德的先验观念论不是本体论意义上的，而是认识论意义上的。阿里森试图阐明，康德只是提出了思考知识对象的两种方式：和我们的感性先天条件相关的（现象），不涉及是否满足这些条件的（本体）。对象本身之所以不可知，并不是因为它们存在于某个认知无法进入的领域，而是因为我们不考虑它们是否满足时空性的认识条件。阿里森进一步提出了两个结论：首先，先验观念论揭示的不是两种不同的形而上学实体（现象和本体），而是“考量事物的两种方式”，因而它不是“两个世界”（two-world）理论，而是“两个方面”（two-aspect）理论。②其次，先验观念论表达的是“认识条件”（epistemic condition），而非“心理条件”（psychological condition）或“本体论条件”（ontological condition）。所谓的认识条件，即“表征对象的必要条件，离开了这个条件，我们的表征就不能和对象相关或拥有客观实在”。③

阿里森认为斯特劳森是“两个世界”理论的主要代表。这个判断是准确的。斯特劳森在《感觉的界限》中指出了康德体系中“灾难性的”二元模式，即“一方面是一般概念，另一方面则是在经验中遭遇的一般概念的殊例”。④阿里森认为，这种“心灵将形式强加于事物之上”的解读“忽视了康德思想中的某种本质特征”。⑤他的最终结论

① Strawson, *Analysis and Metaphysics*, p.61.

② Henry Allison, *Kant's Transcendental Idealism: An Interpretation and Defense* (New Haven: Yale University Press, 1984), p.16.

③ Ibid., p.11.

④ Strawson, *The Bounds of Sense*, pp.20—21.

⑤ Allison, *Kant's Transcendental Idealism*, p.13.

是：康德那里并不存在“两个世界”，至多存在“一个世界”的“两个方面”。因此，对康德而言，认识条件“既是主观的又是客观的”。① 但是，我们可以从下一部分的讨论中看到，虽然阿里森认为斯特劳森误读了康德，但他们的最终结论其实是一致的。他们的分歧在于，阿里森认为我们完全可以在康德思想的内部得到这个结论，而斯特劳森则认为需要对康德的先验观念论作出实质性的修正。

对斯特劳森的另一种批评是：他没有看到先验观念论对康德的批判哲学而言并没有实质性的意义（这一批评对阿里森同样适用）。比如，沃克指出，斯特劳森认为“先验观念论是一种不幸的失误”，而“同情的评论者”则试图“通过抛弃本体和现象的对立以及自然由心灵创造的观念”来“挽救先验论证”。但实际上，“尽管先验论证并不是无用的，但康德和他的后继者都过于相信它的作用了，而我们要抛弃的正是批判哲学的这一面”。② 但我们已经看到，斯特劳森的理论任务不仅是要批判地划出认识的界限，还要建立一种描述性形而上学。这样一来，他就必须在不抛弃先验观念论的前提下对此作出改造。当然，除了这些批评，斯特劳森的解读也得到了一些有力的支持。比如，盖耶指出，“我们可以在不预设物自体的前提下进入批判哲学，或至少进入先验经验理论，因为康德所有从先验经验理论的合法断言来论证物自体的非时空性论证的尝试都是不成功的。因此，我们只能接受先验分析论和拒斥观念论中阐述的先验经验理论，但不接受先验观念论的教条”。③

描述性形而上学的康德资源与黑格尔倾向

在阐明了斯特劳森对康德的解读之后，现在的问题是：我们应该

① Allison, *Kant's Transcendental Idealism*, p.11.

② Ralph Walker, *Kant: The Arguments of Philosophers* (London: Routledge & Kegan Paul, 1978), pp.12—13.

③ Paul Guyer, *Kant and the Claims of Knowledge* (Cambridge: Cambridge University Press, 1987), p.335.

如何来理解这种修正性解读？这种解读是否仍然停留在康德的语境内，还是已经在改造中离开了康德？斯特劳森在《实体与同一性》中提出了对先验观念论的两种解读：根据“温和”（anodyne）解读，“事物本身在原则上是无法认识的。我们可以从这一解读得出非常直接的经验实在论立场，即事物存在于时空中，但又带有我们关于世界的必要结构。承认世界的某些特征永远无法被我们认识对这种经验实在论而言是无害的”；而根据“强硬”（uncompromising）解读，“事物本身构成了无法被我们的认知工具所触及的超感官实在，我们只能满足于表象的知识”。[①] 斯特劳森指出，康德的问题在于在这两个选项之间摇摆，他在涉及自然科学时更倾向于前一种解读，在涉及道德和理性信仰时更倾向于后一种解读。[②]

斯特劳森的经验实在论是对先验观念论的“温和”解读。但是从某种意义上来说，较之于“强硬”解读，“温和”解读与康德的距离更加明显。斯特劳森的经验实在论在方法和结论上有别于康德的先验观念论。首先，就方法而言，康德和斯特劳森共同面对的问题是：对局部经验的描述性考察如何能够得到普遍必然的先天原则。康德的方法是通过最大限度地去除经验性要素得到先天综合判断。[③] 而斯特劳森则试图在语言分析中得到概念结构的最一般特征，这些结构不是经验的先天条件，而是经验中的可确认元素，换言之，它们本身是经验中的发生（occurrence）。前面提到，斯特劳森试图将康德的先验框架拉入

---

① P. F. Strawson, *Entity and Identity and Other Essays*（Oxford: Clarendon, 2000），pp.18—19.

② Ibid., p.251.

③ 康德指出，“如果你从物体这个经验概念中把它的颜色、硬或软、重量，甚至不可入性这一切经验性的东西都一个个去掉，这样最终留下的是它所占据的空间，而这是你不能去掉的。同样，如果你从任何一个有形的或无形的对象的经验性概念中把经验告诉你的一切属性都去掉，你却不可能取消你借以把它思考为实体或依赖于一个实体的那种属性”。康德：《纯粹理性批判》，邓晓芒译，第 4 页。阿里森指出，康德的这种“抽象”（abstraction）方法来自他对牛顿物理学的理解，而伯德则指出，这种方法应该更向前地追溯至康德对欧几里得几何学的理解。See Allison, *Kant's Transcendental Idealism*, pp.241—242; Graham Bird, “Kant's and Strawson's Descriptive Metaphysics”, in Hans-Johann Glock, ed. *Strawson and Kant*（Oxford: Oxford University Press, 2003），p.76.

经验主义的语境，而这个步骤的关键正是在于这种方法的转换。

其次，就结论而言，斯特劳森试图阐明，我们的经验中必然包含如下两个“客观性条件”(objectivity-condition)：首先，“事物客观上是如此这般的”；其次，“事物是如何被经验为存在的”。[①] 因此，任何意识(awareness)都必须是对某物的意识(awareness-of)，我们的任何经验都必须有一个客观世界中占据一定广延的对象，任何经验都是“关于世界的时间性和广延性的观点”。[②] 斯特劳森认为，只有这样我们才能回答康德提出的问题，即关于对象的先天知识是如何可能的。关于对象的先天知识之所以可能，是因为“经验本身就包含了它的材料”。[③]

应该如何理解这一结论？苏卡指出，斯特劳森实际上拒斥了以下两个观点：第一，“我们可以走出概念框架的整个结构，从外部的视角来批判或证成它”；第二，“我们可以在该结构或框架中找到某个特别完整或有特权的部分，再将其他部分还原至这部分”。[④] 从概念框架的优先性出发，苏卡将斯特劳森的立场界定为“反实在论”。从某种意义上来说，苏卡的批评是成立的。因为一旦斯特劳森放弃对先验观念论的“强硬”解读，就势必会遇到概念框架的相对化问题，而这种相对化意味着我们对实在的界定和刻画只能在自己的概念框架内进行。事实上，斯特劳森本人也在《个体》的最后指出，这些探讨“和我们的概念框架相协调”，也“反映了概念框架的结构”，最终体现了哲学家本人的信念。[⑤] 他还在《怀疑主义与自然主义》(1985)中指出，我们没有必要在科学主义和常识图景之间作出非此即彼的选择，而是可以采取一个“相对化步骤”(relativizing move)。[⑥]

---

① Strawson, *The Bounds of Sense*, p.107.

② Ibid., p.104.

③ Ibid., p.109. 当然，这里的材料不是指“感觉材料”，而是指“世界的时间性和广延性”。

④ Tadeusz Szubka, “Strawson and Antirealism”, in Hahn, ed. *The Philosophy of P. F. Strawson*, p.185.

⑤ Strawson, *Individuals*, p.247.

⑥ P. F. Strawson, *Scepticism and Naturalism: Some Varieties* (London: Methuen, 1985), p.38.

但斯特劳森认为他的经验实在论并不是反实在论。他在对苏卡的回应中指出，在实在论和反实在论的争论中，自己始终是坚持实在论的一方。① 首先，《个体》探讨的并不是一个相对化的概念框架，而是对任何关于这个世界的思维而言都是不可或缺的最低限度的必要概念结构。其次，更为重要的是，修正先验观念论之后得到的经验实在论是一种特殊的实在论。斯特劳森指出，苏卡之所以没能看到这一点，是因为他陷入了一种"错误两难"："或者我们的知识符合实在中的对象，或者这些对象符合我们知识的一般结构。"一旦我们抛弃了这种两难的选择，就能认识到另一种"合理的实在论"，这种实在论并不探讨完全外在于认识的某物，而是"接受下面这个基本洞见：感性和知性是关于时空世界的所有人类知识的互补来源"。②

可以看到，这种"合理的实在论"和麦克道威尔的思路非常接近。麦克道威尔在《心灵与世界》中指出，康德的关键的问题在于"作为基础的关于时空的先验观念论将他的整个建构拉回到了一种主观观念论"。③ 换言之，"康德的观念论最终变成了主观观念论的原因并不在于'概念模式'的相对性，而是因为它包含了一种关于空间性和时间性的主观观念论"。④ 麦克道威尔还在一篇回应文章中探讨了一种与斯特劳森非常接近的实在论立场："世界是所有所是的东西，即所有可以被我们思维为是其所是的东西。但我们可能犯错，这一点足以保证如此把握的世界不会退化为法则的影子或反映，我们总认为这些法则控制着我们的思维，其实它们不过是心灵与世界互动中的地位较低的参与者。这就是我想要的'实在论'，在我看来，这种'实在论'认为世界对于任何人来说都是可感的。"⑤

麦克道威尔明确承认，他对康德的修正是黑格尔式的。他在《将

① P. F. Strawson, "Reply to Szubka", in Hahn, ed. *The Philosophy of P. F. Strawson*, p.192.

② Ibid., pp.195—196.

③ McDowell, *Mind and World*, p.78.

④ Ibid., p.84.

⑤ John McDowell, "Reply to Gibson, Byrne, and Brandom", *Philosophical Issues*, 7 (1996), pp.284—285.

世界纳入视野》中指出，“在主观和客观之间实现一种黑格尔式的平衡对康德来说是一件好事”，而“以这种方式看待康德就意味着一种成功的批判性观念论必须是黑格尔意义上的”。[①] 正因为如此，麦克道威尔才得出了如下论断，即斯特劳森和他的康德比康德本人更接近黑格尔。黑格尔在《大逻辑》中指出，“假如批判哲学对这三项之间的关系，理解为：思维作为中介，处于我们和事物之间，而这个中介不是使我们与事物结合，反倒是使我们与事物分离；那么，对于这种观点，可以用一句简单的话回答：纵使这些事物被假定为超出我们以外，超出与它们有关的思维以外，而处于另一极端，它们本身也恰恰是思想物，并且因为完全无所规定，所以只是一个思想物——本身是空洞抽象的所谓‘自在之物’”。[②] 可以看到，黑格尔的这段论述明确提示了斯特劳森和麦克道威尔修正康德的方向。从这个角度来看，麦克道威尔的论断是成立的。

但是除了看到斯特劳森在修正康德时所体现的黑格尔倾向，我们也应该看到，他的描述性形而上学和黑格尔的系统哲学之间还存在着较大的距离。斯特劳森在提出两种形而上学构想时指出，亚里士多德和康德的形而上学是描述性的，笛卡尔、莱布尼兹、贝克莱的形而上学是修正性的，而休谟的形而上学则“有时是描述性的，有时是修正性的”。[③] 尽管斯特劳森并没有提及黑格尔，但后者的形而上学在他看来毫无疑问是修正性的。

斯特劳森的形而上学在以下两个方面有别于黑格尔的形而上学。首先，他继承了康德的批判精神，他的描述性形而上学只描述我们思考世界的实际结构，拒绝超出理性的界限进展到教条形而上学。并且，他认为我们在可以保留批判动机的前提下拒斥康德的总体先验框架，这是他将康德纳入描述性形而上学的根本原因。而黑格尔的形而上学并不只是描述我们思考世界的实际结构，而是试图对世界本身有所断

---

① 麦克道威尔：《将世界纳入视野》，孙宁译，上海：复旦大学出版社，2018，第 73 页。

② 黑格尔：《逻辑学》上卷，杨一之译，北京：商务印书馆，1982，第 13 页。

③ Strawson, *Individuals*, p.9.

言。斯特劳森在《分析、科学与形而上学》中指出，修正性形而上学家通过不同的“概念工具”来看待事物，认为它们呈现了事物的实际面目。但实际上，这些形而上学“总是包含矛盾和困惑”，“有时并没有体现基本的视角，只体现了低级的错误”。①

其次，不同于黑格尔的历史主义路径，描述性形而上学是非历史性的。斯特劳森在《个体》中指出，“人类思维中的大量核心部分是没有历史的，或者说没有记录在思维的历史中。有一些范畴和概念在最基本的特征上是完全不变的”。②描述性形而上学和日常语言学派的概念分析分享了相同的理论意图。但不同于一般意义上的概念分析，描述性形而上学还有一个方法论上的特殊之处：它不只是检查语词的实际使用，还试图揭示概念结构的最一般特征。斯特劳森指出，“当我们问自己如何使用这个或那个表达，不管我们的回答在某个层面如何明确，它们也只是假定而不是暴露形而上学家想要揭示的一般性结构要素。形而上学家寻找的结构并不在语言的表面展示自身，而是潜藏在语言之下。当他的向导不能带他去想去的地方，他就必须放弃这个向导”。③

但是我们也应该看到，随着思想的推进，斯特劳森对形而上学的态度变得不再那么严格。他在《怀疑主义与自然主义》中指出，描述性形而上学的这个工作实际上就是自然主义的工作，即不是考察“概念框架的主要结构特征或要素如何构成一个严格的演绎体系”，而是考察“一个融贯整体的各个部分是如何相互支持和依赖的”。④他还在与一批牛津学者合著的文集中指出，对哲学而言，除了分析的工作，还有另外两个重要的工作：首先是解释“我们的概念如何植根于世界”的“解释性”（explanatory）工作，其次是探讨“我们如何通过不同概

① P. F. Strawson, “Analysis, Science and Metaphysics”, in Richard Rorty, ed. *The Linguistic Turn: Recent Essays in Philosophical Method* (Chicago: University of Chicago Press, 1967), p.318.

② Strawson, *Individuals*, p.10.

③ Ibid., p.10.

④ Strawson, *Scepticism and Naturalism*, p.25.

念工具的中介去看待世界”的“建构性”(constructive)工作。这两个工作被斯特劳森称为不同于分析工作的“想象性”(imaginative)工作。[①] 他最后指出，这些工作之间的冲突是一种幻相，“它们只是实现同一目标的互补方法”。[②]

这些阐述提示我们，斯特劳森和黑格尔的形而上学构想也许相距并不遥远。斯特劳森在《个体》的最后指出，形而上学就是为我们的信念找到的“好的、坏的或中立的理由”，而他所做的就是为自己的一些“顽固信念”寻找“理性的解释”。[③] 因此，从一个更深的层面来看，描述性形而上学和修正性形而上学的区分也许只是表面的。作为形而上学，它们最终分享着共同的诉求，即为关于世界的信念提供系统的理性解释。

无论如何，本章的最终结论是：如麦克道威尔所言，斯特劳森对康德的修正性解读带有很明显的黑格尔倾向；并且，斯特劳森的描述性形而上学和黑格尔的修正性形而上学也许能在更深的层面统一起来。从已有的讨论和研究来看，斯特劳森与康德的紧密关联在很大程度上掩盖了他的这些黑格尔倾向，这并不利于我们充分地吸收斯特劳森的思想遗产。重新揭示这些倾向不仅意味着麦克道威尔的论断是富有洞见的，也意味着我们在分析视域中探讨从康德到黑格尔的推进线索时，不应该忽视斯特劳森这个重要的理论环节。

---

① P. F. Strawson, “Construction and Analysis”, in A. J. Ayer, et. al. *The Revolution in Philosophy* (London: MacMillan, 1956), pp.107—108.

② Ibid., p.110.

③ Strawson, *Individuals*, p.247. 这里，斯特劳森应该是借用了布拉德雷的表述，后者在《表象与实在》的前言中告诫形而上学家，不应该将过多的重要性赋予自己的体系，因为“形而上学就是为我们的直觉寻找一些坏的理由，而寻找这些理由也不过是一种直觉”。F. H. Bradley, *Appearance and Reality* (Oxford: Clarendon, 1930), p.x.

第七章 “直观”的不同意涵及效应：从塞拉斯和麦克道威尔对康德的解读来看

引 言

本章试图从康德的“直观”(Anschauung)概念着手探讨匹兹堡学派内部的学理区分。尽管布兰顿和麦克道威尔都将自己的立场界定为“概念实在论”(conceptual realism)，但布兰顿认为知识完全取决于在理由空间内展开的推论活动，而麦克道威尔则认为理由空间中的推论活动仍然需要回应或答复某种限制性的经验法庭。这一分歧突出体现在他们对塞拉斯遗产的继承上：布兰顿认为《经验主义与心灵哲学》这一标题中的“经验主义”是不必要的，甚至是误导性的，而麦克道威尔则认为布兰顿的理性主义路线有意或无意地忽视了塞拉斯的经验主义遗产。我认为麦克道威尔对塞拉斯的解读更接近塞拉斯本人的思想，在这个意义上，塞拉斯和麦克道威尔构成了匹兹堡学派内部的“经验主义”阵营。

但塞拉斯和麦克道威尔都不是传统意义上的经验主义者。传统经验主义者的主导问题是，如何通过直接的感觉材料(“所予”)证成关于外部世界的信念(比如马赫的《感觉的分析》、罗素的《我们关于外部世界的知识》和卡尔纳普的《世界的逻辑构造》)。塞拉斯和麦克道威尔则试图在抛弃所予的前提下重新界定知识的经验基础。本章试图澄清，尽管塞拉斯和麦克道威尔都试图重塑传统经验主义，但他们的理论方案存在着关键区分，因为他们对经验基础的理解存在着根本分歧。

不同于直接比较的做法，我试图引入塞拉斯和麦克道威尔对康德的解读来探讨以上这些学理区分。这样做的原因不仅在于他们都在最为关键的理论节点援引了康德的资源，还在于他们对“直观”的理解最为清晰地呈现了各自的理论方案。在下面的讨论中，我将首先考察塞拉斯和麦克道威尔对康德的解读。我将阐明，塞拉斯解读康德的主要框架是“物理对象／感觉印象／概念表征（直观和判断）”的三层结构，麦克道威尔的解读则试图取消感觉印象，围绕“直观”探讨一种概念可以一路达及世界本身的概念实在论图景。在此基础上，我还将阐明，尽管塞拉斯和麦克道威尔都对康德的“直观”做了概念主义的解读，但他们的理论路径存在着重大分歧。这种分歧不但隐含着匹兹堡学派内部从康德到黑格尔的推进线索，还从根本上导致了两种极为不同的经验主义构想，即“人在世界中”（human in the world）和“将世界纳入视野”（having a world in view）这两幅不同的图景。

塞拉斯读康德

康德在塞拉斯的思想发展历程中占据关键位置。塞拉斯最初在牛津大学跟随普莱斯（H. H. Price）研读《纯粹理性批判》，之后又在威尔顿（T. D. Weldon）的指导下写作关于康德的博士论文。这些初步的探索最终构成了 1965 年的“洛克讲座”（《科学与形而上学：康德式主题的变奏》）。正如该讲座的副标题所提示的，塞拉斯将自己的哲学思考视为康德式主题（Kantian themes）的各种“变奏”（variations）。[①]

① 1936 年，塞拉斯在威尔顿的指导下首次尝试写作关于康德的博士论文，但没有成功。1938 年，塞拉斯在哈佛再次尝试写作该论文，也没有成功。1938 年，塞拉斯获得了爱荷华大学的教职，但是在很长时间内，他都无法最终落实他对康德的解读，再加上二战时期的军旅生涯（1943—1946）打断了他的工作，他对康德的解读直到 1965 年的“洛克讲座”才最终成型。与此同时，塞拉斯本人的思想在经历了一段相当长的酝酿期之后，直到《对语言游戏的一些反思》和《经验主义和心灵哲学》才基本成型。可以看到，塞拉斯对康德的研读贯穿了他酝酿思想的关键时期。

我们首先要提出塞拉斯解读康德的两个基本结论：首先，他认为正确解读康德的前提是坚持现象和本体的区分，因此物自体必须得到保留，但必须以另一种方式得到界定。其次，他认为必须将作为单纯感受性（sheer receptivity）的感觉印象和概念运作明确区分开来，前者属于因果秩序，后者则属于认知秩序。根据这两个结论，我们就可以得到塞拉斯解读康德的基本框架，即“物理对象（本体）/感觉印象（单纯感受性）/概念表征（直观和判断）”的三层结构。

可以看到，为了澄清直观在该框架中的位置，塞拉斯面临着两个任务：首先，必须将概念表征中的直观和判断区分开来；其次，必须将作为特殊概念表征的直观和感觉印象区分开来。先来看第一个任务。康德在《纯粹理性批判》中明确区分了直观和知性。他指出“借助于感性，对象被给予我们，且只有感性才给我们提供出直观；但这些直观通过知性而被思维，而从知性产生出概念”。[①] 但康德又指出，直观和概念这两个构成一切知识的基本要素无法脱离对方而存在：“概念没有以某种方式与之相应的直观，或直观没有概念，都不能产生知识。”[②] 康德还在《逻辑学》中将直观定义为“个别的表象”（repraesentatio singularis），尽管有别于“普遍的表象”（repraesentatio per notas communes）或“反思的表象”（repraesentatio discursiva），但它作为一种特殊的表象已经涉及知性概念的运作。[③] 这些论述给我们带来了解读上的困难。其中一个主要困难是，直观是概念性的还是非概念性的？塞拉斯认为，康德在理解直观时实际上混淆了“直观的杂多”（manifold of intuition）和“对杂多的直观”（intuition of manifold），前者是非概念性的，后者则已经包含了概念性成分。塞拉斯指出，“即使康德意识到了自己对‘直观’的使用是含混的，他也没有意识到这

---

① 康德：《纯粹理性批判》，邓晓芒译，第 25 页。

② 同上，第 51 页。

③ 康德：《康德著作全集》第 9 卷，李秋零主编，第 88 页。还可参见《纯粹理性批判》，邓晓芒译，第 553 页。帕森斯（Charles Parsons）指出，个别的表象已经是一种判断。Charles Parsons, “The Transcendental Aesthetic”, in Paul Guyer, ed. *The Cambridge Companion to Kant*（Cambridge: Cambridge University Press, 1992）, p.64.

种含混性的极端本质”。[1]而他的任务正是在于帮助康德澄清这一混淆。塞拉斯试图阐明，尽管直观不是完成形态的概念运作（推论性判断），但它一定已经包含了特殊的概念运作。

为了说明作为特殊概念运作的直观，塞拉斯还进一步指出，直观是“对个体（individuals）的概念表征”，而非“对属性或类（attributes or kinds）的概念表征”。[2]除此之外，他还借用了莱布尼兹的一对区分：未被明觉的表征（unapperceived representing）和被明觉的表征（apperceived representing）。莱布尼兹将前者称为“小”(petites）表征，将后者称为“大”(grandes）表征，而塞拉斯则将前者称为“不适当的”(inadequate）表征，后者称为“适当的”(adequate）表征。所谓不适当的表征，是指该表征没有作为谓词出现在命题中的适当位置。[3]

塞拉斯的第二个任务是区分作为单纯感受性的感觉印象和作为特殊概念表征的直观。他指出，一个常见的错误是将单纯感受性刻画为“最低限度的概念表征”(minimal conceptual representation）。最低限度的概念表征有不同的形式，比如“(I don’t see a book over there but）there is a red and rectangular physical object over there”或“(I don’t see a red book over there，though I grant that）it looks to me as though there were a red book over there”。不同于这种做法，塞拉斯认为单纯感受性并不是任何意义上的概念表征。为了刻画感觉印象，他的基本做法是通过逐步削减（elimination）的方法找到一个描述核心（descriptive core）。比如，将“an impression of a red rectangle”改写为“an impression of a facing red and rectangle expanse”；将“an impression of one billiard ball knocking another into a pocket”改写为“an impression of a facing white

① Sellars, *Science and Metaphysics*, p.7.

② Ibid., p.10.

③ Ibid., pp.16—17. 莱布尼兹用的术语是“小知觉”(petites perception）和“大知觉”(grandes perception)。在莱布尼兹那里，两者的区别并不在于概念化程度，而在于“大小”(size)。不易察觉的“小”知觉汇聚到一定程度之后就变成了生动的“大”知觉。

hemispherical surface moving towards another facing white hemispherical surface followed by a motion of the latter”。这里的关键在于，这种“削减”同时意味着“增加”，在这个意义上，描述核心不是被找到或发现的，而是被设定的。更重要的是，根据塞拉斯的科学实在论，这个工作无法在个体层面完成，因为被设定的东西必须是科学共同体在探究过程中获得的规范性理想（regulative ideal）。

不管怎样，在塞拉斯那里，感觉印象和直观是类的区分，而非程度的区分，或者说是线下要素（属于因果秩序）和线上要素（属于理由空间）的区分。他指出，不同于作为线下要素的感觉印象，作为线上要素的直观并不和对象发生关系，它不是由对象“导致”(caused)，而是“指示性的这一个”(demonstrative “this”)。[①] 我们要将塞拉斯探讨的“这一个”(this-such，thisness）和经院哲学家探讨的“haecceitas”区分开来。邓斯·司各脱（John Duns Scotus）在质料和形式之外引入了第三个原则：个体化原则（principle of individualization）。和邓斯·司各脱一样，康德也在质料和形式之外提出了经验的第三个原则。不同于邓斯·司各脱和康德，塞拉斯认为对“这一个”的界定不涉及生成性原则，只涉及指示性举动，他在《想象力在康德经验理论中扮演的角色》中将“这一个”界定为复杂指示短语（complex demonstrative phrase）。复杂指示短语并不指示对象，只指示某个“映像模式”(image-model)。[②]

在澄清了这两组区分之后，我们再来看这三层结构之间的内部关系，即物理对象和感觉印象的关系，以及感觉印象和概念表征的关系。先看物理对象和感觉印象的关系。塞拉斯在《存在与被知》中提出了“同构”(isomorphism）的概念。他在该文中提出了两个结论：第一，“在感觉和理智的层面上，知者与所知之间都存在着同构”；第二，在

---

① Sellars，*Science and Metaphysics*，p.11.

② Wilfrid Sellars，*In the Space of Reasons*：*Selected Essays of Wilfrid Sellars*（Cambridge，MA：Harvard University Press，2007），p.463.

感觉和理智层面的这两种同构的性质是完全不同的。[①] 塞拉斯进一步区分了以下两种同构：一种同构处在“实在秩序”（real order）中，另一种同构则处在“逻辑秩序”（logic order）中。他用“摹写”（picture）来表达前一个维度中的同构关系，用“指示”（signify）来表达后一个维度中的同构关系。他试图阐明，混淆这两种同构关系会给我们造成无法解决的难题。[②] 在《经验主义与心灵哲学》中，实在秩序中的同构关系被塞拉斯进一步界定为感觉印象和物理对象的“类比”（analogy）关系。他指出，“类比的根本特征是，种种视觉印象之间有一套相似和相异的方式，其在结构上类似种种可视对象的颜色形状相似和相异的方式”。[③] 这种类比的要点在于，因为感觉印象和物理对象同属于因果秩序，所以前者对后者的摹写并不是用一个自然秩序外的东西表征一个自然秩序内的东西，而是自然秩序内各对象之间的关系。正如德弗里斯（Willem DeVries）所指出的，我们不能将塞拉斯的这种构想简单地理解为维特根斯坦式的摹写，“根据塞拉斯的解释，摹写关系并非像维特根斯坦原来认为的那样，是事实之间的关系，而是处于因果和自然秩序中的对象之间的关系”。[④] 因此，塞拉斯探讨的类比关系并不是语义关系（semantic relation），而是两种实存之间的关系（relation in re），或者更确切地说是一种存在之间的“维系”（tie）。塞拉斯指出，康德没有探讨“可知觉性质”和“物理事物和事件之关系”的“类比对应”，而事实上，只有在这样一种类比关系中刻画单纯感受性，单纯感受性才不会成为空洞的抽象。[⑤]

再来看感觉印象和概念表征的关系。不同于前一组关系，感觉印象和概念表征分属于因果秩序和认知秩序。塞拉斯在《现象论》中指出，感觉与思维是“跨范畴的”（trans-category），它们之间不能进行

---

① Wilfrid Sellars, *Science*, *Perception and Reality*（Atascadero: Ridgeview, 1963）, p.44.

② Ibid., p.52.

③ 塞拉斯:《经验主义与心灵哲学》，王玮译，第 90 页。

④ Willem DeVries, *Wilfrid Sellars*: *Philosophy Now*（Chesham: Acumen, 2005）, p.51.

⑤ Sellars, *Science and Metaphysics*, pp.33—34.

“错误吸收”（mis-assimilation）。[①] 在此基础上，塞拉斯提出感觉印象和概念表征的关系是线下要素对线上要素的“引导”（guide）。引导是两种不同秩序之间的关系，而非同一种秩序中的关系。因此，作为特殊概念表征的直观只在引导关系中运作，不能进入类比关系。通过线下要素对线上要素的引导关系，塞拉斯就能和感觉材料论者以及知觉表征的非概念论者明确区分开来。他认为我们既不需要像感觉材料论者那样提出一个混合了因果效力和认知效力的“杂交”概念，也不需要引入非概念表征这个中介来解释从因果秩序到认知秩序的连续进程，而是可以在明确区分这两种秩序的基础上探讨双方是如何不被对方吸收的前提下相互产生效力的。

可以看到，塞拉斯跟随康德在因果秩序和理由空间之间作出了明确区分，并由此强调了感觉印象和直观的区分。在此基础上，他又试图通过物理对象与感觉印象的类比关系与感觉印象和概念表征的引导关系来说明理由空间中的概念运作如何从因果秩序那里获得经验基础。塞拉斯在思想自传中的一段话明确阐述了这个解读框架。他指出，“康德否认感觉印象本身是可以被认知的，不管它们对认知而言是多么地不可或缺，由此和之前的经验论者与唯理论者彻底决裂。……但康德自己的问题困扰着我：知识是如何具有这种结构的？一方面是诉诸自明真理的教条实在论，另一方面是将概念结构运作于非认知性感性杂多的先验观念论，它们之间的张力变得几乎难以忍受。直到很久之后，我才认识到难题的解决方案就在于将概念秩序正确地放置于因果秩序中，并正确地解释其中涉及的因果性”。[②]

麦克道威尔读康德

麦克道威尔在《心灵与世界》中要完成两个看似矛盾的理论任务：

---

① Sellars, *Science, Perception and Reality*, p.93.

② H. N. Castañeda, ed. *Action, Knowledge, and Reality: Critical Studies in Honor of Wilfrid Sellars* (Indianapolis: Bobbs-Merrill, 1975), pp.285—286.

一方面，心灵与世界之间不存在任何意义上的界面；另一方面，心灵又不是无摩擦地旋转于虚空中。为此，他提出了一种“实在并不处在概念的封闭界限之外”的概念实在论构想。[①] 根据这一构想，心灵受到来自世界的“冲击”(impingement)，但这种冲击又是全部在概念领域内完成的，因此是一个“既不滑向观念论，又不减轻实在的独立性”的“动态系统”。[②] 麦克道威尔认为这种构想就是康德所要阐明的根本洞见，即“责任的效力必须一路达及实在，世界本身必须对我们的思维有理性限制”。[③]

但麦克道威尔认为，康德的“先验框架”(transcendental framework)阻碍了这个概念实在论的洞见，因为这个框架预设了“超感性实在对接受性的先验刺激”。[④] 为了移除这一阻碍，麦克道威尔建议我们从康德的先验框架转向他的一组关键概念：感受性(receptivity)和自发性(spontaneity)。康德指出，感受性是“感受表象的能力”，而自发性则是“通过这些表象来认识一个对象的能力”。[⑤] 麦克道威尔试图阐明，感受性和自发性并不是两种独立的能力，作为概念能力的自发性运作于感受性之中，而不是作用于某些预先设定的感受性运作之上，只有以这样的方式理解了感受性和自发性的关系，一种概念实在论构想才是可能的。他指出，“自发性不可分割地包含在感受性中，我们的接受能力和感觉是我们本性的一部分。因此，在另一种意义下，概念能力一定是自然的。否则，如果我们承认自发性观念在一种独特的概念框架中起作用，我们就不得不承认，感觉带给我们的是没有概念的直观”。[⑥]

1965 年，麦克道威尔参加了塞拉斯的“洛克讲座”第一讲。塞拉斯在该讲中处理了《纯粹理性批判》中的“先验感性论”的部分。麦

---

① McDowell, *Mind and World*, p.34.

② Ibid., p.34.

③ Ibid., p.42.

④ Ibid., p.95.

⑤ 康德：《纯粹理性批判》，邓晓芒译，第 51 页。

⑥ McDowell, *Mind and World*, p.87.

克道威尔对塞拉斯的解读产生了很大的兴趣，同时也催生了大量疑惑。直到 1997 年，在哥伦比亚大学所的“伍德布里奇讲座”（即《将世界纳入视野》的第一部分）中，麦克道威尔才对当年的疑惑给出自己的回答。通过这些回答，麦克道威尔不仅实质性地推进了他在《心灵与世界》中对康德的解读，还通过批评塞拉斯对康德的解读最终澄清了自己的立场。

在《将世界纳入视野》中，麦克道威尔通过对康德“直观”概念的探讨进一步讨论了感受性和自发性是如何本质地关联在一起的。他试图阐明，我们的概念运作可以通过直观这种特殊的概念运作方式一路与对象本质地相遇，这当中并不存在作为单纯感受性的感觉印象。麦克道威尔的一个主要担忧是，坚持感觉印象会逐渐滑向所予神话。他在《心灵与世界》的增补部分提出了一组概念：“外生的所予神话”（Myth of the exogenous Given）和“内生的所予神话”（Myth of the endogenous Given）。[①] 麦克道威尔认为，较之于“外生所予”，“内生所予”更为隐蔽，因而也就更难避免。事实上，所有坚持非概念性心理内容的哲学家都没有成功规避内生所予，即无须进入理由空间的认知能力。尽管塞拉斯一再强调感觉印象属于因果秩序，不具有任何认知效力，但它发挥的实际功能和作为内生所予的非概念性心理内容并无二致。并且，如果我们考察塞拉斯晚年的工作，能否将描述核心和非概念性心理内容真正区分开来也是一个值得质疑的问题。[②]

麦克道威尔深入剖析了塞拉斯在感觉印象和概念表征之间作出区分的动机：第一，塞拉斯深信为了获得客观意义，概念活动必须受到外部限制。第二，塞拉斯对显像映像和科学映像的区分进一步强化了他对感觉和思维的区分。第三，塞拉斯在区分理性与动物本性时没有考虑到下面这种可能性：将我们同其他动物区分开来的高级能力或许可以为我们的感性提供形式。第四，塞拉斯认为，“任何思维性观念都

---

① McDowell, *Mind and World*, p.186.

② 塞拉斯对此批评的一个可能回应是：对描述核心的刻画是在科学共同体的探究进程中展开的，而对非概念性心理内容的探讨则停留在个体层面（“鲁滨逊式的”认识论）。

无法解释知觉经验现象（实际所见和表面所见）特有的那种呈现”，因为“思维通过指示（signifying）模式获得它的内容，而指示模式必须用关系性概念来理解”。[①]

麦克道威尔认为塞拉斯没有认识到这样一种可能性，即为了满足他的四个动机，我们并不一定要区分感觉印象和概念表征。他指出，“塞拉斯认为‘对一个半透明粉色立方体的直观’（an intuition of a translucent pink cube）中的‘的’（of）表达了意向性，而‘半透明粉色的感觉’（a sensation of a translucent pink）中的‘的’（of）则没有。如果我们从‘对一个半透明粉色立方体的直观’这个对直观的意向性内容的界定中忽略‘一个……立方体’，从而得到‘半透明粉色的感觉’，为什么这里的‘的’会改变特征？我们为什么不能认为描述颜色感觉的残余形式——‘半透明粉色的感觉’——也用到了意向性？”[②]更重要的是，麦克道威尔认为塞拉斯并没有很好地说明“引导”这个核心机制。他指出，“线下意义上的印象之流引导知觉表征之流，使之‘包含’相关的断言。这或许就是为什么就统觉的运作而言，概念表征可以恰当地从属于‘处于……这样一种视觉印象之下’这一类别。但统觉的运作中并不包含上面提到的这种引导是如何起作用的。一旦起引导作用的线下印象被统觉到，它们就不能再发挥它们的引导功能”。[③]麦克道威尔的看法是，如果我们无法明确地分析这种引导，就应该干脆放弃塞拉斯式的分层结构，直接探讨概念可以一路达及世界的整体图景。

这些批评最终落脚于麦克道威尔对直观的重新理解上。他试图阐明，直观作为一种特殊的概念运作并不只是停留在理由空间内，它作为一种原概念性（proto-conceptual）形式并不需要线下要素的引导，因为它本质地包含了线下要素，用《心灵与世界》中的话来说，它是“向实在的布局（the layout of reality）敞开的”。[④]麦克道威尔将这个

① 麦克道威尔：《将世界纳入视野》，孙宁译，上海：复旦大学出版社，2018，第 116—117 页。
② 同上，第 112 页。
③ 同上，第 20 页。
④ McDowell, *Mind and World*, p.26.

意义上的直观称为“辨识能力”(recognitional capacity)。虽然辨识能力是一种概念能力，但不一定要用到抽象的概念，而是一种基于“逻辑共同性”(logical togetherness)的概念运作。比如，某人判断面前有一个红色立方体，作出“红色”和“立方体”这两个判断的概念能力必须在一种特殊的共同性模式下得到运用。[①] 麦克道威尔认为，这种逻辑共同性正是康德所说的在直观中赋予统一性的功能。如果我们能在这种逻辑共同性的基础上理解概念能力的运作，就不用担心塞拉斯所说的“观念论者的欺诈”，因为这个意义上的综合不只是单纯的主体行为，而是“发生的事件，它不像判断那样是我们的行为，它不需要我们决定如何去思维某物”。[②] 麦克道威尔认为，真正的外部限制不是来自单纯感受性的引导，而是恰恰来自这种逻辑共同性，换言之，塞拉斯想让单纯感受性来承担的限制性功能已经包含在逻辑共同性的结构中了。他指出，“直观正是体现了概念能力通过‘逻辑’共同性在感觉意识中实现的概念事件，我们可以以此来理解表面的看是如何‘包含’关于客观环境的断言的。……一旦我们理解了对象是如何在直观中直接呈现给经概念塑造的感觉意识的，我们就可以认为这种对外部限制的需要已经通过知觉到的对象本身得到了满足。这一先验任务让我们看清概念活动是指向实在的，并且后者并不只是前者的图像”。[③]

根据以上的讨论，塞拉斯和麦克道威尔的根本分歧在于：塞拉斯认为我们对世界的认识是由处在因果秩序中的单纯感受性所引导的，而在麦克道威尔看来，塞拉斯所刻画的感觉印象是“空转的惰轮”(idle wheels)[④]，我们对世界的概念性把握可以一路直达世界本身。这一分歧突出表现在他们对康德的解读上。塞拉斯试图阐明，保留单纯感受性是我们维持康德式框架的必要前提。而麦克道威尔则认为，一旦我们开始探讨单纯感受性，那么与感性形式相符就足以成为对象呈

① 麦克道威尔：《将世界纳入视野》，孙宁译，第 10 页。

② 同上，第 33 页。

③ 同上，第 44 页。

④ 同上，第 14 页。

现给感觉的独立条件，康德所探讨的范畴统一性就成了一种主观的强加，这样就会威胁到康德的目的，即通过范畴保证直观具有真正的客观意义。可以看到，他们都试图用康德的直观概念来支撑自己的理论方案，但对此作出了极为不同的解读：塞拉斯认为直观必须和感觉印象明确区分开来，我们的概念运作必须止步于直观，无法进一步向前延伸至感觉印象。而麦克道威尔则认为，概念能力的自发性运作可以在直观中越过塞拉斯式的感觉印象，更远地延伸至世界本身。这样一来，我们就不需要再探讨因果秩序和理由空间是如何在不被对方吸收的前提下相互产生效力的，而是在一种“心灵 / 世界”的整体框架中探讨一种同时将因果秩序和理由空间纳入视野的直观。

“人在世界中”与“将世界纳入视野”

近年来，学界在围绕着康德的直观概念展开的两个主要争论是：首先，直观是否一定是概念性（或准概念性）的，我们能否构想一种纯粹非概念性的直观？其次，直观是否一定是主观的运作，还是可以本质地包含外部对象？① 关于第一个问题，塞拉斯和麦克道威尔的看法是统一的。他们都认为，尽管《纯粹理性批判》中的康德对直观的理解存在混淆，但已经明确抛弃了非概念性直观的可能性。比如，康德指出，“赋予一个判断中的各种不同表象以统一性的那同一个机能，也赋予一个直观中各种不同表象的单纯综合以统一性，这种统一性用普遍的方式来表达，就叫做纯粹知性概念”。② 不仅如此，康德还告诉我们，“人类只是有两大主干，它们也许来自某种共同的、但不为我们所知的根基，这就是感性和知性，通过前者，对象被给予我们，而通过后者，对象则被我们思维”。③ 这些表述后来也成为了匹兹堡学派解读

① See Stephen Palmquist, ed. *Kant on Intuition: Western and Asian Perspectives on Transcendental Idealism* (London: Routledge, 2019).

② 康德:《纯粹理性批判》，邓晓芒译，第 71 页。

③ 同上，第 21 页。

康德的主要抓手。[①] 根据这些表述，塞拉斯和麦克道威尔都对康德的直观作了概念主义的解读：直观是一种特殊的推论性判断，且是所有推论性判断的基础。

但塞拉斯和麦克道威尔在第二个问题上产生了关键分歧：塞拉斯认为作为概念运作的直观处在理由空间中，它必须受处在因果秩序中的单纯感受性的引导，而麦克道威尔则认为直观可以越过单纯感受性，直接在自身的概念结构中把握世界本身的布局。这里的关键在于是否保留作为单纯感受性的感觉印象。塞拉斯认为，如果我们还要维持在康德的框架之内，就必须保留单纯感受性的引导。而麦克道威尔则试图修正这种解读："如果我们以康德提出的方式理解直观，被知觉对象本身就能给概念事件提供外部限制，而不需要像塞拉斯诉诸'单纯感受性'。"[②]

麦克道威尔看到，他对塞拉斯所做的修正实际上是对康德的一种黑格尔式改良。他指出，"塞拉斯将黑格尔视为一个恶人，认为后者没有认识到任何对思维的外部限制，从而使人无法理解他所提供的图景如何能指向独立的实在，而思维要被辨识为思维就必须指向实在。但塞拉斯没有考虑到下面这一事实：黑格尔认为他所找到的在自己的领域内自由运作的理性概念正好勾勒了康德试图在第一和第三批判中描

---

① 在欧陆哲学的语境中，康德的后继者——比如费希特和黑格尔——也在这些表述中看到了推进康德哲学的明确线索，海德格尔甚至看到了构想一种源初哲学（Ursprungsphilosophie）的可能性，并试图用"时间性"来规定这两大主干的共同根基。See Martin Heidegger, *Kant and the Problem of Metaphysics* (Bloomington: Indianan University Press, 1997). 而另一些解读者则看到了康德本人对这条线索的保留态度。比如亨利希指出，"康德想说的只是尽管这里可能有这样的一个树根，但是它仍然是达不到的。为了理解知识，我们必须从表面开始，挖到树根的人很可能使知识树倒下：这个'树根'超出了可能经验和反思知识的界限"。亨利希：《在康德与黑格尔之间：德国观念论讲座》，乐小军译，北京：商务印书馆，2013，第116页。亨利希进一步指出，"这里没有工具可以用它们来发展这样一个不超出经验的可能性条件的界限的理论。……任何超越这些界限的东西，也就超越了一个有意义的哲学计划。当然，康德的后继者并没有意识到这一点。尽管如此，这个界限正是康德的教义，也是他在《纯粹理性批判》中实际上这么做的理由"。同上，第125页。

② 麦克道威尔：《将世界纳入视野》，孙宁译，第59页。

述的感觉与知性的相互贯通。黑格尔式的理性不需要来自外部的限制，因为他自身之内就包含了康德归于感性的感受性”。① 正是在这个意义上，麦克道威尔认为《心灵与世界》是解读《精神现象学》的导论（prolegomena）。② 如何评估这种改良是一个非常关键但又极为困难的问题。一个自然会被问及的问题是，经麦克道威尔改良之后的康德仍然是康德吗，还是最终用黑格尔代替了康德？事实上，从某种意义上来说，从康德到黑格尔的推进也许并不存在程度上的改良，只存在根本性质上的改变，即从一种批判哲学推进到一种总体性形而上学。连麦克道威尔自己也说，他的改良“只有在最稀薄的意义上才是康德式的”，并且，“彻底化之后的康德并不一定需要被辨识为康德。我们只需要通过反思先验演绎的结果得出一个合理的黑格尔式立场。正如我所建议的，即使这种反思破坏了先验演绎的需要也没有问题，只要这是我们作出如下思考之后得到的结果，即康德的哪些努力是有希望的，哪些不令人满意”。③ 但塞拉斯无疑会认为，这个改良步骤已经彻底抛弃了批判哲学的根本洞见，而他自己的整个哲学方案正是在批判哲学所制造的张力空间中不断推进的。他在《经验主义与心灵哲学》中指出，“我们似乎不得不在大象立于巨龟之上这幅图景（什么支撑巨龟？）与黑格尔知识巨蟒首尾相衔这幅图景（它从哪里开始？）之间选择。两者都行不通。因为经验知识，和其复杂延伸（科学）一样，是理性的，不是因为它有一个基础，而是因为它是一项自我调整的事业，能让任何断言处于危险之中，尽管不是同时让全部断言如此”。④

无论如何，如果说塞拉斯如罗蒂所言将分析哲学从休谟阶段推进到康德阶段，那么麦克道威尔则试图将分析哲学从康德阶段推进到黑格尔阶段。皮平指出，“将《纯粹理性批判》和它之后的观念论传统分开的并不是通常认为的深渊，而是一段连续的空间，甚至是一条漫游

---

① 麦克道威尔：《将世界纳入视野》，孙宁译，第 37 页。

② McDowell, *Mind and World*, p.ix.

③ Ibid., pp.195—196.

④ 塞拉斯：《经验主义与心灵哲学》，王玮译，第 63 页。

的道路”。① 可以说，匹兹堡学派在分析哲学的论域中再现了这条漫游的道路，而塞拉斯和麦克道威尔对康德的解读则在学理上奠定了匹兹堡学派的这条内在线索。当然，匹兹堡学派并没有简单地重演从康德到黑格尔的推进，而是在此过程中增加了许多新的内涵，这些内涵并不只局限于分析哲学的语境，而是以一种整体性的视野将分析哲学和德国观念论融合在了一起。

在明确了这一点之后，现在我们要回到引言中提出的问题，即对直观的不同解读对两者的“经验主义”产生了何种效应？在塞拉斯那里，经验基础必须由发挥引导功能的感觉印象提供，作为基础的东西可以和概念运作发生关系，但不能是概念运作本身。塞拉斯认为这是我们维持康德式框架（严格地区分本体和现象）的必要前提，在这个意义上，他是自觉的二元论者。他在 1971 年的一次讲座中指出，一旦我们通过哲学反思认识到了心灵与世界之间的鸿沟，就无法再回头了：“我们只能将这个苹果吃到底，因为咬了第一口之后就再也无法回归天真了。可能有很多止痛剂，但没有治愈药。” ② 也正是在这个意义上，塞拉斯在《哲学与人的科学映像》中指出，哲学的基本任务是维持现象与本体、显像映像（manifest image）和科学映像（scientific image）之间的这种张力，同时提供一幅“人在世界中”的整体图景，即人在接受来自世界的因果冲击的同时不断重构世界。

考虑到《经验主义与心灵哲学》在整体主义转向中的关键位置，强调塞拉斯思想中的经验基础可能有悖于一般的哲学史叙事。但是如果我们能看到感觉印象在塞拉斯的思想体系中的关键位置，就会发现放弃对基础的探讨并不是抛弃所予神话的必然后果。抛弃所予神话的要点不是否认知识不具有理由空间之外的基础，而是阐明处在因果秩序中的感觉印象不能作为理由空间的一部分来证成知识。不同于所予，塞拉斯探讨的“基础”是完全处在因果秩序中的线下要素，而不是线

① Robert Pippin, “Kant on the Spontaneity of Mind”, *Canadian Journal of Philosophy*, 17: 2 (1987), p.475.

② Castañeda, ed. *Action*, *Knowledge*, *and Reality*, p.296.

上和线下要素的混合。通过对康德的解读，塞拉斯充分地澄清了“基础”的内涵和功能。他还试图阐明，对基础的刻画必须依赖于我们对物理对象的探究，其结论只能在科学共同体的探究进程中得到不断的修正和完善，因此对基础的探讨既是向未来敞开的工作，同时也是主体间的建构工作。正是在这个意义上，我们可以说塞拉斯重新规定了经验主义的理论路径，即从一种个体层面的现象论走向一种作为社会行为主义的心灵哲学（这也是该文以《经验主义与心灵哲学》为题的根本原因）。

和塞拉斯一样，麦克道威尔认为理性的推论主义方案需要有某种限制性的经验基础来防止心灵无摩擦地旋转于虚空中，为此他在《心灵与世界》中提出了“最低限度的经验主义”（minimal empiricism）。他指出，“经验必须构成一个法庭，它的中介保证了我们的思维对事物之如何所是是可答复的，这种可答复性是思维成为思维的必要条件”。[①] 但不同于塞拉斯，麦克道威尔并不认为单纯感受性可以为我们提供这样的基础。相反，他试图探讨这样一种可能性，即心灵与世界之间的鸿沟也许从一开始就不存在，概念的运作不是逐步从世界中抽离，而是世界本身的无限拓展。他指出，“概念领域是没有界限的，在它之外没有任何东西”。[②] 麦克道威尔将这幅图景称为“将世界纳入视野”，并将这一构想与塞拉斯式的“人在世界中”明确区分开来。在麦克道威尔的图景中，概念的结构就是世界的布局，前者在将后者纳入自身的同时也接受了来自后者的种种规定。

麦克道威尔给出了以下两个选项：“能否在概念秩序内部令人满意地执行先验方案，还是需要另外附加一种概念对实在的指向性？”[③] 可以看到，这两个选项分别对应于麦克道威尔和塞拉斯给出的图景。根据塞拉斯的图景，“基础”的作用是保证日常世界的独立性，这也是他保留物自体的根本原因，而麦克道威尔则认为，我们从批判哲学那里

---

① McDowell, *Mind and World*, p.xii.

② Ibid., p.44.

③ 麦克道威尔：《将世界纳入视野》，孙宁译，第 60 页。

得到的教训是，强调概念领域之外的某个基础并不能帮助我们保护日常世界的独立性，相反，只有一种将实在真正纳入到概念领域的先验哲学才能满足真正意义上的客观性。因此，如果我们还要探讨经验基础，我们就必须将它们真正纳入视野，而不是在现象和本体之间来回奔波。也正因为如此，麦克道威尔最终放弃了“最低限度的经验主义”的提法，因为在“将世界纳入视野”的图景中，任何限制性的东西同时也是构成性的东西，基础必须同时是系统本身。

概而言之，在“人在世界中”和“将世界纳入视野”这两幅经验主义图景中，经验基础的功能具有本质的差异。在前一幅图景中，基础独立于我们的概念运作，它的主要功能是引导；而在后一幅图景中，基础本质地包含于我们的概念运作。塞拉斯和麦克道威尔都认为自己的理论方案作为一种经验主义可以最终让我们获得关于外部世界的知识，但从最终呈现的理论形态来看，这两个方案的区分是重大的。如果塞拉斯的构想可以被称为经验主义，那么我们就无法确定麦克道威尔的构想是否还能被称为经验主义，反之亦然。通过讨论塞拉斯和麦克道威尔对康德的解读，我希望已经初步澄清了这些学理上的区分。

第八章　布兰顿思想中的黑格尔资源：考察与评估

引　言

罗蒂在为塞拉斯的《经验主义与心灵哲学》所写的导言中提出了一个著名的判断：如果说塞拉斯的哲学方案是“试图将分析哲学从休谟阶段推进到康德阶段”，那么布兰顿的哲学方案就是“试图将分析哲学从康德阶段推进到黑格尔阶段”。[①] 这是一个内涵极为丰富的论断，但罗蒂并没有对此作进一步的展开。如果说罗蒂作出的判断在当时（1997）还是一种敏锐的洞察，那么现在我们已经有成熟的契机和丰富的素材来全面评估布兰顿思想中的黑格尔资源。布兰顿在《使之清晰》中所展现的黑格尔式倾向在《先哲往事》中获得了来自哲学史的依托。而2007年的洛克讲座（《言行之际》）可以说是黑格尔思想在分析实用主义语境中的实质性运用，布兰顿在该讲座中明确指出，他所探讨的“由语用中介的语义关系”本质上就是黑格尔的“观念论”。[②] 最近，布兰顿出版了他花了近三十年几经易稿完成的对《精神现象学》的解读——《信任的精神》。这一文本除了让我们更加清晰地看到了黑格尔

① Richard Rorty, “Introduction”, in Wilfrid Sellars, *Empiricism and the Philosophy of Mind* (Cambridge, MA: Harvard University Press, 1997), p.3, p.8.

② Brandom, *Between Saying and Doing*, p.200.

在布兰顿思想发展中的位置，还为观念论语汇和分析语汇的创造性融合提供了一个极有价值的范型。

本章的任务有三个：首先，分析布兰顿将分析哲学从康德阶段推进到黑格尔阶段的理论动机和具体方案；其次，梳理黑格尔对布兰顿的两个主要启示，即从理性主义推进到表达主义，以及作为“宽大回忆”的历史理性洞见；最后，讨论布兰顿如何将黑格尔的资源有机地整合于自己的理论体系，并总结性地评估布兰顿对黑格尔的借鉴。

康德的失误与洞见

在匹兹堡学派中，麦克道威尔和布兰顿都将自己的立场界定为“概念实在论”。他们都试图阐明，实在并不处在概念的封闭界限之外，世界从一开始就已经在概念进程的塑造中了。但两者对概念实在论的理解又存在明显分歧。麦克道威尔将自己的构想视为康德式先验路线的延续，他认为概念实在论只有在先验契约（stipulation）的基础上才是可能的，即概念必须在一种推论性直观中本质地与对象相遇。而在布兰顿看来，真正有效的概念实在论不是先验地规定概念和实在的关系，而是要通过一条结合了逻辑主义（共时性分析）和历史主义（历时性分析）的推论主义路线来构造这幅能够将实在纳入概念运作的图景。因此，不同于麦克道威尔，布兰顿的概念实在论并不是从深化康德的先验论洞见，而是从批判康德的概念观入手的。

布兰顿在《使之清晰》的结论部分指出了康德式概念观中的三组二元对立：首先是形式与质料的对立，其次是共相与殊相的对立，最后是自发性与接受性产物的对立。在第一组对立中，作为形式的概念与提供内容的质料对立；在第二组对立中，概念性的共相和非概念性的殊相对立；在第三组对立中，概念秩序与因果秩序对立。概而言之，在康德那里，“概念的功能是作为认识论的中介。它们站在知性的心灵和为知性提供内容或质料的世界之间，这个世界由可以被一般概念把握的殊相构成，它因果性地强加于心灵之上，让心灵以某种方式服从于那些因果冲击”。[1]

布兰顿认为，如果我们将这种二元论概念观作为解读康德的前提，那么麦克道威尔试图通过先验契约实现的概念实在论构想显然是无法成立的。不过，概念实在论虽然无法以这种短程的方式实现，但可以以一种长程的方式实现。为此就需要建立一种推论主义的概念观。这种概念观主要由三个理论部件构成：实质推论（material inference）、替换（substitution）和回指（anaphora）。通过这三个理论部件，布兰顿分别将康德那里的三个非概念性极点整合进概念领域，即通过实质推论整合内容，通过替换整合殊相，通过回指整合因果秩序。在布兰顿给出的“推论—替换—回指”（ISA）这条三层推论语义学路径中，每一层次分别对应于句子（sentence）、次语句表达（subsentential expression）和以单称词项的指代使用为范型的不可重复殊型（unrepeatable tokening）。以这个逐层细化的结构（推论的细节要求我们关注替换，而替换的细节又要求我们关注回指）为基础，布兰顿得到了他的概念实在论：“这种被推论性地阐明的概念观许可了这样一幅思维和世界的图景：思维所涉及的东西也被概念性地阐明，它和思维是对等的，在好的情况下，甚至是同一的。事实就是真断言。”[2]

但布兰顿也看到，尽管我们需要通过推论主义概念观来克服康德式的二元论概念观，但推论主义概念观的关键结论却已经被康德先行洞见到了。我在《匹兹堡学派研究》中指出了“康德-塞拉斯论题”（Kantian-Sellars thesis）在布兰顿思想中的关键位置。[3] 概而言之，布兰顿认为塞拉斯第一次澄清并推进了康德提出的开创性洞见，即强调“命题性的首要性”（the primacy of the propositional）。布兰顿认为，康德的这一洞见包含两个重要信息：第一，阐明人在首要意义上不是观念的思维生物，而是判断的话语生物，由此纠正了自笛卡尔以来的对命题的遗忘；第二，用规范的约束性（Verbindlichkeit，bindingness）

---

① Brandom, *Making It Explicit*, p.618.

② Ibid., p.622.

③ 参见孙宁：《匹兹堡学派研究》，第 145—147 页。

来探讨判断的有效性（Gültigkeit，validity），由此将笛卡尔式的“思维之我”推进到“负责之我”，并让认识论问题最终落脚于义务论语境。

强调命题性的首要性的直接后果是在元语言层面确立了一种规范性语汇，并通过规范态度最终建立规范身份。在布兰顿看来，这正是康德赋予“启蒙”的真正涵义。他指出，“在康德看来，并不存在严格意义上的无规范领域——并不存在无法应用概念的领域。我们最好这样来理解康德的根本性革命：他用一种规范性的元语言来同时界定单纯发生的和人所做的”。[①] 进一步，康德将事实和规范的区分理解为“规则”（regularity）和“责任”（responsibility）的区分：前者是概念所应用的领域，后者是应用概念者的领域，前者是服从隐含的法则，后者则是清晰地认识并应用法则。布兰顿指出，“这里的区分不是规范性与非规范性的区分，而是可以有明确的规范态度和不能有明确的规范态度之间的区分。”[②] 因此，如果我们想要在康德的帮助下阐明一种概念实在论构想，关键的切入点并不是像麦克道威尔那样抓住康德的感受性和自发性，而是考察规则的“隐含”运作（实在）是如何进展到规范的“清晰”运用（概念）的。在这个意义上，概念实在论首先必须是一种规范实在论。

可以看到，布兰顿对康德的一个主要批评是，后者的概念观在很大程度上制约了他关于规范性的深刻洞见。布兰顿试图通过推论主义概念观的三层结构来修正康德式的概念观，并在此基础上揭示一种规范实在论的可能性。黑格尔正是在这个理论节点进入了布兰顿的视野。布兰顿在研读黑格尔的过程中发现，可以通过黑格尔提供的两个启示来实现对康德的修正，即从理性主义推进到表达主义，以及作为“宽大回忆”的历史理性洞见。它们分别对应于《使之清晰》所包含的一显一隐两条线索：显性的线索是从“隐含”到“清晰”的推进过程，

① Brandom, *Making It Explicit*, p.625.

② Ibid., p.624.

隐性的线索则是从“清晰”到“隐含”的回溯过程。

从理性主义到表达主义：黑格尔的第一个启示

布兰顿从维特根斯坦那里得到的重要启示是，从“隐含”到“清晰”的推进实际上是用一个规则去“解释”（Deutung）另一个规则的过程。隐含的规则在这种层级性的解释递进中逐步转化为清晰的规范，实践性的 knowing-how 也由此转化为智识性的 knowing-that。布兰顿将这种能力称为“表达能力”（expressive capacity），并将自己的理论称为解释清晰如何产生于隐含的“表达理论”。① 他试图阐明，正因为这个表达维度的存在，语言实践的参与者不仅是主动应用概念的理性存在，还是自觉阐明理由的逻辑性存在。布兰顿认为这种表达能力是对启蒙式理性的实质性推进。他指出，我们必须在“判断是意识的形式”这个“康德式论断”上再加上另一个断言，即“逻辑是自我意识的表达工具”。也就是说，“判断被理解为承认某种得到推论性阐明的承诺的实践态度。为了让判断的语义和语用基础变得清晰（让其具有可供判断的形式），逻辑语汇提供了所需的表达资源。借助逻辑语汇的工具，我们能够谈论推论的规范，计分态度的结构（正是在这种结构之内，一个举动才能被赋予承诺或接受一个承诺的意义），以及话语实践的这些特征之间的关系”。②

布兰顿看到，这个从理性主义到表达主义的推进步骤在黑格尔那里已经明确展开了。首先来看黑格尔的工作前提。黑格尔并不像康德那样明确区分知性（Verstand）和理性（Vernunft）。在黑格尔那里，理性隐含在知性中，而理性的实现就是知性的阐明。黑格尔在《精神现象学》中通过区分“自在”（an sich）的人和“自为”（für sich）的人明确揭示了这一点，他指出，“诚然，胎儿自在地是人，但并非自为地

① Brandom, *Making It Explicit*, p.77.

② Ibid., p.643.

是人；只有作为有教养的理性，它才是自为的人，而有教养的理性使自己成为自己自在地是的那个东西。这才是理性的现实”。[①] 这个历史性的连续视角是从隐含到清晰的理论方案得以可能的基本前提。

然后再来看黑格尔的方法。布兰顿将黑格尔的方法界定为“逻辑表达主义”(logical expressivism)。这一方法包含了两层内涵。首先，黑格尔将概念或范畴理解为“思想规定”(Denkbestimmung)。思想规定，作为一种规定（bestimmt），其本身是不断发展的，它的主要功能不是形成判断，而是在一个辩证历程中帮助思想从隐含走向清晰。不同于康德，黑格尔发展出一种独特的方法去反省判断的形式，通过展现概念内部的空间和张力促成命题的辩证运动。这种独特的运用方式被黑格尔称为“思辨命题”(der spekulative Satz)。根据这种表达主义的概念观，康德式概念观的主要问题是对概念运作的平面化理解，经验心理学的视角让他没有看到我们的表达资源和表达能力是可以不断充实和丰富的。[②]

布兰顿在2005年的一篇文章中指出，黑格尔实际区分了两类概念：经验概念和逻辑概念。经验概念就是日常语言中所使用的概念，逻辑概念则包括“逻辑的哲学概念和思辨哲学的论断，而这些概念和论断的展开就是《精神现象学》和《逻辑学》的主题”。[③] 布兰顿指出，尽管经验概念和逻辑概念的内容都是在历史中不断展开的，但它们在黑格尔那里扮演了不同的“表达角色”(expressive role)：“对黑格尔而言，逻辑概念扮演了这样一种明确的表达角色，它使日常的非逻辑

① 黑格尔：《精神现象学》上卷，贺麟、王玖兴译，第13页。

② 夏钊提醒我注意，是否可以用思辨命题来代表黑格尔的概念观是值得存疑的。比如，杜辛（Klaus Düsing）认为，思辨命题只是基于主谓命题的“同一命题”，它只是思辨的一个面向，并且只能代表黑格尔的某种不成熟的理论尝试，不能完全反映黑格尔对于辩证理性的全部思考。See Klaus Düsing, *Das Problem der Subjektivität in Hegels Logik* (Bonn: Bouvier, 1995).

③ Robert Brandom, “Sketch of a Program for a Critical Reading of Hegel: Comparing Empirical and Logical Concepts”, in Karl Ameriks & Jürgen Stolzenberg, eds. *International Yearbook of German Idealism 3* (Berlin: de Gruyter, 2005), p.134.

概念的使用和内容的一般特征变得清晰。逻辑概念是一种元概念。”① 他还在另一篇回应文章中指出，在《精神现象学》中，黑格尔试图从最具体的概念出发（“感性确定性”）；而在《逻辑学》中，黑格尔则试图从最抽象的概念出发（“有”）。这两条不同方向的路径是殊途同归的，它们最终要获得“关于事物如何运作”的知识。布兰顿指出，在黑格尔的语境中，这种知识是可以得到清晰阐明的，它既是《精神现象学》中的“绝对知识”，又是《逻辑学》中的“绝对理念”。②

逻辑表达主义的第二层内涵更为关键，即通过清晰的逻辑语汇重构“伦理生活”（Sittlichkeit）。作为黑格尔在英美学界复兴的一个主要标志，泰勒的《黑格尔》在很大程度上影响了布兰顿。泰勒从现代的理论语境出发提炼了黑格尔的两个主题——“表达的统一性”和“激进的自主性”，并将黑格尔理论方案界定为这两个主题的合题。泰勒在这个合题语境中探讨了黑格尔的“表达主义理论”（expressivist theory）：“一个主体之最充分、最令人信服的表达是当他既明确了他的意图又实现了他的意图的时候。”他指出，这种表达主义是一种不同于亚里士多德意义上的“自我实现”，因为“它不仅是生命的圆满，而且是意义的明晰”。并且，这种表达主义还对人是理性动物的传统观点作了新的解释：“人通过表达他的所是并因此澄清他的所是以及在这种表达中承认自身而逐渐了解了自身。”③ 和泰勒一样，布兰顿探讨的逻辑表达主义并不只是一种解释如何遵守规则的理论，同时还是一种表达意图的理论。这就意味着这种逻辑表达主义不仅超出了早期分析哲学的逻辑主义语境，也超出了分析哲学中的言语行为主义转向，而进展到一种社会实

---

① Robert Brandom, “Sketch of a Program for a Critical Reading of Hegel: Comparing Empirical and Logical Concepts”, in Karl Ameriks & Jürgen Stolzenberg, eds. *International Yearbook of German Idealism 3*（Berlin: de Gruyter, 2005）, p.134.

② Robert Brandom, “Replies”, in Bernd Prien & David Schweikard, eds. *Robert Brandom: Analytic Pragmatist*（Frankfurt: Ontos Verlag, 2008）, pp.180—181. 当然，《精神现象学》和《逻辑学》这两条路线能在何种意义上整合起来，这在黑格尔研究中是一个值得商榷的问题。

③ 泰勒：《黑格尔》，张国清等译，第 23—25 页。为行文的统一，将原译的“表现”和“表现主义”一律改为“表达”和“表达主义”。

践理论。

《使之清晰》的一个关键区分是规范态度（normative attitude）和规范身份（normative status）：规范身份直接解释了承诺和资格是什么，而规范态度则解释了怎样才算是认为某人具有这种规范身份。《使之清晰》的主要思路是通过规范态度来理解规范身份。规范态度和规范身份是个体话语实践者层面上的区分，以此为模式，我们可以在话语共同体层面上作出类似的区分：隐含在共同体实践中的计分规范，以及将某个解释者的原始意向性归属给一个共同体。布兰顿指出，这两个维度不是内在（内在于共同体实践）与外在（外在于共同体的“俯瞰”视角）的区分，而是隐含与清晰的区分。在个体话语实践者上，我们可以通过逻辑表达主义方案从隐含走向清晰，在话语共同体层面上，我们同样也可以从隐含的计分行为走向对话语计分态度的清晰归派，最终实现一种扬弃了语汇的相互外在性的“解释平衡”（interpretive equilibrium）。

在黑格尔的《精神现象学》中，处在感性确定性、知觉、知性和自我意识阶段的心灵并不能把握这几个阶段之间的逻辑关联，这些逻辑关联是“现象学家”在反思中把握的，现象学家的反思将相互外在的阶段整合为精神发展的完整历程。对此，布兰顿在《使之清晰》的一个重要脚注中指出，“在《精神现象学》中，现象的态度（phenomenal attitudes）最后发展到与一路考察它们的现象学观点（phenomenological view）相一致。黑格尔令人警醒地将这种清晰的解释平衡界定为‘绝对知识’”。[①] 在《使之清晰》的语境中，在现象学家的反思中被把握的“绝对知识”被重构为“我们”（We）语汇中的“解释平衡”。布兰顿指出，“相互采纳清晰话语姿态的共同体成员表现了完全而清晰的解释平衡，这种解释平衡就是社会性的自我意识。这样的共同体不仅就是‘我们’，它的成员还可以在最完整的意义上说‘我们’”。[②] 在这样一种“我们”的语汇中，“内在于共同体并构成共同

① Brandom, *Making It Explicit*, p.716, n. 35.

② Ibid., p.643.

体的那种计分与将计分实践归属给共同体的解释者本人的计分相一致。外部计分变成了内部计分。将话语实践归属给他人就变成了一种说‘我们’的形式。这就是将他人承认为我们”。①

布兰顿指出，为了实现这幅伦理图景，我们必须对自我和他人有超越传统理性主义的认识。一方面，“我们不仅使之清晰，还在使之清晰的同时使我们自己清晰”，在这个意义上，“我们远不止是理性的表达性存在，我们还是逻辑的、自我表达的存在”。② 另一方面，说“我们”就是认为他人不仅是“理性的语言生物”，还是“逻辑的生物”，即“认为他们能够相互采纳——并且至少能够潜在地对我们采纳——我们对他们采纳的态度”。③ 布兰顿试图阐明，我们不仅是理性的语言生物，还是逻辑的表达生物，我们不仅依据理性而言行，还尝试通过逻辑的语汇清晰地表达言行的理由，并通过这种表达不断反思理性在言行中的位置。在这样一种自我反思中，我们不断丰富自己的表达资源，提升自己的表达能力，而这就是理性生物的自我教化过程。

历史理性与“宽大回忆”：黑格尔的第二个启示

在康德那里，先验哲学的任务非常明确：先验哲学不考察对象，只考察让对象得以可能的先天认识方式。黑格尔对此的批评是：对认识的批判不能先于认识本身的历史，对判断的研究只能在对对象的判断中进行。根据布兰顿的解读，黑格尔兑现这一批评的主要方案是在社会语境下理解规范的约束性。在社会语境下，约束原则上不能是对单一个体的约束，而必须是一种相互归派的社会态度以及在此基础上

① Brandom, *Making It Explicit*, p.644.《精神现象学》中对应的表述是：“精神是这样的绝对的实体，它在它的对立面之充分的自由和独立中，亦即在互相差异、各自独立存在的自我意识中，作为它们的统一而存在：我就是我们，而我们就是我。”黑格尔：《精神现象学》上卷，贺麟、王玖兴译，第 122 页。

② Ibid., p.650.

③ Ibid., p.643.

建立的社会身份。布兰顿在《哲学中的理性》中指出，“黑格尔的主要革新在于指出，为了追随康德的根本洞见，即阐明心灵、意义和理性所具有的规范性特征，我们必须认识到权威和责任这样的规范身份最终是社会身份”。① 不同于“逻辑表达主义”这一相对独特的解读，布兰顿对黑格尔的这一解读与当代视角的关联更为紧密，我们可以将它放在从科耶夫（Alexandre Kojève）的存在主义解读到法兰克福学派的社会理论，再到晚近对黑格尔的社会性解读这条大的线索之中。② 布兰顿对这一理论议程的主要贡献在于以精细的分析语汇刻画了建立和运用规范的社会进程。

布兰顿在《先哲往事》中区分了五种理性模式：逻辑理性（logical rationality）、工具理性（instrumental rationality）、翻译理性（translational rationality）、推论理性（referential rationality）和历史理性（historical rationality）。③ 具体而言：逻辑理性将理性的效力理解为能够区分逻辑上好的和逻辑上坏的论证。工具理性从实践推论出发，探讨欲望、偏好和信念为行动提供理由的方式。翻译理性是戴维森提倡的模式，根据这一模式，说他人的某个信念是理性的就是说我们能够将此信念整合进自己的语汇，并与之展开对话。在翻译理性看来，逻辑理性和工具理性的主要问题在于错误地认为我们可以在首先把握信念内容的前提下再来考察它们是否理性，而不是从一开始就考察信念之间的理性关系。而推论理性（也就是布兰顿提出的理性模式）则认为，翻译理性在用自身语汇解释他人信念时并没有考察自身语言实践的结构，

---

① Robert Brandom, *Reason in Philosophy: Animating Ideas* (Cambridge, MA: Harvard University Press, 2009), p.66.

② See Alexandre Kojève & Raymond Queneau, *Introduction to the Reading of Hegel* (New York: Basic Books, 1969); Axel Honneth, *The Struggle for Recognition: The Moral Grammar of Social Conflicts* (Cambridge, MA: MIT, 1996); Terry Pinkard, *Hegel's Phenomenology: The Sociality of Reason* (Cambridge: Cambridge University Press, 1994); Robert Pippin, *Hegel's Practical Philosophy: Rational Agency as Ethical Life* (Cambridge: Cambridge University Press, 2008); Dean Moyar, *Hegel's Conscience* (Oxford: Oxford University Press, 2010).

③ Brandom, *Tales of the Mighty Dead*, p.2.

因而并没有真正走出唯我论的理论模式，从“我”真正进展到“我们”。推论理性的基本思路和具体策略在《使之清晰》中得到了完整的阐明。

在黑格尔的帮助下，布兰顿又提出了第五种理性模式：历史理性。当然，《使之清晰》中已经包含了历史理性的提示，但这一理性模式在《先哲往事》中才得到明确界定，并在《实用主义的诸视角》中呈现完整形态。布兰顿认为，前康德的理性主义者——以斯宾诺莎和莱布尼兹为典型——已经展现了推论主义的倾向，而正是这种倾向将理性主义者和经验主义者区分开来。这种理性推论主义包含两个层面：首先是“推论整体主义”(inferential holism)，即认为只有概念之间的推论关系才能决定某个概念的概念内容；其次是“理性功能主义”(rational functionalism)，即认为表征的意义在于它在推理中所扮演的角色。[①] 而康德的贡献在于，他试图在这条理性推论主义路线的内部提炼出一个规范性视角。我们在使用概念A之后或者势必要使用概念B，或者势必不能使用概念C，又或者还可以使用概念D，这说明概念的使用必须包含了规范维度，而这个规范维度就是决定推论步骤的意向性(intentionality)。这种规范层面上的意向性必然是一种规范语汇。布兰顿指出，经验论者只关心如何证成表征信念，并不关心表征的意向性，而康德的洞见恰恰在于说明，表征的意义并不是来自前者，而是来自后者，也就是说，基于规范意向性的表征必然涉及作出承诺、对被表征物行使权威、对被表征物负责等规范身份。

和康德一样，黑格尔也认识到了判断中的规范维度。但和康德不同，黑格尔认为所有先验构成(transcendental constitution)都是一种社会建制(social institutionalization)。因此，规范意向性并不是先天的，而是由它在之前所有判断中的使用情况所决定，在这个意义上，规范身份的获得一定是一项社会性成就。布兰顿指出，黑格尔试图用一种“社会功能主义”(social functionalism)来补充康德的“规范理

① Brandom, *Tales of the Mighty Dead*, p.29.

性主义”（normative rationalism）。[1]在这个意义上，如果说康德的思路是成文法（statutory law），那么黑格尔的思路就是习惯法（common law）。[2]他还建议我们将黑格尔对康德的批评理解为奎因对卡尔纳普的批评。奎因试图用“单层解释”代替卡尔纳普的“双层解释”，即不是先规定意义，然后再应用于语言的使用，而是将语言的使用同时理解为意义的建立和应用过程。同样，黑格尔也试图用“单层解释”代替康德的“双层解释”，即不是先在先验活动中建立规范，然后再应用于经验，而是说，经验同时是规范的建立和应用。布兰顿指出，这种由使用决定概念内容的“实用主义功能主义”（pragmatist functionalism）是理解黑格尔的“概念观念论”（conceptual idealism）的关键。[3]

根据这种单层解释，我们不能先验地给定规范，而必须通过回溯一个传统或给出一个谱系来探讨规范的建立过程。布兰顿认为黑格尔探讨的“经验”（Erfahrung）明确揭示了建立规范的历时性进程。他在《信任的精神》中指出，“黑格尔将确定概念内容的过程称为‘经验’。如此确定的内容阐明了恰当应用那些概念的规范。因此，经验过程既是在将明确概念内容应用于判断和意向性行为的过程，同时也是建立明确概念内容的过程。回溯地看，确定的过程就是发现的过程”。[4]布兰顿认为，为了理解规范的意义和结构，我们必须对表达和建立规范的社会实践史作渐进的理性重构，用观念论的语汇来说，理性必须在对自身的反观中获得自身的体系化历史。因此，如果说康德阐明了一种推论主义的意识观，那么黑格尔则进一步阐明了一种历史主义的自我意识观，这样一来，黑格尔就在康德已经给出的两个维度——推论维度和规范维度——之外又增加了第三个维度：历史维度。

《信任的精神》在很大程度上是围绕着这个历史维度展开的，它的主要阐释工作是在黑格尔的语境中重构建立和应用规范的历史进程。

---

① Brandom, *Tales of the Mighty Dead*, p.31.

② Ibid., p.13.

③ Ibid., p.53.

④ Brandom, *A Spirit of Trust*, p.7.

布兰顿在马奎特大学所作的“阿奎纳讲座”中将黑格尔的历史理性称为“回忆理性”(recollective rationality)。[①] 因为他注意到黑格尔在《精神现象学》的最后提出了“回忆”(Erinnerung，recollection)，即被概念把握的历史(die begriffene Geschichte)。黑格尔写道，“目标、绝对知识，或知道自己为精神的精神，必须通过对各个精神形态加以回忆的道路；即回忆它们自身是怎样的和怎样完成它们的王国的组织的”。[②] 自我意识是如何“回忆”起自身的体系化历史的？黑格尔给出的提示是：“自我意识是自在自为的，这由于、并且也就因为它是为另一个自在自为的自我意识而存在的；这就是说，它所以存在只是由于被对方承认。”[③] 接下来，黑格尔用主人和奴隶的“斗争”来描述两个自我意识之间的关系。他试图阐明，自我意识总是想实现两个相互对立的目标：既否认任何外在于它的东西，又必须通过他人的承认(Anerkennung，recognition)来实现自身。

自我意识的体系化历史必须建立在相互承认的基础上，《精神现象学》中的“主奴辩证法”是我们理解这一点的基本文本。布兰顿的主要思路是在社会推论语境下改写主奴辩证法，将黑格尔的主奴辩证法解读为“明确的交互权威中心以及它们之间的协商过程”。[④] 他在《哲学中的理性》中给出了具体的改写方案：“只有当他人认为他负有责任时，某人才负有责任；只有当他人承认他的权威时，某人才行使权威。某人通过负责或行使权威来请求他人的承认。在这样做的同时，某人必须认识到，他人能够认为他负有责任或承认他的权威。为了获得这样的身份，某人必须被他人承认。在某种意义上，也就是对他人负责。但也只有当承认他人的权威时，他人才能行使这种权威。”[⑤] 布兰顿指

---

① Robert Brandom, *Heroism and Magnanimity: The Post-Modern Form of Self-Conscious Agency* (Milwaukee: Marquette University Press, 2019), p.20. 这个讲座集中了《信任的精神》的核心解读和关键结论。

② 黑格尔：《精神现象学》下卷，贺麟、王玖兴译，第 275 页。

③ 同上，第 122 页。

④ Brandom, *Tales of the Mighty Dead*, p.55.

⑤ Brandom, *Reason in Philosophy*, p.70.

出，这种“交互权威和责任”是黑格尔对康德的主要革新，即“为了坚持康德的洞见（心灵、意义和理性的本质特征是规范性），我们必须在社会性状态的基础上理解权威和责任这样的规范性状态。康德用理性活动来综合规范性的个体自我或作为统觉统一体的主体，黑格尔拓展了这一思路，用承认的实践来综合规范性的个体自我和他们组成的共同体”。[①] 根据这样的改写，超主体的“精神”（Geist）就变成了“在承认的过程中综合得到的社会实体”。[②]

但布兰顿逐渐意识到，“主奴辩证法”中对“斗争”的强调会在很大程度上阻碍我们对黑格尔的认识。为了克服这一点，他在《在信任的精神》中着重解读了黑格尔在探讨道德时用到的两个“寓言”。这两个寓言给我们的启示合在一起呈现了黑格尔的完整洞见。

黑格尔的第一个寓言是英雄和仆人：“谚语说，‘侍仆眼中无英雄’；但这并不是因为侍仆所服侍的那个人不是英雄，而是因为服侍英雄的那个人只是侍仆，当英雄同他的侍仆打交道的时候，他不是作为一位英雄而是作为一个要吃饭、要喝水、要穿衣服的人，总而言之，英雄在他的侍仆面前所表现出来的乃是他的私人需求和私人表象的个别性。同样，在判断意识看来，没有任何行为它不能从中找出个人的个别性方面以与行为的普遍性方面相对立，不能以道德的侍仆身份来看待行为者。”[③] 布兰顿指出，黑格尔的精神包含了主观精神和客观精神两个维度，对应于规范语汇中的语汇，前者是规范态度，后者是规范身份。布兰顿认为，前现代传统强调“规范身份依赖于规范态度”（status-dependence of normative attitudes），而以康德为代表的启蒙传统则强调“规范态度依赖于规范身份”（attitude-dependence of normative statuses）。英雄和仆人的寓言让我们认识到，“规范态度依赖于规范身份”的启蒙方案是可质疑的，不仅如此，处在这一方案下的理性行动者的“英雄主义”（heroism）最终会遭遇悲剧的命运。不

① Brandom, *Reason in Philosophy*, p.66.

② Brandom, *Tales of the Mighty Dead*, p.49.

③ 黑格尔：《精神现象学》下卷，贺麟、王玖兴译，第 172 页。

同于这两个方案，黑格尔提出的解决方案是推进到“精神的第三个时代”。在黑格尔式的伦理生活中，规范态度和规范身份是相互依赖的，一方面，规范身份是由规范态度建立的，而另一方面，规范身份又为评估规范态度的正确性提供了标准。

黑格尔的第二个寓言是恶的意识和“硬心肠”的道德判断意识。恶的意识向道德判断意识“坦白招认”：“我就是这个样子”，但后者却“没有在回答中作出这同样的招认”，而是“维护它自己而抛弃它与对方的连续性”，“竟而摆出‘坚贞不屈’的品格那样的桀骜倔强和决不迁就别人而矜持自负的缄默寡言以对抗别人的坦白认错”。[①] 但道德判断意识最终选择宽恕恶的意识，通过这种宽恕，两种意识最终达成和解。布兰顿在这个寓言中找到了可以被转译为基本语义态度（semantic attitudes）的基本语汇：忏悔（Geständnis，confession）、宽恕（Verzeihung，forgiveness）和信任（Vertrauen，trust）。正是在这个意义上，历史理性的回忆过程被布兰顿称为“宽大回忆”（magnanimous recollection），黑格尔的逻辑表达主义也最终落脚于信任的精神。在黑格尔那里，信任被用于描述不同于启蒙的“纯粹识见”的另一种“识见”：“当我信任一个人时，我所信任的这个人对他自己的确信或确定性，就是我对我自己的确信或确定性；我从它身上认识到我的为我存在，我认识到，他承认我的为我存在并且我的为我存在就是他的目的和本质。但是信任就是信仰，因为信仰的意识是把自己直接关联着它的对象的，因而也就直观到：它与它的对象是合而为一的，它就在它的对象之中。”[②] 黑格尔的最终结构是“我就是出现于知道自己是纯粹知识的那些自我之间的上帝”，布兰顿则更强调这一结构在宗教共同体中的运用，在这个意义上，“信任就是既承认被信任者作出宽恕的权威，又唤起他们这样做的责任”。[③]

布兰顿指出，如果我们将这两个寓言给我们的启示——规范态度

① 黑格尔：《精神现象学》下卷，贺麟、王玖兴译，第 173 页。

② 同上，第 87—88 页。

③ Brandom, *A Spirit of Trust*, p.621.

和规范身份的相互依赖，以及通过忏悔、宽恕和信任来重构建立和应用规范的历史——结合起来，就不仅能用“新的认知和理论形式”来理解自我意识，还能用“新的宽大的实践形式”来理解具有自我意识的行动者。[①] 他在《信任的精神》中呈现的就是这样一种具有双重维度的“语义学”，他把这种语义学称为“实用主义语义学”（pragmatist semantics）。[②] 布兰顿指出，这是一种“带有教化意图的语义学”，也就是说，“概念内容在我们的推论活动中对我们作出规范性的约束，理解这些概念内容的性质就是教育和促使我们变成更好的人：在精神的规范空间中，以后现代的信任形式生活、行动和存在的宽大的人。黑格尔的实用主义、社会—历史语义学让我们看到，我们在理想的建立规范的回忆和承认实践中承诺了什么，即隐含在我们言行中的对实践性宽大的承诺”。[③]

总结性评估

在《实用主义的诸视角》中，布兰顿试图通过一条“语言实用主义”（linguistic pragmatism）的整体性思路来同时把握逻辑表达主义和历史主义这两个维度。他指出，关联语义和语用有两条主要思路：第一条思路是方法论实用主义，即将意义、外延、内容或其他语义解释与语言表达联系起来，其目的在于制定规范的使用规则，从而使表达清晰。第二条思路是语义实用主义，即解释表达的使用者参与了何种实践，他们如何受规则控制，又是如何协商意义的。布兰顿指出，这两条思路的区分实质是观察语汇与理论语汇的区分，它们是语言实用主义的两个面向：“方法论实用主义者试图通过与表达相关的内容（语

---

① Brandom, *A Spirit of Trust*, p.31.

② 《信任的精神》原来的副标题是“对黑格尔《精神现象学》的一个实用主义语义学解读”，后在出版时改为“对黑格尔《精神现象学》的一个解读”，但该书的导论部分仍以前者为题。

③ Brandom, *A Spirit of Trust*, p.32.

义）去解释使用表达的实践（实用主义）；而语义实用主义则试图通过使用表达的实践去解释与表达相关的内容。"[①] 我们可以通过以上两部分的讨论看到，黑格尔为这一整体构想的两个维度提供了丰富的理论资源。我们还可以看到，布兰顿在对黑格尔作出了实质性的借鉴时并没有将黑格尔的理论资源作为可供对勘的理论样本，而是将它们作为自身理论的有机组成部分。现在我们要就布兰顿对黑格尔的借鉴作一个总结性的评估。

首先是方法论层面的借鉴。一方面，布兰顿在借鉴黑格尔时明确采纳了后者的整体主义路径。他在《阐明理由》中明确区分了从下到上（bottom-up）和从上到下（top-down）的语义解释，这两种解释路径的实质是语义原子主义和语义整体主义。布兰顿指出，"形式语义学传统一直是坚定的原子主义式的：将语义解释者分配给一个要素（比如说专名）可独立于将语义解释者分配给任何其他要素（比如谓词或其他专名）而被理解"，而"推论主义语义学是坚定的整体论的"。[②] 从宏观的视角来看，布兰顿的思路接续了从 20 世纪 50 年代开始的整体主义转向。他不但认为黑格尔的方法是整体论的典型代表，还认为肇始于奎因和塞拉斯的语义整体论思路是从黑格尔传统中提炼出来的核心线索。[③]

但另一方面，布兰顿在采纳整体主义路径的同时又明确拒绝了黑格尔的绝对主义倾向。泰勒区分了黑格尔的本体论辩证法（ontological dialectics）和历史辩证法（historical dialectics）。他指出，"本体论的辩证法从一个得到认识的目的或标准开始。其最初的任务在于表明，当下的客体将依据对于一个目的的认识而被理解"，而历史辩证法则不然，因为"在历史全部展开之前，我们按假定并不认识展开在我们面

---

① Robert Brandom, *Perspectives on Pragmatism: Classical, Recent, and Contemporary* (Cambridge, MA: Harvard University Press, 2011), pp.62—63.

② 布兰顿：《阐明理由：推论主义导论》，陈亚军译，第 13 页。

③ 布兰顿：《在理由空间之内：推论主义、规范实用主义和元语言表达主义》，孙宁等译，第 49 页。

前的目的”。基于此，泰勒建议我们区分出两种方法：“严格的辩证法”和“解释性的或解释学的辩证法”。① 我们姑且不论泰勒的这一区分在黑格尔的语境中是否成立，至少就布兰顿而言，他所探讨的逻辑表达主义和历史理性主义应该都是在“解释性的或解释学的辩证法”的视角下展开的。出于一种黑格尔式的确信，布兰顿认为能够使之清晰的东西一定会得到阐明，并且这个结论一定处于理论历程的终点而非起点。但不同于黑格尔，布兰顿并不认为这个在“我们”语汇中实现的“解释平衡”是让全体具有意义的“绝对知识”。

其次是本体论层面的借鉴。我们应该看到，尽管布兰顿提炼了黑格尔思想中的逻辑表达主义，但他并不关心后者的逻辑本体论或泛逻辑主义（pan-logicism），即将逻辑范畴视为实在的有机构成，将逻辑运作视为实在本身的动态展开。黑格尔研究中的一个争论是，他的形而上学是绝对精神学说还是逻辑学。我们看到，布兰顿既没有涉及黑格尔的绝对精神学说，也拒绝对后者的逻辑学作形而上学层面的理解。他试图用黑格尔的逻辑观来克服康德对形式和内容作出的二分，但是又主动规避了黑格尔的本体论维度。这背后有两个原因。首先，正如布兰顿本人所指出的，他并没有忽视黑格尔的本体论维度，只不过他的思想处在克里普克提出的“模态革命”之后，即他只能在语义的层面上探讨本体论和形而上学。② 其次，在布兰顿看来，整合了本体论维度之后的黑格尔体系是封闭的，而不是开放的。不同于黑格尔，布兰顿并不认为存在“一组最终的逻辑概念”，在这个意义上，他认为自己是“本体论寂静主义者”，他并不认为有任何一种语汇享有其他语汇所没有的特权。③

但是，正如雷丁所指出的，在早期分析哲学的语境中，黑格尔的形而上学更接近从弗雷格到维特根斯坦的路径，而不是罗素和摩尔的路径，而这一路径正是麦克道威尔和布兰顿的思路。要而言之，黑格

① 泰勒：《黑格尔》，张国清等译，第 332—333 页。

② Prien & Schweikard, eds. *Robert Brandom: Analytic Pragmatist*, p.179.

③ Ibid., p.182.

尔“既不是像亚里士多德在《范畴篇》中所做的那样从关于‘存在’的假设中推出逻辑范畴，也不是像康德在《纯粹理性批判》的‘先验分析篇’中所做的那样从关于可知对象的断言的逻辑结构中推出‘存在’的结构。相反，‘存在’的结构在我们对特殊‘存在物’的谈论中展现自身，这里的‘逻辑结构’包含了我们的谈论所具有的特征，这些特征中介了存在物之间的推论关系”，在这个意义上，黑格尔是在“逻辑或语义的层面上工作的”。[①] 而黑格尔的经典解读者考夫曼（Walter Kaufmann）也指出，在黑格尔那里，“范畴的分析代替了思辨形而上学。他赋予形而上学以新的意义和内容，这些意义和内容在一些二十世纪最好的哲学家那里得到了保留”。[②]

如果我们能从这个视角重新审视黑格尔的形而上学，就会看到布兰顿所作的工作并不是拒斥黑格尔的形而上学，而是试图将黑格尔的“本体论-神学”（ontotheologie）和语义层面的形而上学工作剥离开来。事实上，德语和英语学界的一些晚近研究试图从逻辑学的角度来探讨黑格尔的形而上学，这也让我们看到了黑格尔和布兰顿在形而上学层面的亲缘性。[③] 语义层面的形而上学工作是弗雷格到维特根斯坦的思路，这条思路并没有因为逻辑实证主义的反形而上学纲领而被取消。奎因和克里普克等人的理论方案表明，我们仍然有理由站在语义层面上谈论“何物存在”的问题。现在，这条思路在布兰顿的推论语义学和逻辑表达主义中得到了进一步的发展。但我们要考虑的问题是，由于黑格尔逻辑的极端特殊性，它们能够在多大程度上兼容仍然是一个有待探讨的问题。为此我们需要等待布兰顿和他的两个学生赫洛比（Ulf

① Redding, *Analytic Philosophy and the Return of Hegelian Thought*, p.232.

② Walter Kaufmann, *Hegel: Reinterpretation, Texts, and Commentary*（Garden City: Doubleday, 1965）, p.196.

③ See Klaus Düsing, *Das Problem der Subjektivität in Hegels Logik*（Bonn: Bouvier, 1995）; Anton F. Koch, *Die Evolution des logischen Raumes*（Tübingen: Mohr Siebeck, 2014）; James Kreines, *Reason in the World: Hegel's Metaphysics and Its Philosophical Appeal*（Oxford: Oxford University Press, 2015）; Robert Pippin, *Hegel's Realm of Shadows: Logic as Metaphysics in The Science of Logic*（Chicago: University of Chicago Press, 2018）.

Hlobil）和卡普兰（Dan Kaplan）合写的《后果逻辑》发表后（*Logics of Consequences*）才能作出评估。

概而观之，无论是在方法论层面还是在本体论层面，布兰顿都对黑格尔作了契合分析语境的剪裁。在这种剪裁中，不存在任何“还原”黑格尔的诉求，也没有将黑格尔的思想再次体系化的冲动，更多的是在黑格尔的帮助下阐明自己的理论。布兰顿指出，我们可以“在不作出体系化断言的情况下理解黑格尔的承诺或洞见，并由此看到这些承诺或洞见事实上既不要求也不导致这种体系化”。①

匹兹堡学派对黑格尔的解读和借鉴虽然已经逐渐进入了众多哲学家的视野，但这些思想的汇流还需要得到进一步的消化和沉淀，因而仍是一个尚待展开的思想史事件。比如，专治黑格尔法哲学的科维纲（Jean-François Kervégan）在他的著作中指出，匹兹堡学派的哲学家“抓住了黑格尔学说（诚然以一种非常自由的方式，此方式对欧洲传统的哲学的史学家而言很成问题），甚至专注了黑格尔学说中表面看来最为可疑的东西，即他的观念论，目的是尝试着在分析的大陆本身之中使一些新的后维特根斯坦问题、后奎因问题，或新实用主义问题涌现出来”。科维纲还指出，这些企图试图在黑格尔的思想中区分出“活的东西”和“死的东西”，“代价是人们质疑这种做法使黑格尔的思想的一致性遭受一种任意的暴力”。② 无论如何，从他自身的理论语境出发，布兰顿认为自己抓住了康德和黑格尔思想中的一些“活的东西”，而在不同理论语境中的其他解读者看来，这些东西很可能是不成立的，甚至是一种误读。但这些理论的互动不仅展现了德国观念论的生命力，也呈现了分析哲学的诸种面向，更让我们看到了融合这两个哲学传统的可能性。

---

① Ameriks & Stolzenberg, eds. *International Yearbook of German Idealism 3*, p.133.

② 科维纲：《现实与理性：黑格尔与客观精神》，张大卫译，北京：华夏出版社，2018，第4—5页。

第九章　如何处理物自体：塞拉斯和梅亚苏

引　言

康德在《纯粹理性批判》第二版序言中指出，一个“哲学和普遍人类理性的丑闻”依然存在，即缺少“一个关于外部直观的客观实在性的严格的证明”。由此造成的后果是，我们“不得不仅仅在信仰上假定在我们之外的物（我们毕竟从它们那里为我们的内感官获得认识本身的全部材料）的存有，并且，如果有人忽然想到要怀疑这种存有，我们没有任何足够的证据能够反驳他”。① 尽管海德格尔在一个半世纪之后指出，真正的丑闻不是我们至今仍缺少这种证明，而是我们至今仍在期待并尝试给出这样的证明 ②，但对康德的先验哲学体系而言，这个步骤是必不可少的，因为只有当作为终极对象的物自体被先验地规定下来，表象的对象才可能被经验地探讨。

在康德那里，作为现象的对象和作为本体的物自体分属于两个不同的序列，前者可以被经验地认识，后者在原则上不可知。他指出，“时间和空间就只是我们直观的感性形式，却不是那些作为自在之物本身的客体独自给出的规定或条件”。③ 但他又在第二版序言中指出，这两个不同的序列可能面对的是同一个对象：“如果这个批判没有弄错的

① 康德：《纯粹理性批判》，邓晓芒译，第 27 页。

② Martin Heidegger, *Being and Time* (London: SCM, 1962), §43.

③ 康德：《纯粹理性批判》，邓晓芒译，第 324 页。

话，它在这里教我们从两种不同的意义来设想对象，也就是或者设想为现象，或者设想为自在之物本身；……这同一个意志就被设想为在现象中（在可见的行动中）必然遵循自然法则、因而是不自由的，然而另一方面又被设想为属于物自身，并不服从自然法则，因而是自由的，在这里不会发生矛盾。”① 这一论述提示我们，虽然物自体在原则上不可知，但它或许能够以某种方式得到处理，因为毕竟它和现象分享了同样的起源。本章要考察的是在当代实在论语境中探讨物自体的两种尝试，即美国哲学家塞拉斯的科学实在论（scientific realism）和法国哲学家梅亚苏（Quentin Meillassoux）的思辨唯物论（speculative materialism）。

尽管塞拉斯和梅亚苏分处于两个不同的学术传统且有半个多世纪的时间间隔，但他们之间的对话不但是可行的，而且也实际发生了。② 不同于已有的视角，本章将从物自体着手来展开可能的对话。塞拉斯和梅亚苏都试图阐明，一种真正意义上的实在论必须包含对物自体的讨论和刻画，但他们在具体方案上又出现了根本性的分歧。这种分歧不仅为我们呈现了在后批判哲学视域下探讨物自体的不同路径（“我们的”物自体和“非人的”物自体），还为我们把握塞拉斯和梅亚苏各自的理论体系提供了基本的抓手。在分别考察这两个方案的基础上，我将进一步辨析它们的异同，并初步探讨整合这两个方案的可能性。

塞拉斯：科学实在论视域中的物自体

尽管塞拉斯是美国分析哲学的主要奠基者，但他却因为自身的系统化诉求和对哲学史的强烈兴趣长期游离于“主流”分析哲学的视野之外。塞拉斯确信“没有哲学史的哲学即使不是空洞或盲目的，至少

---

① 康德：《纯粹理性批判》，邓晓芒译，第 21 页。

② See Fabio Gironi, ed. *The Legacy of Kant in Sellars and Meillassoux: Analytic and Continental Kantianism* (New York: Routledge, 2018).

也是哑的”。[①] 为了贯彻这一信念，他大量阅读并细致分析了古代、中世纪和近代哲学家的著作。除此之外，他还在康德的帮助下建立了最核心的思想部件，这些思考集中体现在以《科学与形而上学》为题的“洛克讲座”中。在研读塞拉斯的过程中，我们会一次次地回到康德，从塞拉斯的视角出发重新审视康德，同时也在康德的帮助下解读和界定塞拉斯。

塞拉斯解读康德的基本策略是重构先验哲学的基本前提，即表象和本体的区分。他尝试在日常的显像映像（manifest image）中理解表象，在科学映像（scientific image）中理解本体，并试图通过这两幅图景的连续性来说明从表象进展到本体的可能性。[②] 塞拉斯的这种重构包含两个要点：一方面，他坚持从实在论的立场出发保留康德的物自体，并在物自体的帮助下强调因果秩序和理由空间的区分；另一方面，不同于康德，塞拉斯又认为物自体作为科学共同体的探究结论在原则上是可知的，进而将康德在“可知”和“不可知”之间作出的区分转换为“已知”和“未知（但原则上可知）”之间的区分。这两个要点共同构成了塞拉斯的科学实在论立场。

塞拉斯在康德那里发现了这种重构的潜在线索。比如，康德在《纯粹理性批判》第一版中指出，“说一个事物只有在关于该事物的表象中才能实存，这虽然是一个听起来必定会令人奇怪的命题，但在这里却失去了它的唐突性，因为我们所涉及的事物不是自在之物，而只是现象，也就是表象”。[③] 但他在第二版中删去了这段话。塞拉斯对此的解读是，康德意识到表象可以是多层次的，它首先可以是“实际的直观表象的内容”，其次可以是“可获得的直观表象的内容”，最后可以是“抽象表象体系”，也就是“自然的物理面向”。在这三个层次中，

① Sellars, *Science and Metaphysics*, p.9.

② 钱立卿提醒我注意，塞拉斯的这种重构具有动机上的合理性，但不具有论证上的合理性。塞拉斯出于自身的理论诉求，给出了一个比康德更成功的“经验内部”的知识论，但这一点并不是由于塞拉斯合理地改造了康德的概念群，也不能论证这种改造的合理性。

③ 康德:《纯粹理性批判》，邓晓芒译，第 327 页。

第一个层次离我们最近，最后一个层次离我们最远，因而可以说是“潜在的”或“假设的”。[①] 塞拉斯认为，康德的问题在于混淆了这些层次，或者说像后来的解读者那样试图消解这种多重性。而在塞拉斯看来，康德式“先验实在论”的核心洞见恰恰在于认识到“在直观中被表象的对象和事件既是绝对存在（existence simpliciter）又在表征中存在（existence in representing）”。[②] 表象的前两个层次刻画了在表征中存在，第三个层次则刻画了绝对存在，也就是物自体。

塞拉斯试图阐明，为了理解为什么在表征中存在同时又是绝对存在，我们必须从近代以来的鲁滨逊式认知模式进展到一种基于沟通和交流的主体间图景（《经验主义与心灵哲学》后半部分提出的“琼斯神话”）。这里塞拉斯主要用到了两个理论工具。首先，他试图借助副词论（adverbialism）将表征理解为可交流的外显行为（overt behavior）。副词论的基本思路是不对感觉对象的存在作本体论的预设，而是认为对象的特征是以副词形态呈现的表征方式，比如，我不是看到红色的圆苹果，而是 seeing redly，seeing roundly，甚至 seeing applely。塞拉斯试图以此来说明表征行为（representing）之于表征内容（representational content）的优先性。他指出，对于同一个三角形，A 以“sensing-of-a-red-triangle”的方式感知到它，B 以“sensing-of-a-green-triangle”的方式感知到它，这里的最终范畴是感知行为的“种类”（varieties or kinds），而非不同的感知内容。事实上，“sensing-of-a-red-triangle”和“sensing-of-a-green-triangle”这两个表述中的“of”已经清楚地指明：这里涉及的不是独立的表征内容，而是体现着表征行为中的意向性关系。[③] 塞拉斯认为这条思路还可以进一步拓展到命题思维。比如 A 想的是“that-Socrates-is-wise variety of thinking”，B 想的是“that-Protagoras-is-wise variety of thinking”，这里的“种

① Sellars, *Science and Metaphysics*, p.44.

② Ibid., p.48.

③ Sellars, *Kant and Pre-Kantian Themes*, p.5.

类”是内在于行为的对象观念（act-immanent object notion）。[①] 塞拉斯试图阐明，意义并不锚定于某个对象或表征内容，而是产生于不同“种类”的行为之间相互给予和索取理由的社会交往活动。根据后一幅图景，表征内容最终被界定为“视角化的融贯性可表征内容”（perspectivalized coherent representables）。[②]

其次，塞拉斯试图阐明，在这个社会性的语境中，我们可以在不引入超主体（无论是上帝还是绝对精神）的前提下将物自体界定为科学共同体的探究对象，即“科学对象”（scientific object），由此重构康德的物自体。塞拉斯在这个关键的理论节点借鉴了皮尔士的思路。皮尔士指出，“所有人类的思维和意见都包含模糊而偶然的因素，这些因素——简言之，也就是谬误的因素——取决于条件和能力的限制以及个体的爱好。但人类意见从长远看会趋向于一个明确的形式，也就是真理。任何人只要有足够的信息，并对某个问题进行足够的思考，就会得出一个明确的结论，而这一结论是任何其他心灵在足够有利的条件下都会得出的。因此，这个最终结论虽然不独立于一般思维，却独立于思维中模糊和个体性的部分，它独立于你、我或任何人之所思”。[③] 可以看到，皮尔士用“最终意见”（the ultimate opinion）和“实际已知”（the actual known）之间的区分替代了本体和现象的康德式区分，用渐近的“规范性理想”（regulative ideal）代替了原则上不可知的物自体。在同样的意义上，塞拉斯认为探讨物自体的恰当方式不是向前追溯，而是向后展望，物自体并不是原则上不可知的，而是可以通过长时间的科学探究被最终认识。他指出，为了弥合“知识和神圣真理之间不可跨越的鸿沟”，我们可以用“皮尔士式的真理观”——“科学探究的理想结构”——来代替神圣真理。[④]

---

① Sellars, *Kant and Pre-Kantian Themes*, p.19.

② Ibid., p.199.

③ Charles Peirce, *Collected Papers of Charles Sanders Peirce* (Cambridge, MA: Harvard University Press, 1931—1958), vol.8, sec. 12.

④ Sellars, *Science and Metaphysics*, p.50. 关于塞拉斯和皮尔士的关系，参见孙宁：《匹兹堡学派研究》，第 49—53 页。

这里我们要对塞拉斯的方案作三点说明。首先，塞拉斯认为探讨物自体的基本语境不是发现的语境，而是证明的语境。康德指出，必须有一个不可知的对象来刺激（affektieren）我们的内心，由此我们的认识活动才能启动。他在“先验感性论”中指出，“一种知识不论以何种方式和通过什么手段与对象发生关系，它借以和对象发生直接关系，并且将一切思维作为手段以之为目的的，还是直观。但直观只是在对象被给予我们时才发生；而这种事至少对我们人类来说又只是由于对象以某种方式激发内心才是可能的”。① 康德在这里探讨的“刺激”也成了后来康德研究中的“双重刺激”（double affection）难题：一方面是作为先验客体的物自体对我们的刺激（noumenal affection），另一方面则是时空中的经验对象所造成的刺激（empirical affection）。塞拉斯则试图阐明，解决这一难题的出路在于，对物自体的理解不能停留在刺激层面，而应该进展到对知识的理性重构。当然，塞拉斯的科学实在论并不否认最基本的因果层面，但他认为这个层面不能通过还原（不管是现象论的还原还是物理主义的还原）来获得，而应该在科学的实践活动中得到不断地重新刻画。正是在这个意义上，塞拉斯的科学实在论作为一种二阶实在论和罗素-摩尔式的一阶实在论明确区分开来。塞拉斯在《科学实在论或和解的工具主义》中指出，“拒斥所予神话并不要我们承认当下的经验知识没有一个由观察谓词构成的最低层面，而是要我们承认即便经验知识有一个最低层面，这个层面在原则上仍然可以被另一个概念框架所代替，严格来说，这些观察谓词不会在这个概念框架中出现。只有在这个意义上，我拒斥关于观察谓词的所予教条”。②

其次，对这一思路的根本质疑是，科学对象本质上是一种假设性实体，在这个意义上它和前批判哲学的形而上学实体并无二致。正如奎因所指出的，物理对象“是完成和简化我们描述经验之流的假定实

① 康德：《纯粹理性批判》，邓晓芒译，第 25 页。

② Wilfrid Sellars, *Philosophical Perspectives: Metaphysics and Epistemology* (Atascadero: Ridgeview, 1977), p.159.

体，正如引入无理数使算术定律简化一样。……从现象论的观点看来，物理对象的概念结构是一个简便的神话，它比实际的真理更简单，却将实际的真理作为一个分散的部分包括进来”。① 但塞拉斯试图阐明，不同于预先设定的实体性范畴，科学对象的确定是科学探究进程的逐步适切。这里过程是第一位的，结果是第二位的。他指出，哲学必须进入“假设性实体的语言游戏”，换言之，哲学不但要“分析概念”，还要“挖掘新概念”。在这个意义上，“哲学可能是纯洁的清晰女神，但它也是假设之母。清晰不能与洞见相混淆，后者才是哲学真正的目的因”。② 塞拉斯在这里彻底践行了“批判哲学”的基本精神。他在为1974年的“杜威讲座”写的前言中指出，对哲学而言，“总有更多的批判”(There is always one more *Critique*!)，在这个意义上，“哲学永远是生成的范型，而非存在的范型”。③ 这里还要特别指出的是，在塞拉斯那里，概念框架的变革过程中并不存在库恩式的断裂。较之于断裂，塞拉斯更多地看到不同的概念框架是以一种精细的方式相互依赖和互相启发的。

再次，尽管对物自体的处理是科学映像的任务，但这并不意味着它可以完全脱离显像映像。塞拉斯在《经验主义与心灵哲学》中指出，“作为哲学家来讲，我很愿意这样说，时空物理对象的常识世界是非实在的——即不存在这样的东西。或者，更确切地讲，在描述和解释世界的维度，科学是万物的尺度，是什么是其所是的尺度，也是什么不是其所不是的尺度”。④ 我们不能对这一论断作狭义的“科学主义”理解。前面提到，塞拉斯要求我们区分并保留表象中的诸层次。他的最终目标并不是用科学语汇取代常识层面的描述性语汇，而是要求我们在科学映像中进一步修正初始得到的显像映像，在一个动态的建构过程中重新探讨最初被给予的东西。正是在这个意义上，塞拉斯乐观地认为，如果我

① Quine, *From a Logical Point of View*, p.18.
② Sellars, *Science and Metaphysics*, p.18.
③ Sellars, *Naturalism and Ontology*, p.viii.
④ 塞拉斯:《经验主义与心灵哲学》，王玮译，第66页。

们能在一种整体性的视角下推进哲学和科学工作，显像映像和科学映像最终能“无冲突地融合于一个全览性视野（synoptic view）”。[①]

概而言之，塞拉斯试图将物自体理解为共同建构的科学对象，并通过渐近的规范性理想取消了表象和本体之间的鸿沟。在此思路下，塞拉斯对他的科学实在论作出了如下界定：“有好的理由坚持一个理论，实际上就是有好的理由坚持认为这个理由所设定的实体存在。”[②]

梅亚苏：思辨唯物论视域中的物自体

宽泛而言，梅亚苏的思辨唯物论可以被归入本世纪初兴起的思辨实在论（speculative realism）思潮。同处这一阵营中的还有布拉西耶（Ray Brassier）的新虚无主义（neo-nihilism）、哈曼（Graham Harman）的面向物的本体论（object-oriented ontology）和格兰特（Iain Hamilto Grant）的新观念论（neo-idealism）等。当然，尽管这几位哲学家在金史密斯学院举办的一个研讨会（Goldsmith's College，2007）中都同意将自己的立场界定为思辨实在论，但这一标签也在一定程度上掩盖了这些立场在理论方案上的明显分歧。但撇开这些分歧不谈，这些思辨实在论者都分享了一个基本的理论前提，即将“相关主义”（correlationism）视为自己的主要论敌。相关主义认为存在就是成为人的相关项（to be is to be a correlate），而思辨实在论则认为人不具有任何意义上的优先性，人和其他存在的关系和任何两个存在之间的关系相比并无二致。

可以看到，思辨实在论的实质是试图从人类世（Anthropocene）的存在构想走向非人类世的存在构想，用一幅彻底的后人类图景来取代人类中心主义的图景。这一理论方案包含两个要点。首先，它试图取消一切以人为视角的存在论构想，这些构想不仅包括生机论

① Sellars, *Science and Metaphysics*, p.34.

② Ibid., p.94.

（vitalism）、泛灵论（panpsychism）这些明显的相关主义立场，还包括一切有相关主义嫌疑的语汇。比如，莫顿（Timothy Morton）甚至建议我们放弃使用“自然”的概念，改用“网格”（mesh）来描述“所有生物和非生物之间的相互关联”。[①] 其次，它要求放弃任何关于存在的总体解释，不论是巴门尼德式的“一”、德谟克利特式的“原子”、阿那克西曼德式的“无定形”（apeiron）、列维纳斯式的“有”（il y a），还是当代的科学还原论（scientific naturalism）或社会相对论（social relativism）。比如，布莱恩特（Levi Bryant）指出，作为“容器”（container）或“载体”（vessel）的世界并不存在，即“不存在一个将所有对象归拢为一个和谐统一体的‘超对象’（super-object）”。[②]

梅亚苏在《有限性之后》中的理论探索就是在这个大前提下展开的。首先，他明确界定了作为批判对象的相关主义：“相关性指的是这样一种观念，即我们能够进入的仅仅是思维与存在之间的关系，而无法独立考量其中任何一方。接下来，只要坚持认为如此界定的相关性具有无法超越的特征，我们都称之为相关主义。”[③] 在梅亚苏的语境中，相关主义是一个极为宽泛的立场，各种现代哲学的版本都可以因为如下的家族相似性而被归入相关主义的阵营：“现代哲学的核心步骤在于相信关系之于关系项的优先性，即相信相互关系的建构力量。‘相互’（co-）——相互给定、相关关联、相关起源、相互起源等等——是主导现代哲学的语法前缀和‘化学配方’。”[④] 概而言之，梅亚苏理解的相关主义包含两个要点：首先，思维的行为和它的内容本质上是不可分的，不存在独立于认知的物自体；其次，将相关性本身绝对化。

因此，反相关主义的核心步骤就是重新确立完全与人无关的物自体。为此梅亚苏进一步区分了两个相关主义版本：弱相关主义和强相

① Timothy Morton, *The Ecological Thought* (Cambridge, MA: Harvard University Press, 2010), p.28.

② Levi Bryant, *The Democracy of Objects* (Ann Arbor: Open Humanities, 2011), p.33.

③ Quentin Meillassoux, *After Finitude: An Essay on the Necessity of Contingency* (London: Continuum, 2012), p.25.

④ Ibid., p.5.

关主义。弱相关主义以康德为主要代表，它认为物自体虽然是不可知的，但是可思维的，虽然我们无法将认知范畴应用于物自体，但物自体符合基本的逻辑律，比如矛盾律。强相关主义以各种现代和后现代理论（比如胡塞尔、海德格尔、维特根斯坦、德里达，当然也包括梅亚苏没有提及的实用主义者的理论）为代表，它认为物自体不仅是不可知的，也是不可思维的。梅亚苏的主要思路是拒斥强相关主义，并对弱相关主义作出修正。在他看来，康德式的弱相关主义尽管是相关主义的一个版本，但它隐藏着克服相关主义的核心线索，即通过对事物本身的追问去界定我们是什么又不是什么。但康德的问题在于，他的物自体仍然是可思维的。这种可思维性主要体现在以下四个方面：1）物自体存在于意识之外，它们不是现象；2）物自体影响感觉并制造表象；3）物自体必须服从非矛盾律；4）物自体是非时空的，因为时空只是我们的感觉形式，因此，我们虽然不知道物自体是什么，但确定地知道它不是什么。① 梅亚苏认为，这几个意义上的可思维性证明康德仍然是相关主义者。为了真正地探讨作为非思维相关项的物自体，我们必须从根本上超越人类的视角。他尝试用"前先祖的"（ancestral，ancestrale）存在界定"人类突现之前甚至地球上所有生命形式出现之前的所有实在"；用"原化石"（arche-fossil，archifossile）或"化石物质"（fossil-matter，matière-fossile）界定"在地球生命出现之前的，指示前先祖实在或事件的物质"，即"为前先祖现象进行测定的实验提供支持的物质"。② 梅亚苏指出，面对原化石，每一种相关主义都表现为极端的观念论，康德式的先验观念论和贝克莱式的主观观念论之间的界限变得不再清晰。③

对前先祖存在和原化石的探讨最终落脚于如下问题：如何在思维内部刻画出不可思维的物自体，也就是真正意义上的非相关物（uncorrelated）或绝对物（absolutus）？这是梅亚苏要解决的根本问

① Quentin Meillassoux, *Time Without Becoming* (Mimesis International, 2014), p.11.

② Meillassoux, *After Finitude*, p.10.

③ Ibid., pp.17—18.

题。梅亚苏将自己的思考和前批判哲学的独断论以及各种强相关主义立场区分开来。一方面，不同于前批判哲学的独断论，梅亚苏并不试图设定任何意义上的形而上学实体。他指出，“我们必须发现一种不确立任何绝对必然实体的绝对必然性。换言之，我们必须思考绝对必然性，但不构想任何绝对必然的存在”。[①] 为此他区分了“思辨的”思路和“形而上学的”思路：“如果说所有形而上学都是思辨的，那么问题就在于反过来说明并不是所有思辨都是形而上学的，并不是所有绝对都是独断的。也就是说，我们可能构想一种非绝对主义者的绝对思想。”[②] 以思辨的而非形而上学的方式探讨非相关物本身，这是思辨唯物论的根本目标。另一方面，不同于强相关主义（以维特根斯坦和海德格尔为代表），梅亚苏并不认为完全非思维的绝对只能被指明（gezeigt）或自行显现，但无法以理性的方式得到刻画。为了构想绝对的非相关物，在形而上学层面运作的充足理由律和关于绝对存在的本体论证明都是不适用的。但放弃形而上学的“理性原则”并不意味着走向非理性。梅亚苏指出，思辨唯物论只有在一种意义上是理性的：“它试图解释事物一定是没有理由的，以及它们是如何没有理由的。”[③] 在这个意义上，思辨唯物论可以就理由的缺席进行说理，但这是一种从理性原则中解放出来的说理。

梅亚苏的这种“说理”最终落脚于确认一种最基本的事实性（facticity）。[④] 这种事实性既不同于相关主义意义上的事实性（比如海德格尔或实用主义者的事实性），也不能为存在提供任何终极的基础，因为它本身就是绝对的偶然性。梅亚苏指出，不是说“偶然性是必然的”，而是说“只有偶然是必然的”，只有这一原则才能让我们远离形而上学。[⑤]

① Meillassoux, *After Finitude*, p.34.

② Ibid.

③ Meillassoux, *Time Without Becoming*, p.29.

④ Ibid., p.21.

⑤ Meillassoux, *After Finitude*, p.80.

梅亚苏试图将作为绝对偶然性的事实性进一步转译为“超混乱”（hyper-chaos）。超混乱超越了单纯的混乱，因为“超混乱的偶然性是如此彻底，以至于它甚至能够摧毁生成、无序或随机，代之以有序、决定和稳固。……如果事实性是绝对的，那么偶然性就不再意味着解构或无序的必然性，而是同时意味着有序和无序、生成和永恒的偶然性”。① 梅亚苏指出，“超混乱的时间完全从形而上学的必然性中解放出来，没有什么能限制它，不管是生成还是基质。超混乱的时间甚至能够创造和摧毁生成，没有理由地制造固定或运动，重复或创造。因此，我认为哲学最终关涉的不是存在或生成，表征或实在，而是一种特殊的可能性。这种可能性不是形式上的可能，而是真正的、稠密的，我称之为‘可能’（peut-être）”。② 在巴迪欧（Alain Badiou）的启示下，梅亚苏认为我们可以在数学语言的帮助下刻画这种超混乱。梅亚苏借用了康托尔（Georg Cantor）式的超穷结构（transfinite structure），并保留了康托尔对超穷数的诠释方法：可被量化的总体性是无法被思考的。③ 对这一理论路径，有些批评者的质疑是，这种“数学实在论”（mathematical realism）并不能帮助我们获得关于“前先祖存在”的洞见。④ 但鉴于这是梅亚苏目前正在进展的工作，所以对此作出最终判断的时机尚未成熟。

“我们的”物自体和“非人的”物自体

康德在《纯粹理性批判》中指出，自己同时拒斥贝克莱式的“独

---

① Meillassoux, *Time Without Becoming*, p.25.

② Ibid., p.27.

③ See Alain Badiou, *Being and Event*（London, Continuum, 2005）; *Logics of Worlds*: *Being and Event II*（London, Continuum, 2009）.

④ See Martin Hägglund, “Radical Atheist Materialism: A Critique of Meillassoux”, in Levi Bryant, Nick Srnicek & Graham Harman, eds. *The Speculative Turn*: *Continental Materialism and Realism*（Melbourne: Re-press, 2011）, pp.114—129; Adrian Johnston, “Hume's Revenge: À Dieu, Meillassoux?”, Ibid., pp.92—113.

断的唯心论”和笛卡尔式的“存疑的唯心论”。存疑的唯心论主张“在一个充分的证明被找到之前不允许作任何裁决性的判断”，这个证明必须表明“我们对外物也拥有经验，而不只是想象”，而独断的唯心论则“把空间中的诸物宣称为只是想象”。[①] 在“驳斥唯心论”的标题下，康德试图阐明一种与本体论的唯心论相对立的认识论的唯心论。从这个角度来看，正如一些解读者所指出的，康德对物自体的探讨不是在本体论层面，而是在认识论层面上展开的。[②] 但是在当代的实在论者看来，康德意义上物自体只有在本体论层面才是可理解的，而本体论层面的这种理解最终必然会落脚于某种关于物自身的实在论。塞拉斯和梅亚苏对康德的批评在于，尽管康德承认独立存在的物，但他并没有对物自体作出明确的刻画，这种不可知论让康德没能成为真正的实在论者。

塞拉斯和梅亚苏都看到，批判哲学的遗产是不在形而上学意义上独断地设定某种物自体。但他们同时也看到，不退回到前批判哲学的独断论并不必然意味着走向不可知论，我们还可以在后批判哲学视域下探讨一种非形而上学意义上的物自体，以此来巩固实在论的地基。在这个意义上，康德提出的存疑的唯心论可以说是科学实在论和思辨唯物论的预备性步骤。塞拉斯和梅亚苏都看到，为了真正落实批判哲学的实在论遗产，我们必须从根本上抛弃形而上学的最终原则，即充足理由律（任何事物都有它之所以如此的理由）。但他们分别提出了不同的方案来代替这个最终的因果原则，而正是这个分歧导致了两种极为不同的实在论版本。

塞拉斯用渐进的规范性理想来代替描述层面的因果关系，这种代替并不是抛弃因果关系，而是将因果关系理解为规范层面的稳健性（robustness），而非形而上学层面的必然性。这样一来，对物自体的探讨就必须从描述层面进展到解释层面，即必须在一个规范空间中不断

① 康德：《纯粹理性批判》，邓晓芒译，第 202—203 页。

② See Henry Allison, *Transcendental Idealism: An Interpretation and Defense*（New Haven: Yale University Press, 1984）. 这一解读遇到了大量的批评，阿里森在 2004 年出版的第二版中对这些批评作了并不成功的回应。

更新已有的经验归纳和理性推论，这种从描述性到规范性的转换是塞拉斯对康德作出的重要更新。这里有两个重要推论。首先，不同于充足理由律的单纯设定，规范性理想在设定科学对象的同时又将它非实体化，即让它进入自我修正的规范性建构进程中。塞拉斯认为物自体在原则上是可知的，只不过我们对物自体的认识要放在故事的终点而非开端。其次，更为重要的是，规范空间的引入意味着对物自体的探讨变成了一项共同体的事业，换言之，物自体必须是一个共享的意义空间的最终建构成果，它不能是任何个体的物自体，而必须是“我们的”物自体。

不同于塞拉斯，梅亚苏认为探讨物自体的最终方法必须是充足理由律的反面，即基于绝对偶然性的非理性原则。他在《形而上学与科学外世界的虚构》中质疑了自休谟以来的对自然法则的探讨，并提出了如下的主导问题：“一个世界应该是什么样的才会是科学知识无法进入的，才不能够被自然的科学作为对象建立。”[①] 在梅亚苏看来，对物自体的探讨必须在一种真正的“可能性”中展开，而这种可能性是经验科学完全无法进入的。因此，不同于塞拉斯提出的从现象描述到规范解释的递进思路，梅亚苏对物自体的探讨是以一种彻底超越因果性的“模态转向”为前提而展开的。

这种分歧导致了两种极为不同的实在论立场。科学实在论的根本洞见是：如果实在论意味着将未经中介的独立性赋予探究内容，使它对立于构成探究的实践，那么这种实在论一定是“不科学的”。而思辨唯物论则认为，不管是与主体相关还是与科学共同体相关，一种以相关主义为前提的哲学范式不可能是真正意义上的实在论。真正的实在论必须用我们不是什么来划定我们是什么，而不能只停留于我们是什么的视域中。在塞拉斯看来，梅亚苏的思辨唯物论仍然停留在解释性描述的层面上，在这个意义上，这种实在论仍然是一种一阶实在论。而在梅亚苏看来，塞拉斯的科学实在论即使不是主观相关主义，也是

① 梅亚苏：《形而上学与科学外世界的虚构》，马莎译，郑州：河南大学出版社，2017，第6页。

客观相关主义。塞拉斯虽然帮助康德摆脱了观念论，但并没有帮助康德摆脱相关主义并最终走向真正的实在论。事实上，塞拉斯对物自体的修正进一步强化了康德的相关主义倾向。相关主义者认为事物总是在与当下观念的关系中呈现自身，他们没有看到事物不断地从我们的视线下撤退，而对探讨事物本身而言这一忽视是致命的。

可以看到，塞拉斯和梅亚苏的理论方案是沿着两条完全不同的路径展开的：前者试图从鲁滨逊式的个体语境进展到皮尔士式的科学共同体，后者是试图从人类世的视角进展到非人类世的视角。在这个意义上，我们可以说塞拉斯的物自体是“我们的”物自体，梅亚苏的物自体是“非人的”物自体。这两种处理物自体的方式有几个方法论层面的重要区分。首先，塞拉斯的思路指向未来并默认人类将会永远存在下去，而梅亚苏的思路则指向人类世之前，甚至试图从包含人类的时间序列中抽离出来。其次，如果说塞拉斯的工作方式是一种“建筑术”，那么梅亚苏的工作方式则是一种“考古学”，塞拉斯认为并不存在单纯被给予的东西，对实在的“发现”同时意味着“共同建构”，而梅亚苏则认为，“发现”的首要前提是承认尚未被人触及和干预的存在。最后，从更深的层面上来看，这两个方案体现了两种极为不同的世界观构想。

塞拉斯认为，对物自体的探讨最终落脚于规范性理想，一个皮尔士式的“最终意见”。他在《哲学与人的科学映像》中指出，“抽象而言，哲学的目标是理解最宽泛意义上的事物是如何在最宽泛意义上联系在一起的（hang together）”。[①] 在此基础上，哲学还必须在方法和结果上对自己提出的这幅整体性图景进行整体性的反思：“哲学工作的不同之处在于它‘着眼于整体’。……哲学家反思哲学本身在事物体系（scheme of things）中的位置。”[②] 不同于这种整体主义倾向，梅亚苏和其他非人类世哲学家的一个基本前提是放弃一种关于存在的总体性构

① Sellars, *Science*, *Perception and Reality*, p.1.

② Ibid., p.3.

想，取消对事物的过度操作（operational overdetermination），这些操作中当然包括塞拉斯的两种“映像”（image）。梅亚苏指出，“一个受到祝福的世界中不存在任何表征的可能性”。① 博格斯特（Ian Bogost）的一个概念很好地阐明了这些非人类世哲学家的构想：从整体性的本体论（ontology）转向离散的存在绘制（ontograph），即不再用各种范畴（形而上学的或科学的）整理事物，而只满足于一种存在的连列（litany）或编目（catalogy）。博格斯特指出，“制造存在绘制就是给事物编目，同时关注事物之间的联结和裂隙。……事物不仅为我们存在，也为它们自身和为其他事物存在。存在绘制的方案就是将注意力引向填满未见世界的无数事物”。②

我们可以通过前面的讨论看到，这两种关于世界的不同构想深刻地影响了两位哲学家处理物自体的方法。在这个意义上，尽管两位哲学家一再强调事物本身的重要性，但他们对物自体的处理最终和他们的世界观紧密地关联在一起。从某种意义上来说，这是一个相关主义的结论。只要我们还要去思考和谈论物自体，就无法逃离这个处境。这里的根本原因在于，思维的唯一终点是理解事物，思维不可思维之物是一种自我失效（self-stultification）的行为。尽管梅亚苏一再强调将思维和存在剥离开来，但他最后还是必须落脚于某种从理性原则中解放出来的说理。他指出，“我们必须将非理由投射进物自体，并在对事实性的把握中发现对绝对物的理智直观（intellectual intuition, intuition intellectelle）。之所以是‘直观’，是因为我们从中发现了除自身之外不受限制的偶然性；之所以是‘理智’，是因为这种偶然性既不可见也不可感，只有思维才能触及它”。③ 概而言之，对物自体的处理最终还是落脚于我们的处理方式，只有当我们对“理解”这个词所

① Quentin Meillassoux, “The Divine Inexistence”, in Graham Harman, *Quentin Meillassoux: Philosophy in Making* (Edinburgh: Edinburgh University Press, 2011), p.268.

② Ian Bogost, *Alien Phenomenology, or What It's Like to be a Thing* (Minneapolis: University of Minnesota Press, 2012), pp.50—51.

③ Meillassoux, *After Finitude*, p.82.

能意味的东西有了新的认识，对物自体的重新理解才是可能的。

现在的问题是，能否以一种有效的方式将塞拉斯的科学实在论和梅亚苏的思辨唯物论整合起来？因为，正如康德所言，现象和本体这两个序列可能面对的是同一个对象，“我们的”物自体和“非人的”物自体可能也是同一个物的两面。这种整合不仅意味着用一个关于存在的构想将整体性的本体论和离散的存在绘制都纳入进来，还意味着走向一种能够同时容纳“科学之思”和“非人之思”的更宽泛的“思”。这种“思”在何种意义上是可能的？这是我们在塞拉斯和梅亚苏之间建立对话，并在此帮助下重新处理物自体问题后所得到的最终问题。

第十章　寂静主义视角下的“概念实在论”：对维特根斯坦和麦克道威尔的一种非决断式解读

引　言

本章尝试提出一种对维特根斯坦和麦克道威尔的关联性解读。毋庸置疑，这是一个难度很大的任务。维特根斯坦的文本鼓励我们从不同的视角去审视它们，不断促使我们质疑已有的结论。卡维尔（Stanley Cavell）提示我们，维特根斯坦的写作在首要意义上是一种“教学法”（pedagogy），它“耐心地等待进一步的回应”，等待“研究者或读者的介入”。[①] 我们在麦克道威尔在那里也会遇到同样的挑战。《心灵与世界》是一个极具张力的文本，从某种意义上来说，它并没有给出一个决定性的结论，而是提供了一个精细的理论装置，期待读者自己去调试并找到微妙的平衡。因此，本章的讨论只是作者本人的一次理论尝试，它在任何意义上都不是决定性的。

以下的讨论分为两个步骤。首先，我将用“概念实在论”界定维特根斯坦和麦克道威尔的立场。对维特根斯坦而言，这是一种强解读。我需要说明，在从前期维特根斯坦到后期维特根斯坦的连续性视角下，

① Stanley Cavell, *A Pitch of Philosophy: Autobiographical Exercises* (Cambridge, MA: Harvard University Press, 1994), p.15.

一种概念实在论立场在何种意义上是可能成立的。而对麦克道威尔而言，概念实在论虽然已经成为匹兹堡学派的主要标签，但正如麦克道威尔所指出的，布兰顿意义上的概念实在论和他自己的概念实在论存在着关键的分歧。因此，我需要澄清，麦克道威尔的概念实在论具有怎样的理论内涵。

其次，在分别考察这两种概念实在论的基础上，我将试图阐明两者的共通性：它们最终都落脚于一种在寂静主义视角下展开的哲学构想。虽然寂静主义的视角来源于麦克道威尔就“何谓遵守规则”这个后期维特根斯坦问题提出的解决方案，但我认为它的应用域可以进一步拓展至关于概念实在论的讨论。为了说明这种哲学构想的性质，我借用了对《逻辑哲学论》的一条非正统解读路径，即以柯南特和戴蒙德为代表的“决断式解读”（resolute reading）。从后期维特根斯坦的“治疗性”（therapeutic）诉求出发，这些解读者决断地将《逻辑哲学论》中的“无意义”部分视为该书的主旨，由此认为该书的基本倾向是自我解构的，最终没有提供任何关于世界、思想、语言和逻辑的形而上学理论。① 我认为，真正理解概念实在论需要我们从狭义的理论建构走向广义的生命活动，这些活动的产物不是作为一般哲学立场的概念实在论，而是在坦然面对世界的同时展开思想劳作的实践态度。在这个意义上，寂静主义视角下的概念实在论并不是一个自我消解式的理论方案。不同于纯粹治疗性的决断式解读，这样的理解是“非决断式”的。

维特根斯坦的“概念实在论”

对《逻辑哲学论》的整体把握离不开下面几个论断：

① See James Conant & Cora Diamond, “On Reading the *Tractatus* Resolutely: Reply to Meredith Williams and Peter Sullivan”, in Max Kölbel & Bernhard Weiss, eds. *Wittgenstein's Lasting Significance* (London: Routledge, 2004), pp.42—97. 关于《逻辑哲学论》的各种解读路径，还可参见江怡：《对〈逻辑哲学论〉的逆向式解读及其问题》，《哲学研究》，2022 年第 11 期，第 96—103 页；张学广：《超越〈逻辑哲学论〉“正统”之争的三条路径》，2022 年第 11 期，第 104—115 页。

我的语言的诸界限意味着我的世界的诸界限。（5.6，卷 2，第 84 页）①

逻辑充满世界；世界的诸界限也是它的诸界限。因此，在逻辑中我们不能说：世界中有某某东西，而没有那个东西。因为这样说似乎假定了我们将某些可能性排除在外了，而这不可能是事实，因为，否则逻辑就必须超越于世界的诸界限之外；因为这样它便也能够从另一边来观察这些界限了。我们不能思维我们所不能思维的东西；因此，我们也不能说出我们所不能思维的东西。（5.61，卷 2，第 84 页）

……因为唯我论所意指的东西是完全正确的，只是它不可言说；相反，它显示自身。世界是我的世界，这点显示自身于如下事实之中：这个语言（我所理解的那个唯一的语言）的诸界限意味着我的世界的诸界限。（5.62，卷 2，第 85 页）

逻辑绝不是一种理论，而是世界的一幅镜中像。逻辑是先验的。（6.13，卷 2，第 97 页）

对这些论断的一种可能解读是，维特根斯坦在《逻辑哲学论》中提出了一种康德式的先验观念论构想。摩尔（A. W. Moore）是这种解读的典型代表。他区分了“经验观念论”和“先验观念论”：虽然它们都认为“我们的经验世界依赖于我们对它的经验”，但前者认为这种依赖是我们关于这个世界的经验的一部分，而后者则认为这种依赖完全超越于我们关于这个世界的经验，它是一种先验的约束。② 在此基础上，他明确提出了对《逻辑哲学论》的先验观念论解读：“维特根斯坦在《逻辑哲学论》中指出，特别是在 5.6 以下，语言的界限就是世界的界

① 本章所用的维氏文本译文均出自维特根斯坦：《维特根斯坦文集》8 卷，韩林合主编，北京：商务印书馆，2019。译本页码直接标注在引文后，不再出现于脚注中。

② A. W. Moore, *The Evolution of Modern Metaphysics: Making Sense of Things* (Cambridge: Cambridge University Press, 2012), p.142.

限，这里的界限不只是作为根本特征的限度（limits），还是在某些层面排除了特定可能性的界限（limitations）。因为排除了特定可能性，也就承认了下面这个问题：为什么世界是如此这般的？维特根斯坦给出的回答中包含了既能理解语言又能思考世界的主体，这个主体以某种方式给语言和世界设定了限度。这是一个先验观念论的版本。”①

和摩尔一样，我也倾向于将《逻辑哲学论》放在康德式的框架下加以考量。和《纯粹理性批判》一样，《逻辑哲学论》也是一部关于界限的著作。但这种康德式的解读存在可供商榷的空间。这里要特别指出两个要点。首先，不同于康德式的先验观念论，维特根斯坦的先验观念论并没有产生“物自体”这个副产物。在《逻辑哲学论》的语境中，对“物”的探讨始终是在与可能事态的关联中进行的，因此不存在真正意义上的物自体。突出的例证是以下两段论述：

> 在其可以出现于所有可能的事态之中这种意义上，一个物是独立的。但是，这种形式的独立性是与基本事态关联的一种形式，是一种非独立性。（语词不能以两种不同的形式出现：一是独自出现，一是在命题中出现。）（2.0122，卷2，第7页）
>
> 如果我知道了一个对象，那么我也就知道了其在诸基本事态中出现的所有可能性。（2.0123，卷2，第7页）

其次，摩尔在界定维特根斯坦的先验观念论时使用了“限度”（limits）和“界限”（limitations）两个概念。沙利文（Peter Sullivan）认为他混淆了这两个应该得到明确区分的概念：限度是“非对照性和非排除性的，限度没有‘另一边’，限度‘之外’无物存在”，而界限则是“对照性和排除性的，界限作为边界将被包含的和不被包含的区

① A. W. Moore, “Wittgenstein and Transcendental Idealism”, in Guy Kahane, Edward Kanterian & Oskari Kuusela. eds. *Wittgenstein and His Interpreter: Essays in Memory of Gordon Baker* (Oxford: Blackwell, 2007), p.176.

分开来"。[1] 如果说康德的批判哲学有意识地停留在"这一边"，那么维特根斯坦实际上是在"两边"工作的，这意味着较之于康德的先验观念论，维特根斯坦断言了更多的某些东西。比如，他在序言中指出，"为了划出思维的界限，我们必须能够思维这个界限的两边（因此，我们必须能够思维不能够思维的东西）"。（卷 2，第 3 页）正是在这个意义上，沙利文指出，康德考虑的问题是"解释统一性的构成"，而维特根斯坦考虑的则是"中和不统一的威胁"。[2]

如果我们将这两个要点纳入考量，维特根斯坦的先验观念论可能就会实质性地有别于康德的先验观念论。正如普特南所指出的，"康德的调子和维特根斯坦式的调子之间存在着巨大的差异。罗蒂说我们不能描述自在的实在，他保留的是康德的调子；而维特根斯坦则试图使他的读者既不想说'我们能够描述自在的实在'，也不想说'我们不能描述自在的实在'"。[3] 如果说康德的先验观念论是要调和实在论和观念论，那么维特根斯坦的先验观念论则试图阐明，真正的目标并不是去调和认识中被动接受和主动建构的部分，而是要呈现一幅同时纳入思维和实在的整体图景。

一方面，维特根斯坦的构想并不是一般意义上的实在论。《逻辑哲学论》所探讨的并不是思想如何去表征外部对象，而是世界本身是如何在思想中展现的，因此它的落脚点并不是皮尔斯（David Pears）提出的"非批判的实在论"（uncritical realism）。皮尔斯指出，"《逻辑哲学论》中的对象只是世界的终极构成物，通过解释它们如何获得并保留它们的名称，维特根斯坦只是给出了语言如何维系世界的一般解释"。[4] 正如前面所指出的，因为《逻辑哲学论》中不存在康德意义上

---

① Peter Sullivan, "Idealism in Wittgenstein: A Further Reply to Moore", in Peter Sullivan & Michael Potter, eds. *Wittgenstein's Tractatus: History and Interpretation* (Oxford: Oxford University Press, 2013), pp.257—258.

② Ibid., p.263.

③ Hilary Putnam, *Pragmatism: An Open Question* (Oxford: Blackwell, 1995), p.40.

④ David Pears, *The False Prison: A Study of the Development of Wittgenstein's Philosophy*, vol.1 (Oxford: Oxford University Press, 1987), p.9.

的物自体，所以用语言去维系世界的终极构成物这样的理论方案也是无法成立的。

另一方面，维特根斯坦的构想也不是一般意义上的观念论。尽管叔本华对维特根斯坦的思想发展产生了深远而持久的影响，但维特根斯坦并不像叔本华那样认为意志和世界之间存在必然的逻辑关联。维特根斯坦试图阐明，世界是所有事实的总和，不管我们知道或意愿它是怎样的。他指出，“世界是独立于我的意志的”。（6.373，卷 2，第 105 页）麦吉尼斯（Brain McGuinness）指出，“维特根斯坦试图在后面兼顾叔本华和他自己的洞见。‘世界是我的世界’就是这两个洞见的调和点”。[①] 这个判断是公允的，但我并不认为维特根斯坦有任何“调和”的诉求。综观整个《逻辑哲学论》的文本，思维的活动并没有在任何一处完全吸收世界中的实存，两者之间始终保持着紧张的张力。并且，这种张力不是两个独立域之间的外在张力，而是整体中的内部张力。

可以看到，对维特根斯坦而言，实在论和观念论并不是两种可供选择的“对等”（equivalence）语汇，而是同一种语汇。我认为，用“概念实在论”来界定这种语汇是妥当的。以下论述明确支持了这个判断：

> 为了理解逻辑是我们所需要具有的那种“经验”不是这样的：某物是如此这般的；而是这样的：某物存在。但是，这恰恰不是任何经验。逻辑先于每一种经验——某物是如此这般的。它先于如此，而不先于什么。（5.552，卷 2，第 81 页）
>
> 经验实在的界限是由对象的总和所划定的。这个界限又显示自身于基本命题的总和之中。（5.5561，卷 2，第 83 页）
>
> 在此人们看到，唯我论，当其被严格贯彻到底时，和纯粹的实在论叠合在一起了。唯我论的我收缩成一个没有广延的点，所

① Brain McGuinness, *Approach to Wittgenstein* (London: Routledge, 2002), p.134.

存留下来的东西是那个与他配合在一起的实在。（5.64，卷 2，第 87 页）

尽管从《逻辑哲学论》到《哲学研究》存在着从语义到语用，从逻辑空间的意义建构到社会范畴下的规则澄清的明显转向，但后者仍然保留了康德式的先验取向。比如，可参照以下两段：

人们将包含在表现方式之中的东西表述给事物。（104，卷 4，第 83 页）

语法说出某种东西是哪一种对象。（373，卷 4，第 198 页）

但后期维特根斯坦对怀疑论的批判性思考让他比前期更关心先验路径下的客观有效性。在康德那里，客观有效性是由知性判断的形式提供的，而在维特根斯坦那里，客观有效性是由语言游戏的语法形式提供的。但我们看到，维特根斯坦不止一处地讨论了“语法的幻觉”，其背后的原因是对客观有效性的深层焦虑。比如他指出：

经由我们对语言形式的一种曲解而产生的问题具有深刻的特征。它们是深刻的不安（Beunruhigungen，disquietudes）；它们像我们的语言的诸形式一样深深地扎根于我们之中，而且它们的意义与我们的语言的重要性一样巨大。（111，卷 4，第 86—87 页）

为了克服这种焦虑，维特根斯坦认为思想必须有其他的基础：

思维被一个光环环绕着。——其本质，逻辑，呈现了一种秩序，而且是世界的先天秩序，也即，那种诸种可能情况的秩序，必定为世界和思维所共同具有的秩序。但是，这种秩序似乎必定是最为简单的。它先于所有经验；必定贯穿于整个经验；它自己不能带有任何经验上的浑浊或不确定性。（97，卷 4，第 80 页）

> 在存在着意义的地方必定存在着完善的秩序。因此，即使在最为模糊的命题中也潜存有这种完善的秩序。（98，卷 4，第 81 页）

可以看到，尽管维特根斯坦在《逻辑哲学论》中指出，“不存在任何先天的事物的秩序”（5.634，卷 2，第 87 页），但是在这里，“世界和思维所共同具有的秩序”成为了思考的最终基础。维特根斯坦在这里探讨的不是形式化的知性秩序，而是心灵结构和世界肌理之间的本质同构性。如果说《逻辑哲学论》中的维特根斯坦仍然着眼于单个命题与原子事实之间的映射关系，并倾向于将这种同构性归入“不可说”的部分，那么这时的维特根斯坦则倾向于从整体的视角出发，将这种同构性作为一切哲学思考的起点。1929 年的圣诞假期，他在和石里克、魏斯曼讨论时检讨了《逻辑哲学论》的基本构想。他指出，“我曾写道，‘一个命题像尺子一样对准了实在……’现在我更愿说，一个命题系统像尺子一样对准了实在。我这话的意思如下。如果我用一把尺子对准一个空间物体，那么同时，我就把所有的刻度线都对准了它”。① 根据前面对《逻辑哲学论》的解读，维特根斯坦在此提到的这个转向并不是质的转向，而仅是程度上的，是让一种超越实在论和观念论的“概念实在论”语汇最终落脚于关于存在的整体构想。

麦克道威尔的“概念实在论”

布兰顿在一次访谈中指出，“麦克道威尔和我都是关于世界的概念实在论者。我们认为，世界实际上是独立于人的，但已经被概念化……概念没有外在边界……世界其实就已经在概念塑造中了”。② 但麦克道威尔对布兰顿提出的这幅黑格尔式图景持保留态度，他曾明

① 蒙克：《维特根斯坦传：天才之为责任》，王宇光译，杭州：浙江大学出版社，2011，第 289 页。

② 陈亚军、周靖：《匹兹堡问学录：围绕〈使之清晰〉与布兰顿的对谈》，上海：复旦大学出版社，2017，第 199 页。

确指出，他“拒绝做‘匹兹堡新黑格尔主义’这匹哑剧马的两条后肢”。① 麦克道威尔和布兰顿的关键分歧在于，麦克道威尔认为理由空间的运作必须能够回应或答复某个经验性的“法庭”，但布兰顿认为这一步骤是多余的。从这个角度来看，用概念实在论来同时界定麦克道威尔和布兰顿的立场是不恰当的。

但是和任何哲学立场一样，概念实在论也存在着巨大的阐释空间。在麦克道威尔看来，概念实在论不仅并不必然落脚于布兰顿式的理性主义，还能在经验主义的语汇中得到恰当的转译。《心灵与世界》最终呈现的是一幅经验主义框架下的概念实在论图景，它的核心任务是实现保留经验法庭和取消外部限制的双重诉求。麦克道威尔指出，“我们倾向于陷入一种不可容忍的摇摆：在一个阶段，我们被带向无法给出思维与客观实在之关系的融贯论；在另一个阶段，我们又退回到对所予的诉求，而这种诉求最后毫无用处。我主张，为了逃脱这种摇摆，我需要一种作为状态或事件的经验概念，这些状态或事件是被动的，但又反映了在运用中归属于自发性的概念能力”。② 这是一项精细而微妙的工作，用布兰顿的玩笑话来说，“孩子，别在家里尝试它。此人是专业的，你试的话会以流泪收场”。③

我们注意到，为了阐明这幅图景，麦克道威尔没有像实用主义者那样用“经验”这个纯粹基于关系的范畴代替心灵和世界这两个关系项，而是试图在一幅概念实在论的图景中探讨心灵和世界之间的张力。一方面，世界对知觉的贡献必须是可以被我们思维的。也就是说，世界必须具有思维所具有的那种结构，只有这样，从经验到判断的心理过程才可以说是理性的。但另一方面，世界并不是我们创造的，我们不应该像观念论者那样说，因为世界对知觉的贡献是可以被思维的，所以世界必须本质上是由思想构成的。综观整部《心灵与世界》，心灵

① John McDowell, “Knowledge and the Internal Revisited”, in *The Engaged Intellect: Philosophical Essays* (Cambridge, MA: Harvard University Press, 2009), p.278.

② McDowell, *Mind and World*, p.23.

③ Brandom, *Perspectives on Pragmatism*, p.197.

或世界没有在任何一处尝试吸收另一方，也没有在任何一处让位给某个关系性范畴。这是麦克道威尔从塞拉斯那里继承的关键遗产：永远在人和世界的张力中探讨人的问题。

但麦克道威尔又试图阐明，探讨心灵与世界的张力并不必然要求我们在观念论和实在论之间作出非此即彼的选择。无论是在实在论者还是在观念论者看来，麦克道威尔提出的第三条路径并不是一个令人满意的理论方案。比如，实在论者威廉姆森（Timothy Williamson）指出，麦克道威尔的概念实在论要求如下的前提："任何东西（对象、属性、关系、事态……）都是可思维的。"但这一构想忽视了下面的事实：实在中包含原则上无法被思维的"难以解释的对象"（elusive objects）。① 而观念论者加斯金（Richard Gaskin）则指出，麦克道威尔的最低限度的经验主义还不够彻底，一种真正意义上的最低限度的经验主义必须认为"世界本身就具有命题性结构"，或者说，世界本身必须具有"类似于句子的表象"，而这种意义上的经验主义实质上就是一种"语言观念论"（linguistic idealism）。② 而在麦克道威尔看来，在心灵与世界之间维持张力的要点不在于将最终的解释力归派给其中的任何一项（不管是"命题性结构"还是"难以解释的对象"），而是在一种更为基础的同构性中理解心灵的运作"就是"世界本身。

在《心灵与世界》中，麦克道威尔将这种同构性理解为："感受性中的概念能力运作让我们可以说，经验就是向实在布局的敞开（openness to the layout of reality）。经验让实在布局本身能够对主体的思维施加理性影响。"③ 可以看到，因为仍处在康德式（同时也是塞拉斯式）的框架下，这一表述中心灵和世界仍然具有某种相互外在性。到了《将世界纳入视野》（比如《避免所予神话》），麦克道威尔试图通过探讨一种概念性的直观来消弭这种外在性。他试图阐明，对象本身

---

① Timothy Williamson, *The Philosophy of Philosophy* (Oxford: Blackwell, 2007), pp.16—17.

② Richard Gaskin, *Experience and the World's Own Language: A Critique of John McDowell's Empiricism* (Oxford: Clarendon, 2006), p.227.

③ McDowell, *Mind and World*, p.26.

对我们的呈现已经具有形式化的统一性，让我们有权判断自己遇到了一个具有这些属性的对象。而直观就是这种授权的关键步骤。这里的关键在于，直观即使尚未获得命题的形式，也已经具备了“共同性”（togetherness）的形式。用麦克道威尔的话来说，“直观内容的每一个方面在呈现时已经是和论述能力相连的适当内容了，即便它们实际并没有——或至少尚未——如此相连”。①

麦克道威尔尝试在黑格尔的帮助下重新理解心灵与世界的同构性。他指出，“很明显，这是一种观念论。根据这一观点，世界本身以判断形式为结构”。② 麦克道威尔还试图阐明，他在黑格尔的帮助下得到的这种概念实在论实际上就是维特根斯坦的立场。维特根斯坦在战时笔记中指出，“观念论，当其被严格思考之后，导致了实在论”。（16.10.15，卷 1，第 142 页）③ 麦克道威尔在《将世界纳入视野》中援引了这一表述，并指出，“任何可接受的观念论版本都必须追求这种形态；如果我们想清楚这种形态，观念论和常识实在论是完全一致的”。④ 事实上，在《心灵与世界》中，麦克道威尔就已经开始在这个意义上拒斥一种狭义的观念论，只不过当时他尚未将此和维特根斯坦关联起来。他指出，有人认为“称某个立场为‘观念论’就是在反对它没有真正认识到实在是如何独立于我们的思维的”，而他的工作就是要祛除这样的表象。⑤

可以看到，如果说黑格尔帮助麦克道威尔澄清了实在论和观念论之外的第三条道路，那么维特根斯坦则帮助麦克道威尔阐明了，从一个更深层次的视角来看，理想形态的实在论和观念论实际上是同一种构想，因此，实在论和观念论的争论实际上并无多大的意义。麦克道威尔指出，我们可以有“一种并不和常识实在论产生分歧的观念论（至少是观

① 麦克道威尔：《将世界纳入视野》，孙宁译，第 251 页。

② 同上书，第 133 页。

③ 维特根斯坦还指出，“正如我的表象就是世界一样，我的意志就是世界—意志”。（16.10.17，卷 1，第 142 页）

④ 麦克道威尔：《将世界纳入视野》，孙宁译，第 131 页。

⑤ McDowell, *Mind and World*, p.26.

念论方案）。因为这种观念论符合常识，表述这一立场的术语‘世界是所有符合事实的描述’应该是一个我所说的自明之理，而不是在表达某种有争议的形而上学”。① 在麦克道威尔看来，这个洞见正是《逻辑哲学论》的第一个命题所表达的。以一种非常接近于维特根斯坦的方式，他在一篇批评文章中指出，“我认为，可思维的东西和事实（根据《逻辑哲学论》的构想，作为世界的要素）只能放在一起才能被理解”。②

寂静主义视角下的概念实在论

麦克道威尔对维特根斯坦的解读主要是围绕“何谓遵守规则”的问题展开的。这个问题由维特根斯坦在《哲学研究》中提出，通过克里普克等人的阐发得到进一步的深化和展开，最终成为分析论域中的一个核心问题。麦克道威尔认为，我们不需要某种额外的理论或附加的视角解释何谓遵守规则。这里的额外理论或附加视角既包括在具体应用规则之前预先确定某种元规则的柏拉图式思路，也包括在人际交往中探讨规则如何生成和运作的社会性思路。③

对《哲学研究》的一般解读是围绕着麦克道威尔所批评的第二条思路展开的，即在社会范畴下探讨规范的建制。这条思路直接反对关于规则的柏拉图主义式理解，把共同体的活动作为理解规则的唯一语境。比如，克里普克试图阐明，是否正确遵守语言规则取决于这次运用是否符合其他语言使用者的期望。④ 这一思路的晚近代表是布兰顿。

① 麦克道威尔：《将世界纳入视野》，孙宁译，第 133—134 页。

② John McDowell, “Towards Rehabilitating Objectivity”, in Robert Brandom, ed. *Rorty and His Critics* (Malden: Blackwell, 2000), p.96. See also McDowell, *Mind and World*, p.27.

③ See John McDowell, “Non-Cognitivism and Rule-Following” ; “Wittgenstein on Following a Rule”, both collected in John McDowell, *Mind*, *Value*, *and Reality* (Cambridge, MA: Harvard University Press, 1998), pp.198—262.

④ See Saul Kripke, *Wittgenstein on Rules and Private Language*: *An Elementary Exposition* (Cambridge, MA: Harvard University Press, 1982); Crispin Wright, “Critical Notice of Colin McGinn's *Wittgenstein on Meaning*”, in Alexander Miller & Crispin Wright, eds. *Rule-Following and Meaning* (Chesham: Acumen, 2002), pp.108—128.

维特根斯坦指出，“每一次遵守规则的行动都是一种释义。但是，人们只应当将这样的东西称为‘释义’（Deutung）：用规则的一种表达来代替其另一种表达”。（201，卷4，第144页）布兰顿从中得到的关键的洞见是：隐含的规则可以在这种层级性的解释递进中逐步转化为清晰的规范。麦克道威尔对在社会语境中探讨规则的总体方案保持警觉。他认为，对规范建制的层级性刻画在很大程度上是一种理论的虚构。更进一步，他试图阐明，社会性范畴当然是重要的，但它不能成为建构意义的框架。①

《心灵与世界》的主要工作是通过“第二自然”（second nature）让已经“祛魅”（disenchantment）的自然重新“复魅”（re-enchantment），即让属人的要素重新进入“单调的”（bald）自然。对遵守规则的理解同样以这一点为前提。在麦克道威尔看来，柏拉图主义的规则观和基于社会范畴的规则观实际上都是区分人与自然的二元论，前者将规则置于完全与自然进程无涉的领域中，而后者为了矫正这一点，试图以自然规律的方式来理解规则。它们实际上都是对自然作了祛魅的理解。② 麦克道威尔认为，我们必须在整合了人与自然的“第二自然”语境中理解规则的生成和运作，这意味着我们不能脱离具体的生命实践（麦克道威尔意义上的“教化”）给出一套关于何谓遵守规则的抽象理论。这个独特的视角导致了麦克道威尔对后期维特根斯坦的特殊解读。他试图阐明，维特根斯坦并不想要给出关于意义的建构性理论，这其中也包括在社会交往中建构意义的“社会实用主义”（social pragmatism）。③ 麦克道威尔认为，维特根斯坦思想的核心在于“他关于哲学应该做什么的构想，即他的‘寂静主义’，他拒斥任何建构性或理论化的野心”。④ 对这种寂静主义而言，任何以“解释”为目的的理论都是不被需要的。这正是维特根斯坦最终让语言游戏落脚于“人类自然史”的根本原因。维特根斯坦指出，“下命令、提问、讲述什么、闲聊属于我们的自然史，正如走路、

① McDowell, *Mind and World*, p.95.

② Ibid., p.94.

③④ Ibid., p.93.

吃饭、喝水、玩游戏一样”。（25，卷 4，第 26 页）

从探讨何谓遵守规则得到的寂静主义洞见成为了麦克道威尔理解维特根斯坦的关键抓手，这种寂静主义拒斥任何试图对意义作出解释的“建构性哲学”（constructive philosophy）或“实体性哲学”（substantive philosophy）。[①] 我们可以在维特根斯坦的如下论述中明确看到这种反建构性或反实体性哲学的构想：

> 在我们的考察中不可以出现任何假设性的东西。一切解释均须去除，出现在其位置之上的只能是描述。（109，卷 4，第 86 页）
>
> 哲学不应该以任何方式损害语言的实际的用法，因此，最后它只能描述它。因为它也不能为其提供基础。它不改动任何东西。（124，卷 4，第 90 页）
>
> 哲学恰恰只是将一切摆放在那里，它不解释任何东西而且不推导出任何东西。——因为一切均已公开地摆放在那里了，也没有什么要解释的。（126，卷 4，第 91 页）

如何从寂静主义的视角理解麦克道威尔和维特根斯坦的概念实在论？这里要指出两个要点。首先，在维特根斯坦的语境中，这种反建构性或反实体性的哲学同时也是一种治疗性哲学，它的实质是治疗这样一种“哲学疾病”，即以一种看似得到证成的虚构理论来回答一个虚构的问题。治疗性哲学的最终诉求是反思什么是哲学家的“本分”，它不是要解决哲学问题，而是将哲学活动本身作为问题来加以反思。因为这种反思最终“消解”了大多数的哲学问题，所以它在某种意义上是“非哲学”甚至是“反哲学”的。至少在后期维特根斯坦的语境中，研究哲学的目的是彻底消除哲学。在这个意义上，维特根斯坦意义上的“治疗者”同时也是哲学的“掘墓人”。而在麦克道威尔看来，治疗

① See John McDowell, “Wittgensteinian ‘Quietism’”, *Common Knowledge*, 15: 3 (2009), p.369.

的目的不是哲学的死亡，而是一种常识性的“二次天真”。他试图阐明，在放弃了对意义的焦虑之后，我们也许能够得到关于意义的真实理解，而这种状态正是维特根斯坦想要通过“飞出捕蝇杯”的隐喻传达给我们的。他在《心灵与世界》中指出，“哲学的任务是应该驱逐下面这一假设，即我们似乎很难在世界中为意义找一个位置，这样我们就可以从容接受意义对塑造我们的生活所起的作用。我们不需要对意义在自我认识中的位置给出一种合法化证明”。[①]

在《将世界纳入视野》中，麦克道威尔明确地将寂静主义的治疗方案从意义的探讨进一步拓展到他的概念实在论立场。他在一个关键的脚注中反驳了艾尔斯（Michael Ayers）对他的批评。艾尔斯指出，麦克道威尔的寂静主义认为我们在说世界具有概念化结构时可以言不由衷：“我们并不认为对‘事实’的谈论意味着世界……真的具有命题形式。”[②] 麦克道威尔则指出，“寂静主义的要点不在于收回世界具有概念化结构的断言，而在于坚持这一断言并不是在表达某种有争议的形而上学。艾尔斯没有看到另一种观念论的可能性，在适当的理解下，这种观念论可以是毫无争议的。……我们接受的当然是感觉揭示给我们的东西。我们并不接受单一的物质性对象；我们接受我们和这些对象的遭遇”。[③] 在寂静主义的视角下，麦克道威尔试图揭示这样一幅关于心灵与世界的图景，在这幅图景中，显见的常识最终取代了过度的形而上学，坦然地“进入”（同时也是“纳入”）世界并最终平息了理论的焦虑。

如果我们从一种非历史性的视角来看待维特根斯坦的文本，麦克道威尔的这个拓展步骤提示了从《哲学研究》回溯至《逻辑哲学论》的可能性，即在《哲学研究》提出的寂静主义视角下重新理解《逻辑哲学论》的概念实在论。维特根斯坦试图在《逻辑哲学论》中阐明，

---

① McDowell, *Mind and World*, p.176.

② Michael Ayers, “Sense Experience, Concepts, and Content: Objections to Davidson and McDowell”, in Ralph Schumacher, ed. *Perception and Reality: From Descartes to the Present* (Paderborn: Mentis, 2004), p.254.

③ 麦克道威尔：《将世界纳入视野》，孙宁译，第 134 页。

我们无法置身于逻辑的限度之外去说明命题是如何表征世界的，这表明命题与世界的同构性最终落于不可说的部分。但在维特根斯坦那里，不可说的部分虽然不能以命题的形式得到陈述（gesagt），但可以被指明（gezeigt），这种指明一方面规避了任何意义上的理论“解释”，另一方面又是所有理论活动的背景。因为前期维特根斯坦的神秘主义倾向，这种指明对哲学活动本身的关键意义要到后期维特根斯坦的治疗性哲学才能得到明确的揭示，在这个意义上，前期维特根斯坦和后期维特根斯坦是连续的。寂静主义的治疗方案帮助我们看到，在理论上“解释”《逻辑哲学论》的概念实在论是不可能的，因为在实在论和观念论之间摇摆仍然只是哲学问题，尚未进展到对哲学活动本身的反思，以及通过这种反思获得的背景性洞见。

其次，这种反建构性或反实体性的哲学不仅是一种治疗性哲学，同时也是一种实践哲学。在维特根斯坦的语境中，消解理论建构并不必然要求消解哲学活动本身，掘墓人埋葬的只是狭义的哲学工作，而非广义的哲学活动，因为后者与生命实践本质地关联在一起。从这个视角出发，对维特根斯坦的“决断式解读”是可被质疑的。他的最终诉求并不是提出一种自我解构的理论方案，而是在实践的视域中重新校正哲学活动的方向，进而重塑哲学的自我形象。根据这种构想，一种健康的哲学不应该探讨如何在心灵或语言内部把握世界的本质结构，而是应该在最宽泛的自然、历史和社会语境中探讨人的生存性实践。

与上一个要点类似，我们同样可以在《哲学研究》提供的实践维度下重新审视《逻辑哲学论》的概念实在论。黄敏教授指出，摩尔对维特根斯坦的先验观念论解读面临着一个根本问题：“第一人称主体的有限性投射为世界整体的限度，因而显示为必然性，但为什么不能采取第三人称视角认为它只是一种偶然性呢？”[①] 黄敏给出的方案是，以颠倒主体和意向行为的方式来理解第一人称视角，即不是让“主体能

---

① 黄敏：《论言说与显示之分的依据——对逻辑图像论的意向性解读》，《哲学研究》，2022年第11期，第122页。

力解释其行为”，而是“让行为优先于主体”。[①] 我认同这个解决方案。在此基础上，我想进一步指出的是，这个方案的实质是从静观的理论构想转向实践的理论构想。如果我们能从理论的态度转向实践的态度，分离的心灵与世界就能在行动域中得到统一，实在论和观念论这组非此即彼的选项就会让位于在行动中得到一再确认的心灵与世界的张力。从某种意义上来说，实践态度也是我们理解维特根斯坦思想发展的核心线索。在《逻辑哲学论》中，向主体展现的世界通过“行动”获得了它的根本规定性（即具有必然的限度），这种规定性最终落脚于《哲学研究》中探讨的“生活形式”（Lebensform）。维特根斯坦指出，“语言的说出是一个活动或者一个生活形式的一个部分”。（23，卷 4，第 24 页）作为实践范畴的“生活形式”同时规定了概念的结构和实在的秩序，它是同构性的唯一来源。

实践维度对于我们理解麦克道威尔的概念实在论同样是不可或缺的。麦克道威尔受到的一个主要批评是，他只对世界发生概念层面的兴趣，而不是关注我们对周遭环境的生存性“应对”（coping）。这一批评的典型代表是德雷福斯（Hubert Dreyfus）。[②] 但麦克道威尔认为，这是对他的根本性误解。他指出，他并不认同“分离的心灵神话”（Myth of Mind as Detached），这个神话认为世界“没有内在的实践意义”，相反，和德雷福斯及梅洛-庞蒂（Merleau-Ponty）一样，他认为“世界是融入性应对者（absorbed coper）的世界，事实上也是一般行动者的世界，不管这些行动是否是反思性的，这个世界充满了丰富的行动请求”。[③] 不管麦克道威尔是否通过对“第二自然”的讨论成功展示了与世界的实践关系，但可以肯定的一点是，概念实在论的内核是实践的，心灵与世界的本质关系必须在“行动”和“做”中得到展现。

① 黄敏：《论言说与显示之分的依据——对逻辑图像论的意向性解读》，《哲学研究》，2022 年第 11 期，第 126 页。

② See Hubert Dreyfus, “The Myth of the Pervasiveness of the Mental”, in Joseph Schear. ed. *Mind, Reason, and Being-in-the-World: The McDowell-Dreyfus Debate* (London: Routledge, 2013), pp.15—40.

③ John McDowell, “The Myth of the Mind as Detached”, in Ibid., p.52.

这个结论要求我们进一步反思，作为寂静主义的概念实在论在何种意义上是“寂静”的？麦克道威尔指出，“寂静主义确实要求我们不要参与某些假定的任务，但这就需要我们去指出它们是不必要的。而这就需要展开工作。治疗哲学试图让我们摆脱正面的劳作，但它也有自己的困难”。[①] 从某种意义上来说，《心灵与世界》指向的就是一种更深层次上的劳作。真正的寂静主义者不问概念能力如何运作，也不分析理由空间的结构，而是坦然进入与世界的互动中，在塑造世界的同时也接受世界对他的塑造。这种概念实在论不是一次成型的，而是在生命的实践活动中不断地得到体认和充实，这个过程也就是麦克道威尔探讨的“教化”（Bildung）过程。麦克道威尔意义上的“教化”不是理论体系中的某个关键部件，而是理论得以产生和发展的生命活动本身，它是维特根斯坦的“生活形式”的动态表达。

① McDowell, “Wittgensteinian ‘Quietism’”, p.371.

第十一章　自由自然主义的两个版本：对麦克道威尔的杜威式推进

引　言

无论是从哲学史还是从当下的理论视角来看，“自然主义”都是一个极为复杂的概念。斯宾诺莎和休谟这两条风格迥异的思路都被称为自然主义，而在当下的理论语境中，各种极为不同甚至相互抵牾的立场都将自己界定为自然主义，这让自然主义在很大程度上变成了一个空洞无力的概念。尽管如此，我们还是认为当代自然主义者共享了物理主义这个基本预设。正如德雷斯基（Fred Dretske）所指出的，自然主义本质上是一种“唯物论形而上学”，即“只使用物理的酵母和面粉烘焙出一个心理的蛋糕”。[①] 基于这一预设，科学自然主义的还原论方法自然也就成为了自然主义者的主要理论路径，这一方法在不同语境中表现为将心理内容还原为物理存在，将属人的认知状态和认知进程还原到非人或前人阶段，将规范层面的“应当”还原为因果层面的“是”等。

这种还原论自然主义思路遇到的根本难题是：我们至今没能在哲学和科学的帮助下找到那个由物理突变为心理、由非人突变为属人、由“是”突变为“应当”的中介性节点。近十几年来，一种非还原论的自然主义路径在学界引发了持续的关注和讨论，甚至成为了当前自

① Fred Dretske, *Knowledge and the Flow of Information* (Cambridge, MA: MIT, 1981), p.xi.

然主义的主流。这种自然主义试图消解而不是解决还原论自然主义遇到的难题，它在坚持物理主义底线的同时又拒斥方法论层面的科学自然主义，认为世界的基本特征从本质上来说是物理的，但是在演进过程中突现了一些无法被完全还原为物理实体的存在。从这种非还原性构想出发，德卡罗（Mario De Caro）、罗森伯格（Gregg Rosenberg）等一批哲学家在本世纪初尝试建构了一种被他们称为“自由自然主义”（liberal naturalism）的理论方案。[①] 我们注意到，在此之前，斯特劳森已经在 1983 年的伍德布里奇讲座（《怀疑主义与自然主义》）中尝试界定了两种自然主义：一种是严格的或还原论的自然主义（strict or reductive naturalism），或称硬性自然主义（hard naturalism）；另一种则是宽宏的或自由的自然主义（catholicor liberal naturalism），或称软性自然主义（soft naturalism）。[②] 不过，因为斯特劳森是在怀疑主义的问题域中探讨自由自然主义，所以他并没有完整地呈现这一立场的丰富内涵和理论后果。本章要讨论的是，在斯特劳森之前和之后，有另外两位哲学家对自由自然主义展开了富有成果的探讨，并提出了两个更为体系化的方案。这两个方案分别是杜威的《经验与自然》和麦克道威尔的《心灵与世界》。在充分刻画这两个理论方案的基础上，本章试图阐明，尽管从时序上来看，杜威的方案比麦克道威尔的方案早了半个多世纪，但从理论的最终形态来看，杜威的方案反过来推进了麦克道威尔的方案。

宽泛地看，麦克道威尔和杜威的自由自然主义版本都是一种非还原论自然主义，但他们对“非还原性”的理解存在着重大分歧。基于匹兹堡学派的基本理论方案，麦克道威尔坚持区分自然秩序和理由空

① See Mario De Caro & David Macarthur, eds. *Naturalism in Question*（Cambridge, MA: Harvard University Press, 2004）; Gregg Rosenberg, *A Place for Consciousness*: *Probing the Deep Structure of the Natural World*（Oxford: Oxford University Press, 2004）. 参与讨论的哲学家还包括但不仅限于 Hilary Putnam, Philip Kitcher, Peter Godfrey-Smith, Huw Price, Joseph Rouse, Robert Sinclair, Bjorn Ramberg 等人。

② P. F. Strawson, *Scepticism and Naturalism*: *Some Varieties*（London: Methuen, 1985）, p.1, p.42.

间，以此来保证后者的“自成一类性”（sui generis）。他认为自然主义的主要任务是解释自然秩序如何突变为理由空间，为此他提出了第二自然这一中介。不同于麦克道威尔，杜威所处的古典实用主义传统让他对任何形式的二元论思维保持着天然的警惕。在他看来，非还原性并不需要通过自成一类性得到刻画，因为这样做是对（与理由空间相对的）自然作了狭义的“物理学主义”（physics-ism）的理解。① 杜威认为，坚持非还原性的根本原因并不是理由空间的自成一类性，而是作为还原目标的“物理实体”已经随着心灵的出现发生了本质性的改变。在此基础上，他试图提出一个更为“自由的”自然主义版本。这个版本建议我们从解释“人的突现”转向探讨“人在自然中”，它一方面强调从物理层次到心灵层次的彻底连续性，另一方面要求我们重新界定“物理实体”在心灵出现之后的内涵，并在一个全局性的“自然/经验/文化”视域中考察不同层面的存在是如何交缠和共生在一起的。在下面的篇幅中，我将首先讨论麦克道威尔和杜威语境中的自由自然主义，然后再根据杜威的构想尝试从三个方面推进麦克道威尔的理论方案，即重新界定人在自然中的位置，彻底认识自然的连续性，以及尝试探讨一种全局性的自然观。

麦克道威尔的自由自然主义

麦克道威尔在《心灵与世界》中将自己的立场界定为“松弛自然主义”（relaxed naturalism）。这种自然主义既有别于还原论的单调自然主义（bald naturalism），又不同于膨胀的柏拉图主义（rampant platonism）。一方面，不同于单调自然主义，松弛自然主义强调理由空间的自成一类性，拒绝从自然科学所刻画的自然秩序中重构出理由空间的全部结构。另一方面，不同于膨胀的柏拉图主义，松弛自然主

---

① 这里我用到了王晓阳在“物理主义”（physicalism）和“物理学主义”（physicsism）之间作出的有益区分。参见王晓阳：《物理主义不等于物理学主义——表述物理主义的一个新方案》，上海：《学术月刊》，2020年第5期。

义又拒绝因为理由空间的自成一类性而设定一个独立存在的理念世界，而是从一种生成的视角出发探讨自然秩序和理由空间的连续性。麦克道威尔试图阐明，理由空间尽管具有自成一类性，但又是从自然秩序中演化而来的。麦克道威尔有时也将自己的立场称为“自然化柏拉图主义”(naturalized platonism)。他指出，“自然化柏拉图主义是柏拉图式的，因为它认为理由空间的结构具有某种自律性；它并不派生自那些人类离开这种结构亦可把握的真理，也不反映这些真理。然而这种柏拉图主义又不是膨胀的：理由空间的结构并不是完全独立于属人的东西而被构造出来的”。①

可以看到，松弛自然主义是一种特殊的自然主义立场，它试图在还原论的自然主义和理念论的柏拉图主义之间保持一种微妙的平衡。在这个理论方案中，麦克道威尔既试图在匹兹堡学派的基本框架（自然秩序和理由空间的区分）中处理问题，又同时保留了一种连续性的诉求。如何在引入连续性的同时不破坏由塞拉斯开创的传统，这个精细的工作目标给麦克道威尔带来了诸多界定和解释上的困难。用布兰顿的玩笑话来说，“孩子，别在家里尝试它。此人是专业的，你试的话会以流泪收场”。②

麦克道威尔认同塞拉斯在因果秩序和理由空间之间作出的必要区分，并在康德的帮助下强调了这一区分。他指出，他之所以反对将人的生命等同于单纯的动物生命，是因为这样会“拒斥所有以特殊的康德方式谈论的自发性”。③他还对自发性作出了非常契合康德式启蒙语境的界定：不同于低阶的动物能力，“自发性能力是由概念能力网络构成的，这些概念能力由推定的理性联系关联在一起，这些联系本质地服从于批评性反思”。④但麦克道威尔对塞拉斯的一个主要批评是，由于对规范性的过高要求，塞拉斯没有想到这样一种可能性，即自然秩

---

① McDowell, *Mind and World*, p.92.

② Brandom, *Perspectives on Pragmatism*, p.197.

③ McDowell, *Mind and World*, p.183.

④ Ibid., p.124.

序中已经存在原概念性（proto-conceptual）的特殊运作，并以这种方式将理由空间纳入了自身，而这个洞见已经隐含在康德对感受性和自发性的探讨中了。在麦克道威尔看来，自然秩序和理由空间之间并不存在真正的断裂，他用“第二自然”（second nature）这个关键概念来标示自然秩序和理由空间的连续性。人不仅具有动物性的第一自然，还拥有特殊的第二自然。

麦克道威尔在讨论第二自然时援引亚里士多德和伽达默尔（Hans-Georg Gadamer）作为自己的主要思想资源。和亚里士多德一样，麦克道威尔将人界定为“理性动物”。他指出，在亚里士多德那里，“一个正常、成熟的人是一个理性动物，它的理性是它的动物性存在，因而也是自然存在的一部分，而不是另一个领域中的某个神秘立足点。这就要我们认识到我们的大部分本性是第二自然”。[①] 但麦克道威尔又试图阐明，尽管人的理性来源于动物性，但理性又具有根本上有别于动物性的自成一类性。他在这个理论节点上援引了伽达默尔在“动物的生命模式”和“人的生命模式”之间作出的区分，前者是“生活在环境（Umwelt）中”，后者是“生活在世界（Welt）中”。麦克道威尔试图通过这一区分阐明，“我们可以认识到人和动物所共享的东西，同时保留康德式论题强加给我们的区分”。[②]

从动物性存在进展到理性存在的关键是“教化”（Bildung）。麦克道威尔指出，“我们的教化将我们的一些天生潜能现实化，我们不需要认为它将一些非动物性成分引入人性的构成。虽然我们不能从法则领域的事实重构出理由空间的结构，但我们只有通过教化才能认识作为意义框架的理由空间，教化是人这种动物正常走向成熟的一个要素。意义不是自然之外的神秘馈赠”。[③] 他还指出，“人生下来是单纯的动物，并在走向成熟的过程中转变为思维者和有意向的行动者。这种转向看起来很神秘。但如果我们将语言学习置于教化——人类正常成熟

① McDowell, *Mind and World*, p.91.
② Ibid., p.115.
③ Ibid., p.88.

的核心要素——中的关键位置，就能从容解释这种转向”。[①] 可以看到，麦克道威尔试图通过教化实现两个解释任务：从自然秩序到理由空间的演化性（evolutionary）解释，以及理由空间的构成性（constitutive）解释。他试图阐明，尽管人的构成中并不包含任何非动物性的成分，但人性在通过教化成长的过程中也产生了一些不可还原为动物能力的面向。他在一个重要的脚注中指出，“被教化所塑造的成熟人类生命中诸种方面表明，在从单纯自然（第一自然）演化而来的过程中出现一些不可同化的残余（unassimilated residues）”。[②] 正是这些不可同化的残余解释了理性的自成一类性。

概而言之，麦克道威尔的“松弛自然主义”认为，首先，人作为“理性动物”是一种双重性的存在，我们一脚站在动物领域内，一脚站在理性王国中，并通过人性的教化从前者进展到后者；其次，自然并不是单调的，它已经浸透了原概念性的意义，正是在这个意义上，麦克道威尔有时也将第二自然称为“意义空间”；再次，理性能力并不是无源之水，它从动物性能力中演化而来，并在这个过程中获得了某些不可还原的自成一类性。

麦克道威尔的这些思考在后续的两个关键文本中得到了进一步的展开。在《两种自然主义》中，麦克道威尔试图在拒斥非自然主义伦理学（主观主义或超自然主义）的前提下探讨自然与规范的连续性，为此他区分了两种自然主义。一种是“新休谟式自然主义”（neo-Humean naturalism）或“经验论者自然主义”（empiricistic naturalism），也就是《心灵与世界》中的单调自然主义。这种自然主义认为“实在的全部就是自然世界，也就是自然科学所揭示的世界”。[③] 麦克道威尔认为这是一种“肤浅的形而上学”（shallow metaphysics）。[④] 与之相对的是另一

① McDowell, *Mind and World*, p.125.

② Ibid., p.183, n. 2.

③ John McDowell, *Mind*, *Value*, *and Reality* (Cambridge, MA: Harvard University Press, 1998), p.173.

④ Ibid., p.182.

种“可接受的自然主义”(acceptable naturalism)，这种自然主义要求我们从“主体性/物自体”的困境中走出来，构想一种不独立于主体性结构的自然世界。在《心灵哲学中的自然主义》中，麦克道威尔明确地将这种关于自然的构想界定为“自由自然主义”(liberal naturalism)。他指出，现代和前现代的自然观分别对应于两条自然主义思路。一条是“还原的或限制的自然主义”(reductive or restrictive naturalism)，另一条则是“自由自然主义”。前一条思路将自然等同于自然法则的领域，或者试图将理由空间的结构还原为自然法则，或者试图阐明在理由空间工作的概念直接将事物置于自然法则的领域。后一条思路一方面“以康德式的精神拒绝接受自由领域的结构可以以第一种方式自然化”，另一方面又拒绝像塞拉斯那样认为“理由空间是异在于自然的”。[1] 根据自由自然主义，“知识的规范身份和行使自然能力之间并不存在张力”，换言之，“理由空间”和“原因空间”之间的对立并不存在，因为“理由可能也是一种原因”。[2] 麦克道威尔还试图将这个整合了理由和原因的整体性范畴界定为“生命”(life)。他指出，“我们必须强调，思维和认知是我们的生命面向。生命的概念就是生命的进程，它显然是一个自然的概念”。[3]

我们可以从上述讨论中看到，麦克道威尔语境中的“松弛自然主义”和“自由自然主义”有着不同的理论侧重点。前者试图通过强调理由空间的自成一类性来拒斥还原论的单调自然主义，而后者则试图阐明，在强调这种自成一类性的同时，我们可以通过构想一种前现代意义上的自然观（“理由可能也是一种原因”）让这一方案仍然处在一个自然主义的框架内。麦克道威尔指出，在近代科学的视域下，比如在康德那里，“自然是一个法则领域的观念，是一个伴随现代科学的兴起而聚焦的观念。……对康德而言，自然是法则的领域，因而不具有

① John McDowell, *The Engaged Intellect: Philosophical Essays* (Cambridge, MA: Harvard University Press, 2009), p.261.

② Ibid., p.258.

③ Ibid., p.261.

意义。基于这种自然观，真正的自发性就无法出现在对实现自然能力的描述中”。[①] 他认为，纠正这种自然观的关键是让已经被近代科学“祛魅”的自然重新“复魅”(re-enchantment)，即回到一个具有丰富意义的非单调自然。[②] 但我们看到，鉴于理由空间的自成一类性在麦克道威尔思想中的关键位置，他对自然的重新复魅是有所保留的。正如麦克道威尔在《心灵与世界》中所指出的，他所做的工作只是“对自然的部分复魅”。[③] 这一点突出体现在以下两个方面。

首先，尽管麦克道威尔提出了整合理由和原因的“生命”范畴，但他所理解的演化进程中仍然存在着某种“边界事件”(boundary events)。泰勒对麦克道威尔的一个批评是，“如果我们将自发性理解为一种没有界限的自由，但又必须接触坚韧的、受后伽里略式‘自然法则’控制的世界。这种看待事物的方式有一个无法避免的后果，那就是产生一种以无法解释的方式同时参与自然和自由的、精神分裂的边界事件”。[④] 尽管麦克道威尔认为泰勒误解了他的首要问题，但他还是承认了这种边界事件的存在。他在一篇回应文章中指出，“我同意泰勒的说法，即在他所谓的‘强康德意义上的、作为概念性反思’的自发性和符合伽里略式法则之间存在着某种东西。我们需要这个中间地带来思考非人的动物，这也是我们这里所说的前知性(pre-understanding)”。[⑤]

其次，麦克道威尔坚持区分第一自然和第二自然，他在《两种自然主义》中指出，“第一自然当然是重要的，一个原因是人的第二自然必须受到先天能力的限制”。[⑥] 这一区分背后的主要诉求是，麦克道威尔试图以一种康德式的精神保留理性的自律性，并以此作为拒斥还原论自

---

① John McDowell, *The Engaged Intellect: Philosophical Essays* (Cambridge, MA: Harvard University Press, 2009), pp.96—97.

② McDowell, *Mind and World*, p.72.

③ Ibid., p.97.

④ Charles Taylor, "Retrieving Realism", in Joseph Schear, ed. *Mind, Reason, and Being-in-the-World: The McDowell-Dreyfus Debate* (London: Routledge, 2013), p.81.

⑤ N. H. Smith, ed. *Reading McDowell: On Mind and World* (London: Routledge, 2002), p.283.

⑥ McDowell, *Mind, Value, and Reality*, p.190.

然主义的一个主要抓手。他在《心灵与世界》中指出，“我一直承认寻找一个进化的故事是合理的，但这并不是对关于意义的构成性哲学解释作出让步”，因此，“给出关于正常人不断成熟，包括获得第二自然（包含回应意义）的进化论说明是一回事，给出对回应意义的构造性说明则是另一回事”，任何没有认识到这一点的自然主义都会因为丢失第二个维度而成为“被驯化的自然主义”（domesticated naturalism），而这种被驯化的自然主义离单调自然主义只有一步之遥。①

麦克道威尔的这些论述提示我们，他所构想的自由自然主义要求自然秩序和理由空间之间的某种“断裂”来保证后者的不可还原性。这一认识背后的主要动因是，处在语言转向之后的麦克道威尔将下面这个预设作为自己的工作前提，即必须在非语言性的因果关系和语言性的认知关系之间作出明确的区分。同时我们也应看到，语言转向的视角（对存在的悬置）和自然主义的构想（不同层次的存在之间是连续的）在根本上是不相容的，这给在语言转向之后探讨自然主义制造了很大的障碍。由于诸种原因，麦克道威尔没有看到坚持非还原论自然主义的根本原因并不是理由空间的特殊性，而是作为还原目标的“物理实体”已经随着心灵的出现发生了本质性的改变。在这个意义上，他和还原论自然主义者一样对（与理由空间相对的）自然作了狭义的“物理学主义”的理解。因此，他的自由自然主义最多只能算是一种“松弛”自然主义，并不是一种真正的“自由”自然主义。

杜威的自由自然主义

自然主义是贯穿杜威思想历程的一条主要线索。杜威在公开发表的第一篇文章《唯物论的形而上学假设》中指出，除非心灵已经隐含于物质中，否则就无法解释心灵是如何从物质中突现的。② 在中期

---

① McDowell, *Mind and World*, p.124.

② John Dewey, *The Collected Works of John Dewey, 1882—1953* (Carbondale: Southern Illinois University Press, 1969—1991), EW 1: 3—8.

的《哲学复原之需要》中，这个“形而上学假设”得到了来自经验科学的有力支撑：“根据当下的经验情境——包括进化（生物连续性）的科学观念和控制自然的现存技术——所提供的线索，我们就不会否认主体和对象处在同一个自然世界中，正如我们会毫不犹豫地认为动物和它的食物是维系在一起的。由此得到的结论是：知识是自然能量合作的产物。”① 这些思考在晚期的《经验与自然》中得到了体系化的阐述。从某种意义上来说，正如史密斯（John E. Smith）所指出的，《经验与自然》是“美国思想中阐述最完整的自然主义形而上学”。② 杜威在这部著作中将自己的立场界定为“经验主义的自然主义”（empirical naturalism）或“自然主义的经验主义”（naturalistic empiricism）。③ 除此之外，他还提出了一种“自然主义形而上学”（naturalistic metaphysics）：自然主义形而上学“将反思本身视为自然事件，该事件因为自然的特征而发生于自然内部”。④ 我们将在这部分的讨论中澄清杜威式自然主义的几个主要特征。

首先要指出的是，杜威的自然主义并不是一个孤立的思想事件。比如，对杜威的早期思想影响甚大的詹姆士就在《心理学原理》中明确阐明了自己的自然主义立场：“在大多数科学领域，连续性的要求已经被证明具有真正的预言力。因此，我们应该真诚地尝试用所有可能的模式去理解意识的起源，意识不是突然侵入宇宙的新事物，在此之前它并不是一种非存在。”⑤ 更值得一提的是，20 世纪中叶，当时任职于哥伦比亚大学的杜威和柯亨（Morris Cohen）、蓝道尔（John Herman Randall, Jr.）和胡克（Sidney Hook）等人一起被称为“纽约

---

① MW 10：24.

② John E. Smith, *The Spirit of American Philosophy*（New York：Oxford University Press, 1963），p.212.

③ LW 1：10.

④ LW 1：62.

⑤ William James, *The Works of William James*（Cambridge, MA：Harvard University Press, 1975—1988），vol.8，p.151.

自然主义者”。[①] 这场在美国本土兴起的自然主义思潮在短暂的活跃之后很快让位给从欧洲引入的逻辑实证主义，因此很容易被今天对自然主义的讨论所忽视。纽约自然主义者要求我们反思如下问题：自然主义是否一定要坚持还原性的思路，换言之，我们是否有可能构想一种非还原论自然主义？这种构想要求我们同时看到心理事件的随附性和突现性。关于随附性，我们可以在由杜威等人合写的回应文章中找到如下的表述：除了还原性的唯物论，还可以有另一种唯物论，后一种唯物论认为“心理事件的发生随附于某些物理—化学—生物的复合事件和结构，因此，只有在物体被适当组织的前提下，痛苦、情感、美或神圣的经验才能存在”。[②] 关于突现性，要而言之，突现意味着新形式产生于旧形式，但又不能被完全还原为旧形式。杜威在《经验与自然》中指出，“心理—物理层面既不废除物理—化学层面，也不是物理和心理的特殊混合（就像人马怪那样）。心理—物理层面意味着拥有一些不会在无生命存在那里显示出来的性质和效应”。[③]

我们可以从上述论述中清楚地看到杜威所持的非还原论自然主义立场。我建议将杜威的立场进一步界定为自然自由主义。尽管杜威本人并没有使用这一提法，但正如普特南所指出的，晚近对自由自然主义的探讨在很大程度上是“杜威意义上的”，即在拒斥超自然实体的同时拒绝将审美和伦理的概念还原为自然科学的概念。[④] 除了已经指出的非还原性，杜威式自由自然主义还具有以下两个关键特征：

① See Morris Cohen, *Reason and Nature: An Essay of the Meaning of Scientific Method* (New York: The Free Press, 1959); John Herman Randall, Jr. *Nature and Historical Experience: Essays in Naturalism and in the Theory of History* (New York: Columbia University Press, 1958); Sidney Hook, *The Quest for Being and Other Studies in Naturalism and Humanism* (Westport: Greenwood Press, 1961); Yervant Krikorian, ed. *Naturalism and the Human Spirit* (New York: Columbia University Press, 1944).

② John Dewey, Sidney Hook & Ernest Nagel, “Are Naturalists Materialist?” *The Journal of Philosophy*, 42: 19 (1945), p.519.

③ LW 1: 196.

④ Hilary Putnam, “Naturalism, Realism, and Normativity”, in *Naturalism, Realism, and Normativity* (Cambridge, MA: Harvard University Press, 2016), p.22.

首先，这种自由自然主义要求彻底的连续性。杜威认为，在自然的连续过程中并不存在任何可被明确界定的结合点。他指出，“为了回答困扰哲学的问题，我们必须看到有机体在环境中，神经系统在有机体中，脑在神经系统中，大脑皮层在脑中。并且，它们并不像弹子在盒子中，而是作为事件在历史中，在一个运动的、生长的、永不结束的进程中”。①杜威探讨了两个层面上的连续性：内外间的连续性（inner-outer continuity）和高低级的连续性（higher-lower continuity）。前者涉及有机体和环境的交互，后者涉及有机体在物理层次、心理—物理层次和心灵层次这三个“层次”（plateaus）上的连续演进。②

其次，这种自由自然主义要求最大程度的全局性。这一点是我们要在这部分中重点讨论的。为了说明这种全局性，我们要特别提出杜威和桑塔亚那（George Santayana）在20世纪20年代进行的关于自然主义的著名论战。桑塔亚那在《杜威的自然主义形而上学》中指出，杜威的自然主义是一种属人的自然主义，而真正的自然主义必须符合自斯多亚派和斯宾诺莎以来的自然主义传统，即从某种派生一切事物的更为基质性的存在出发。桑塔亚那认为，杜威的问题不仅在于将词语、观念或精神实体化，还在于试图将它们置于自然主义图景的核心位置，试图用属人的自然（“前景”）主导非人的自然（“背景”）。他指出，“自然没有前景或背景，没有此处，没有当下，没有道德的神坛，也没有能把其他所有事物削减至边缘和远景的真正中心。根据定义，前景是与一些被选择的视角和一些某些生物（这些生物因为偶然的运气在特殊的时间和地点出现）所设想的自然当中的位置相关的。如果这样一种前景在哲学中占了主导，那么自然主义就会被抛弃。……杜威的思想传统完全是前景的主导：前景的主导是超验主义和经验主义的灵魂”。③

杜威在《半心半意的自然主义》中对桑塔亚那的批评作出了回应。

---

① LW 1：224.

② LW 1：208.

③ LW 3：373—374.

他指出，桑塔亚那认为前景是纯粹属人的存在，但他没有看到，属人的存在同时也是自然的一部分，在这个意义上，桑塔亚那的自然主义是“半心半意的”。杜威指出，“用桑塔亚那喜欢的说法来说，经验构成了前景。但是经验的前景也是自然的前景。我和桑塔亚那的不同就在于这一点：他认为前景像屏风一样遮住了背景，而在我看来，我们思维的展开形式恰恰是前景作用于背景之上的。桑塔亚那明显认为前景是置于人类直觉、经验与背景之间的，而在我看来，人类所经验着的正是前景——自然本身的前景。桑塔亚那也许还认为只有除去了前景的背景本身才是自然。对此我不敢确定，不过我可以确定的是，前景本身就是自然的一个有机的组成部分”。①

我们可以通过这组辩驳清晰地把握杜威对自然的构想。桑塔亚那要求我们将自然理解为生成和涌现的基质，他要求我们区分自然中“能生”的部分（natura naturans）和“被生”的部分（natura naturata），而杜威则要求我们将所有属人和非人的存在都纳入“经验 / 自然”这个整体性的范畴中。他指出，“经验既是自然的，又是在自然之中的。被经验到的不是经验，而是自然——是石头、植物、动物、疾病、健康、温度、电力，等等。以一定方式互动的事物就是经验，它们是被经验的东西”。② 可以看到，根据杜威的理解，“经验 / 自然”这个整体性范畴实际上变成了一个极其宽泛的存在领域。亚里士多德在《形而上学》中告诉我们，“一事物被称为‘是’，含义甚多”。③ 在同样的意义上，杜威试图阐明，“经验 / 自然”是由具有不同“类别特征”（generic traits）的存在构成的。

晚年的杜威认为需要再次拓展“经验 / 自然”的内涵。他在给《经验与自然》写的再版前言中提出了用“文化”代替“经验”的构想。初看起来，这一推进步骤暴露了杜威对经验的人类中心主义理解，同时也印证了桑塔亚那对杜威的批评，即试图将所有非人的存在

---

① LW 3：76.

② LW 1：12.

③ 亚里士多德：《形而上学》，吴寿彭译，北京：商务印书馆，1995，第 56 页。

都置于人的语境中加以理解。当时作为纽约自然主义者一员的柯亨也在同样的意义上批评杜威："如果我们没有另外的选项去指示非经验的东西，那么经验就不具有任何实用意义。……经验在杜威那里适用于所有思维对象。除了对生命的赞美之意，我看不出它还有其他明确的理智功能。"① 但我们要帮助杜威澄清以下两点。首先，杜威想要强调的并不是经验的人类中心主义特征，相反，他试图将所有人造的东西（artefacts）都纳入自然的领域，文化不仅是自然演进过程中的一种突现，同时也是自然的完成和重塑。他在《作为经验的艺术》中指出，"经验是有机体和环境之间互动的结果、符号和回报。这种互动完全实现时，就转化为参与和交流"。② 其次，杜威要求我们在一个全局性的"自然 / 经验 / 文化"视域中对经验事件进行勘查、定位和更新，这也是他对哲学活动的最终构想。这种全局性的自由自然主义既不由低阶的生物层面驱动，也不由高阶的文化层面主导，它探讨的既不是"人的下降"（descent of human），也不是"人的上升"（ascent of human），而是人如何与其他存在"交缠"在一起。杜威试图阐明，属人的东西和非人的东西自始至终都交缠在一起。因此，任何试图区分人与非人的自然主义都是"半心半意的"，演化并不是从非人状态进展到人的状态，而是一个混合性存在转化为另一个混合性存在。

以上我们概览了杜威式自由自然主义的三个特征，即非还原性、彻底的连续性和最大程度的全局性。可以看到，杜威式自由自然主义并没有违背非还原论自然的基本预设，即世界的基本特征从本质上来说是物理的，但是在演进过程中出现了一些无法被完全还原为物理实体的存在，但它并不执着于找出突现的节点，而是试图在一个全局性的自然观中理解不同层面的存在是如何在一个整体性视域中交缠在一起的。下面我们要讨论杜威的自由主义方案能够在何种意义上推进麦克道威尔的自由主义方案。

---

① Cohen, *Reason and Nature*, pp.453—454.

② LW 10：28.

对麦克道威尔的杜威式回应

在古希腊人那里，“自然”是一个事实与价值交缠的范畴。根据韦伯（Clement Webb）的分析，这种“自然”至少包含三层含义：作为实际所是的（actual）自然，作为事物起源的（original）自然，以及作为目的的（ideal）自然。[①]理解了这一点，我们就能理解为什么在赫西俄德的《工作与时日》中，自然被理解为价值的仓库，人们从中习得行为的模式；同时，我们也就能理解柏拉图、亚里士多德、斯多葛派以及伊壁鸠鲁派是在何种意义上延续了这种“与自然协调”（in accordance with nature）的观念。将自然中的不同维度（主要是 phusis 和 nomos）区分开来并探讨它们之间的关系是一个在近代机械论世界观之后才开始出现的“问题”。

从某种意义上来说，麦克道威尔和杜威的自由自然主义旨在重新揭示古希腊人的洞见。他们试图阐明，事实和价值、自然与规范自始至终都是交缠在一起的，因此摩尔意义上的“自然主义谬误”（如何从“是”中推出“应当”）是一个需要被抛弃的假问题。麦克道威尔在《心灵与世界》中探讨了自然的重新复魅，并在不同的地方将自己的立场称为“古希腊自然主义”（Greek naturalism）或“亚里士多德式自然主义”（Aristotelian naturalism）。[②]但我们在前面的讨论中指出，麦克道威尔所做的工作是不彻底的，它试图用理由空间的自成一类性来强调从自然进程中突现的理性，并通过第二自然来中介自然中属人和非人的部分。站在杜威的视角来看，麦克道威尔的自然主义是一种“半心半意的”自然主义，它需要克服这种不彻底性，由此推进到一种真正的自由自然主义。这种推进可以从以下三个层面进行：

第一，重新界定人在自然中的位置。和亚里士多德一样，麦克道

① Clement Webb, *Studies in the History of Natural Theology*（Oxford: Clarendon, 1970）, p.7.

② McDowell, *Mind, Value, and Reality*, p.174, p.196.

威尔将人理解为“理性动物”。但不同于亚里士多德，麦克道威尔对这一界定的理解处在后启蒙的语境中，是一种区分之后（动物能力和理智能力）的再混合。麦克道威尔在《参与性理智》的前言中指出，他要反对的是一种“非参与性理性”（disengaged reason），与这种理性相反，一种“参与性理智”（engaged intellect）“与理性动物的动物本性有机地整合在一起”，而对非参与性的拒斥“能确保我们不陷入让有意图的行动者远离他的身体本性而产生的哲学难题”。① 虽然麦克道威尔试图通过具身的理智反思康德和塞拉斯式的启蒙路线，但他在探讨理智的运作时始终无法摆脱这一视角。他在《两种自然主义》中指出，任何自然的构想都必须和“人的方案和兴趣相关”。② 用桑塔亚那批评杜威的话来说，麦克道威尔的自然主义仍然是一种由前景主导的自然主义。我们已经看到，用理由空间的自成一类性来界定非还原性是这一思想倾向的突出表现。而在杜威那里，人在首要意义上并不是“理性动物”，而是“活的生物”（live creature）（他将“活的生物”作为《作为经验的艺术》第一章的标题）。对活的生物而言，理性虽然是世界演进过程中的一个极为特殊的突现，但它和其他动物能力之间并不存在类的区分，人的所有能力不仅产生于连续的自然进程，还在之后的演进过程中通过和自然中其他存在的交互而获得新的发展。

第二，彻底认识自然的连续性。麦克道威尔试图通过第二自然来中介环境与世界，但他并没有对第二自然的内涵和外延作出明确地界定，也没有具体说明自然秩序是如何在第二自然的中介下演化至理由空间的。这就让我们对第二自然这个概念的必要性和解释力产生了质疑。正如伯恩斯坦所指出的，麦克道威尔的方案从某种意义上是脱离具体科学实践的“扶手椅哲学”（armchair philosophy），因为他从来没有想过这样一种可能性，即“随着科学的发展，我们也许会质疑环境和世界的区分，并发现概念和非概念之间的绝对区分是错误的”。③ 不同于麦克道

① McDowell, *The Engaged Intellect*, p.vii.

② McDowell, *Mind, Value, and Reality*, p.193.

③ Richard Bernstein, "Whatever Happened to Naturalism?" *Proceedings and Addresses of the American Philosophical Association*, 69: 2 (1995), p.66.

威尔，杜威认为环境与世界的区分是一种理论的虚构，他建议我们抛弃这一区分，转而在广义的环境——“周遭世界”（Umwelt，ambient world）——中探讨人的发生和演进。他在《人性与行为》中指出，“人性在环境中存在和运作。在环境‘中’的意思不是硬币在盒子中，而是植物在阳光和土壤中。人性在环境中，和后者的能量保持连续，依赖后者的支持，通过利用后者获得持续增长。以这种方式，人性逐渐重构了粗糙而冷漠的环境，环境就这样被友善地变成了文化”。[①] 可以看到，杜威意义上的环境由丰富的可供性（affordance）构成，这种可供性同时包含了生物层面和文化层面的生态对象（ecological object），我们根据生态对象提供的丰富机遇和造成的不断阻碍进行有目的的活动，并由此将生物层面的生存性活动不断转换成文化层面的对象性实践。杜威试图阐明，一种非还原论的自然主义并不需要对自然进程本身的连续性产生质疑，不可还原的部分是在自然进程（人的生存性活动和对象性实践）中自然产生的，它不需要通过人为制造的区分和断裂得到刻画。

第三，尝试构想一种全局性的自然观。如果我们仔细比较麦克道威尔和杜威的理论方案，就会发现他们对“经验”的界定存在着惊人的分歧。不同于匹兹堡学派的其他哲学家，麦克道威尔执意要保留“经验”概念。他指出，“经验必须构成一个法庭，它的中介保证了我们的思维对事物之如何所是是可答复的，这种可答复性是思维成为思维的必要条件”。[②] 但经验在麦克道威尔那里只是最低限度的限制，用于防止心灵无摩擦地旋转于虚空中，而在杜威那里，经验并不只是一个限制性概念，而是我们探讨所有问题的基本场域。他在《我相信什么》中指出，“坚持任何基于特殊权威的理论和教条就是不相信经验的力量，就是不相信经验能在自身的进程中提供所需的信念和行动原则。更新之后的信念意味着经验自身就是唯一的终极权威”。[③] 杜威试图阐

---

① MW 14：204.

② McDowell, *Mind and World*, p.xii.

③ LW 5：267.

明，我们必须在这个全局性的视域中探讨人的发生和发展，这是我们让自然重新复魅的基本前提。他的自由自然主义要求我们在一个最宽泛的语境中探讨“人的问题”，将属人和非人的存在最大限度地整合在一起。而认识到这一点的关键是放弃对自然（与理由空间相对的）作出狭义的“物理学主义”的理解，转而在一个全局性的自然领域中考察不同层面的存在是如何交缠和共生在一起的。

根据这种自然观构想，我们在重新界定“物理实体”的同时也必须重新规划经验科学的研究对象。杜威在倚赖现代科学的同时也对它的独立化趋势和专门化诉求作出了批判性反思。他在《非现代哲学与现代哲学》中探讨了一种真正“现代”的哲学。真正现代的哲学必须彻底扭转旧的知识论传统，将知识置于最宽泛的文化综合体中加以考察，并将自然与文化、科学与政治、属人与非人全部纳入科学探究的视域。[①] 杜威的这一洞见在当下的科学共同体中仍然是一个微弱的声音。一个典型的例证是，在《经验与自然》出版半个多世纪之后，法国科学建构论者拉图尔（Bruno Latour）仍然在呼吁我们反思现代科学的合法性。拉图尔指出，建立在区分之上的现代性方案不但在历史上从未成立，在人类发展的当下阶段更是毫无价值的理论虚构。他问，臭氧空洞、全球变暖、艾滋病、禽流感、疯牛病等现象到底是自然的产物还是文化的产物？是属人的进程还是非人的进程？这些交缠的“混合对象”（hybrid object）向我们明确揭示了“我们从未现代过”的事实。拉图尔还指出，非现代方案不是要在已经由现代性搭起的结构中间寻找异质的元素和开放的空间，而是要通过反思颠覆现代性方案本身。在这个意义上，非现代方案的工作正是从现代方案失败的地方开始的：“现代主义者总是从困惑走向清晰，从混合走向简单，从过去走

---

① 杜威在提出用“文化”代替“经验”之后计划完成一部以此为主题的著作，并在生前初步完成了这部手稿，但之后不幸丢失了这部手稿。在手稿丢失五十年之后，研究者在南伊利诺伊大学特殊搜藏馆的杜威文献中找到了这一手稿，并以《非现代哲学与现代哲学》为题编辑出版。See John Dewey, *Unmodern Philosophy and Modern Philosophy* (Carbondale: Southern Illinois University Press, 2012). 杜威：《非现代哲学与现代哲学》，孙宁译，上海：华东师范大学出版社，2017。

向客观，因为他们总是在攀爬进步的阶梯。非现代主义同样也在进步，但是通过下降，只不过这种下降并不是堕落。我们总是从混合走向更加混合，从复杂走向更加复杂，从清晰走向隐含。我们不再期望将来会把我们从所有的纽带中解放出来，相反，我们期望将来会把我们和更多的非我更加紧密地维系起来。”① 如果说拉图尔试图阐明我们从未现代过的事实，那么杜威所要阐明的则是我们的现代性远未完成的事实。拉图尔指出了现代性方案的失败，并试图回到非现代的理论语境，而杜威则试图阐明，我们应该用一个真正现代的方案替代现有的方案。这两个看似“相反”的理论方案实际上是殊途同归的。我认为，一种真正自由的自然主义必须对经验科学作出这样的反思。这种反思要求我们构想一种更为开放和多元的科学探究形式，不用任何既有的理论框架来回避经验探究的复杂性，并以一种完全开放的态度将所有可能对我们的经验探究产生影响的因素都纳入考量。概而言之，它要求我们思考，一种非还原论的自然主义是否应该在拒斥科学自然主义的同时反思后者为我们规划的基本对象？这也是自由自然主义方案需要进一步探讨和澄清的重点所在。

以上我们尝试从三个角度探讨了杜威式自由主义对麦克道威尔式自由主义的推进。在当下的英美哲学论域中，自由自然主义是一种尚待展开的理论形态。通过比较和分析麦克道威尔和杜威的这两个自由自然主义版本，我希望已经基本澄清了这一理论形态的内部肌理，从而指明了如下可能性，即非还原论自然主义的主导性问题可以从解释“人的突现”转向探讨“人在自然中”，进而在一幅更具开放性和全局性的自然主义图景中考察人的发生与发展。

① Bruno Latour, *Politics of Nature: How to Bring the Sciences into Democracy* (Cambridge, MA: Harvard University Press, 2004), p.191.

第十二章　如何在语用转向后重提语义表征？
——以戴维森和布兰顿为例

引　言

伯格曼和罗蒂在20世纪60年代提出的“语言转向”内部经历了从对语词的分析逐渐过渡到对句子的分析，又从对句子的分析逐渐过渡到对语汇的分析的历时性发展。驱动这一发展的根本动因是对语义的重新理解，意义不再是语言和语言外对象（不管这些对象的本体论状态如何）的指称关系以及建立在这种关系之上的真判断，而变成了具体使用语境中的语用推论（pragmatic inference）。语用学的入侵让自足的语义自律（semantic autonomy）变得不再可能，由此造成了“语言转向”内部的“语用转向”。这一转向的主要思路是用语用层面的共识代替语义层面的表征，在基于理性推论的社会性活动中探讨意义的生成和发展。如果说后期维特根斯坦奠定了语用转向的基本方案，那么戴维森和布兰顿则可以说是语用转向发展至成熟阶段的杰出代表。

但不同于完全接受语用转向的其他哲学家（比如罗蒂），戴维森和布兰顿显然对如下危险更为焦虑：取消对外部对象的指称和表征将不可避免地导致某种语言观念论。一方面，这种由语言决定实在的倾向有悖于早期分析传统对客观性的诉求；另一方面，社会实践语境中的规范语汇是否能对客观性作出令人满意的刻画仍是一个尚待展开和论证的问题。并且，20世纪五六十年代以来出现的一系列本体论相对性理论也进一步加剧了这种焦虑。[①] 本章要阐明的结论是，为了平息这种焦虑，戴维森和布兰顿探讨了这样一种可能性：语用转向的总体路线并不必然要求我们放弃对表征的探讨，社会语境中的语用推论可以和一种特殊的表征语汇有机地整合在一起，共同呈现语义的完整内涵。

从某种意义上来说，这是一个较为大胆的结论。因为它不但挑战了从语义到语用的单向叙事，还从根本上质疑了在"指称"和"使用"之间作出选择的基本论题。无论是对坚持"语用入侵"还是对坚持"语义自律"的哲学家来说，在语用视域中探讨"表征"或"指称"都是无法被接受的吊诡立场。而通常对戴维森和布兰顿作出的反表征主义解读也很难让我们将他们的思路和这种理论探索联系起来。比如，罗蒂明确地将戴维森归入了反表征主义阵营。[②] 而皮考克（Christopher Peacocke）则指出，布兰顿的推论主义完全不考虑真、指称与表征。[③] 为了阐明本章结论的合理性，我将首先考察戴维森和布兰顿在他们体系内部保留了何种意义上的"表征"，这种特殊的表征对他们的语义理论又具有何种关键意义。在此基础上，我将试图阐明，作为极富原创性的哲学家，戴维森和布兰顿却得出了极为相似的结论：因果维度和规范维度在一幅"人（语言使用者）在世界中"的图景中结合在一起。根据这幅图景，我们应该从一种语用转向的视角转向更为整全的语义观。

戴维森：三角测量与先天论证

尽管戴维森的哲学工作主要涉及信念态度（信念、欲望、意图

① 比如奎因提出的本体论相对性（ontological relativity）、普特南提出的概念相对性（conceptual relativity）、库恩（Thomas Kuhn）和费耶阿本德（Paul Feyerabend）提出的"理论蕴涵"（theory-laden）、罗蒂的认识语境主义（epistemic contextualism）、古德曼的多元非实在论（pluralistic irrealism）等。

② Richard Rorty, *Philosophy and the Mirror of Nature* (Princeton: Princeton University Press, 1979), pp.260—262, 301—303.

③ Christopher Peacocke, *The Realm of Reason* (Oxford: Clarendon, 2004), pp.15, 22.

等），而非断言行为，但不可否认的是，在戴维森那里，关于世界或他人的信念是通过命题表达的，而戴维森也在实际的讨论中将信念态度处理为“命题态度”（propositional attitude）。① 因此，对戴维森而言，真之理论同时也是语义理论。而反过来，为了理解戴维森的语义理论，我们必须首先理解他的真之理论。

驱动戴维森思考的一个主要问题是，为什么我们对世界的认识高度依赖我们的信念语境，但又能以非相对主义的方式讨论同一个世界？为了回答这个问题，戴维森要求我们从根本上革新笛卡尔以来的思维范式，即跳出基于第一人称视角的“主体神话”（the myth of the subjective）。他试图阐明，在二元的“认知”关系中无法解决的问题可以在三元的“解释”关系中得到解决，换言之，我们可以在“说话者”（speaker）、“解释者”（interpreter）和“公共事物和事件”（public things and events）构成的解释空间中确定对象的客观性。戴维森指出，“客观真理和谬误的概念必然产生于解释的语境中。对人际交流系统的存在而言，被认为是真的句子和实际为真的句子之间的区分是根本性的。……除非一个人理解了犯错的可能性，否则他就不可能持有信念，而这要求他把握真理与谬误、真信念与假信念之间的对立。但我已经表明，这种对立只能在解释的语境中产生，只有解释的语境才能迫使我们产生客观公共真理的观念”。②

戴维森用“三角测量”（triangulation）来界定这个三元的解释结构（见下页图）。王静指出，三角测量源于一个简单的道理，即“当我们不能直接测量线段两端之间的距离时，我们可以移动位置或找另一个参照点，应用三角测量法，根据两个点与对象形成的角度和另外两条边的距离，计算出‘我’和对象的距离”。③ 事实上，三角测量在哲学论证中的应用并不是戴维森首创的。个体意识确定对象的一个基本操作是，将对象从“我”过去和当下的思维中取出，通过它和这两种对

① Davidson, *Subjective, Intersubjective, Objective*, p.143.

② Davidson, *Inquiries into Truth and Interpretation*, pp.169—170.

③ 王静：《戴维森纲领与知识论重建》，北京：科学出版社，2013 年，第 92 页。

象的相对关系来确定对象的“同一性”(sameness)。戴维森的洞见在于将应用语境从“两种主体状态和一个对象”转变为“两个生物和一个对象”，即阐明我们无法只从单一人格的视角出发判断回应的正确性，只有通过至少两条不可相互还原的可靠意向链，我们才能成功地界定出世界中的某个公共对象或事件。

三角测量在为戴维森的真之理论提供核心支撑的同时也规定了他的语义理论。概而言之，戴维森的语义理论有如下三个主要层次：首先，从实践中获得可评估的信念，这些信念不是关于世界的图像或准图像，而是使用语言的有机体在与周遭环境互动的过程中形成的行为习惯或行动模式；其次，通过三角测量，将指称归派给单称词项，并将外延归派给属性；最后，在重复使用中检验这些归派，这里的检验实际上是相互解释，即不是说话者如何理解这句话，而是听者如何理解这句话。可以看到，这个语义模型的出发点（交互论）和落脚点（整体论）都不涉及指称和表征，指称和表征只在整体解释进程的中介阶段出现，它们的功能是作为理论辅助整理和刻画在解释关系中得到落实的信念。

但是对三角测量的反思促使我们重新思考表征在戴维森语义理论中的位置。戴维森指出，每一个三角测量中都涉及三种知识：关于自身心灵的知识、关于他人心灵的知识和关于世界的知识。这三种知识中的每一种知识“在概念上或时间上”都不先于其他两者。①换言之，我们无法从其他两种知识中推导出另一种知识，这三种知识在逻辑上是严格对等的。正如罗蒂所指出的，“这一理论的要点在于，你既无法像融贯论者那样满足于信念和陈述之间的整体性推论关系，也无法像知觉实在论者那样满足于因果性的原子关系。你必须在因果和推论之间前后移动（play back and forth），这种方式不允许三角形的任何一个角独立于另外两个角”。②

问题的关键在于如何解读这种对等性。从这种对等性既可以推导出其中任何一项必须同时是其他两项，也可以推导出其中任何一项都必须具有某种意义上的独立性。采取前一条路径的兰贝格（Bjørn Ramberg）在解读戴维森时提出的一个主要论点是，规范性并不只是处在三角测量的其中一个角落，而是贯穿了这一进程的所有角落。③这一解读大体是合理的，但我们同时也应该看到，戴维森并没有因为规范性的诉求而放弃世界的某种独立性。这种独立性并不是说来自公共对象的刺激可以独立于解释关系独立存在，而是说戴维森的三角测量实际上隐含了这样一个“先天论证”（a priori argument），即客观性从根本上倚赖于心灵与世界之间的原初适切性。索萨（Ernest Sosa）指出，戴维森的三角测量包含了这样一个“元信念”，即“除非我们周围的世界至少大体而言就是我们认为它所是的样子，否则我们的信念就不可能具有内容。以这种方式，我们就能从心灵中的表象推出世界中的表象。这是一个先天论证，因为它至少不包含任何关于周围世界或我们与世界之关系的偶然前提或预设。从关于命题态度之内容的预设出发，这个论证最后得出了关于我们周围的世界如何被构造和构成的结论”。④我认同

① Davidson, *Subjective*, *Intersubjective*, *Objective*, p.87.

② Richard Rorty, “Response to Davidson”, in Robert Brandom, ed. *Rorty and His Critics* (Malden: Blackwell, 2000), p.78.

③ See Bjørn Ramberg, *Donald Davidson's Philosophy of Language*: *An Introduction* (Oxford: Basil Blackwell, 1989).

④ Ernest Sosa, *Reflective Knowledge*: *Apt Belief and Reflective Knowledge* (Oxford: Oxford University Press, 2009), p.109.

索萨的判断。事实上，戴维森本人也隐含地表达了这一点。他指出，三角测量的最佳示例是“明示”(ostension)。比如，一个人指着一个东西问“这是什么?”另一个人回答“一只鸬鹚。”有时候这个交流过程可能需要几次尝试才能成功，但一般情况下只需要一次尝试。戴维森指出，在三角测量中，定位远端对象并判断它的客观性是在这个过程的一开始就已经确定了的，它先于“客观性观念”，甚至早于我们开始学习建立各种关联。①

我认为，我们不应该在探讨主体间的三角测量时忘记心灵与世界之间的这种原初适切性，而这种适切性正是戴维森所理解的特殊意义上的“表征”关系。戴维森指出，“信念可以为真或为假，但它们并不表征任何东西。我们应该摆脱表征，以及与之相关的真理符合论，因为表征的存在会导致相对主义的暗示”。② 但是在抛弃了这种符合论意义上的表征之后，戴维森马上又指出，“当然，下面这种说法是无害的：真信念和真思维之所以为真，是因为世界就是如此。真信念和真思维正确地‘表征’了世界”。③ 我们必须小心地对待这一表述。有些解读者和批评者在急于将戴维森归入反表征主义阵营时忽视了这种特殊意义上的表征。

为了看到这种表征的特殊性，我们要回到戴维森的基本理论构想。戴维森在《论概念框架的观念》中要求我们抛弃经验主义的“第三个教条”，即概念框架与世界的二分。他指出，“我们从框架和实在的二分得到概念相对性，真是相对于框架而言的。抛弃了这个教条，这种相对性也随之消失。当然句子的真仍然是相对于语言而言，但这种真是客观的。我们并没有因为放弃了框架与世界的二分而放弃世界，而是无中介地触及了熟悉的对象，正是这些对象让我们的句子和信念为真或为假”。④ 这一构想在《真与知识的融贯理论》中得到了进一步发

① Davidson, *Subjective, Intersubjective, Objective*, pp.87—88.

②③ Ibid., p.46.

④ Davidson, *Inquiries into Truth and Interpretation*, p.198.

展。根据戴维森的融贯论立场，关于一个信念的所有证据都必须和这个信念同属于一个信念整体，我们的真信念完全取决于它所处的信念网络。但是在戴维森那里，这种融贯论立场的落脚点并不是相对主义的世界观，而恰恰是相对性的反面，即一种具有强解释效力的客观性，这种客观性意味着真不能只是系统内的性质，真必须符合事物本身的存在方式。戴维森指出，"虽然我们不能走出自己的信念和语言，找到除了融贯论之外的其他检验方法，但仍然可以拥有关于一个客观公共世界的知识并谈论它，这个世界并不是由我们创造的"。[①] 几年之后，他在一篇回顾文章中指出，自己后悔使用了《真与知识的融贯理论》这个标题，因为它太容易引发对真的相对主义误解，而事实上，该文的要旨并不是"自洽性"(consistency)，而是"信念本质上是可证实的(veridical)"。[②]

在抛弃了第三个教条之后，我们关于表征的认识也得到了两个相应的更新。第一，表征既不是用语言去指称一个语言外的对象，而是在公共的解释关系中作出关于世界本身的断言。根据前一种表征，"一个概念框架"和"一个等待被复制的'世界'"的区分是实质性的。[③] 而根据后一种表征，一切"内"和"外"的区分（观念论和实在论、语义内在论和语义外在论、融贯论和符合论）都是次要的，我们虽然无法走出自己的信念和语言，但仍然可以正确地回应和谈论世界。这也是戴维森所说的"融贯产生符合"(coherence yields correspondence)的根本要义。[④] 因此，这种意义上的表征不再是作为理论辅助的中介阶段，而是戴维森式真之理论和意义理论的整体性表达。它在一个最基本的层面上表达了真信念之所以为真，是因为世界就是如此。

第二，对社会性解释的强调并没有让戴维森的语义学方案停留在规范的理由空间内，而必须和因果维度紧密地整合在一起。戴维森指

① Davidson, *Subjective, Intersubjective, Objective*, p.141.
② Ibid., p.155.
③ Ibid., p.140.
④ Ibid., p.137.

出，“在最清楚的和在方法论上最基本的情况下，我们必须将一个信念的对象视为该信念的原因”。[①] 因此，在探讨两个生物如何回应一个对象时，我们不仅要考察两个生物之间的相互解释，还必须探讨生物和对象之间的因果效应。只有在这个意义上，正确地“表征”世界才是可能的。逻辑实证主义者将哲学的工作和经验科学的工作明确区分开来，这一思路并没有随着逻辑实证主义的式微而淡出分析哲学家的视野。兰贝格指出，在戴维森那里，奎因意义上的自然化认识论和语义学是明确区分开来的。只有这样，我们才能理解戴维森所说的“可证实性”并不是任何意义上符合论。[②] 如果我们将放弃世界和概念框架的二分作为解读戴维森的基本前提，那么区分自然化认识论和语义学就不再是一条理所当然的思路。20 世纪末，戴维森在和奎因的一次重要对谈中指出，他认为自然化认识论和意义的证成必须“同时并进”（go hand in hand），并且很高兴与奎因就这一点达成共识。[③] 必须指出的是，这里“同时并进”并不是罗蒂所说的在因果和推论之间“前后移动”，而是一种层次更为多样、细节更为丰富的交流和互动，也就是戴维森在界定三角测量中的三项间关系时所说的“相互而同时的回应”（mutual and simultaneous responses）。[④] 正因为如此，我们对意义的探究不应该满足于既有的框架，而应该最大限度地向经验展开。在一个整体性的“因果—规范”框架中，人的语言不断地对世界作出回应或答复，并通过这种回应或答复不断更新自身。

布兰顿：推论主义与表征主义

布兰顿是语用转向的坚定支持者，他在《使之清晰》中指出，“语

① Davidson, *Subjective*, *Intersubjective*, *Objective*, p.151.

② Ramberg, *Donald Davidson's Philosophy of Language*, pp.9—10.

③ “Davidson and Quine in Conversation”, Philosophy International, Centre for Philosophy of the Natural and Social Sciences, London School of Economics, 1997. https://www.youtube.com/watch?v=wuKpR90XC10.

④ Davidson, *Subjective*, *Intersubjective*, *Objective*, p.xv.

义必须回应语用”。[①] 但他又对反表征主义路径持保留态度。他在《阐明理由》中指出，“无论我们是根据真还是理由来思考命题内容，我们都仍然有义务去讨论涉及和表征”。[②] 布兰顿的一个基本信念是，如果我们只能在推论主义语境的内部探讨谈论了什么，而无法成功刻画出我们谈论的是什么，那么“推论主义者想要反转表征主义传统的尝试就注定是绝望而不成功的”。[③] 这一信念促成了在推论主义的语境中探讨表征的特殊思路。布兰顿指出，“推论主义者的主要解释性挑战在于解释语义内容的表征维度，即通过推论关系建构指称关系”。[④] 他的基本方案是：言外（extralinguistic）指称必须通过言内（intralinguistic）指称的形式得到界定，信念和断言的表征内容取决于构成道义计分（deontic scorekeeping）的社会性推论实践。在此基础上，和表征相关的意向性活动和意向性内容得到了重新刻画：意向性活动被理解为社会性的推论实践，意向性内容则涉及对承诺和资格的承认（undertake）和归派（ascribe）。可以看到，这一思路的实质是“用表征过程（representing）来解释被表征内容（represented），而不是反过来用被表征内容来解释表征过程”。[⑤]

《使之清晰》的主要工作正是以此为目标展开的。布兰顿认为，通过一种基于给予和索取理由的推论主义语义学，我们完全可以在社会性语境内部刻画出客观的被表征内容。为此，布兰顿提出了如下几个要点：第一，自然语言的表征维度通过对命题态度的从物归派（de re ascription）实现，我们对从物归派的日常使用表达了我们谈及或思及的是什么，即关于（of-ness）和涉及（about-ness）；第二，命题内容的表征维度取决于给予和索取理由的推论实践，这就决定了表征内容本质地包含推论实践中的规范身份（normative status）和规范态度

① Brandom, *Making It Explicit*, p.83.

② 布兰顿：《阐明理由：推论主义导论》，陈亚军译，第 142 页。

③ Brandom, *Making It Explicit*, p.136.

④ Ibid., p.xvi.

⑤ Ibid., p.292.

（normative attitude）；第三，从物归派的表达功能在于清晰地阐明被承认和归派的承诺和资格。因此，推论主义语义学必须和逻辑表达主义（logical expressivism）相结合，从隐含的（implicit）计分行为走向对话语计分态度的清晰（explicit）归派，最终在一种扬弃了语汇的相互外在性的“解释平衡”中成功刻画客观内容。

布兰顿试图阐明，根据这个推论主义语义学的方案，我们可以在不诉诸任何先天论证的前提下刻画出我们谈及或思及的是什么，只不过这种谈论应该“放在故事的结束，而非开端”。① 在这个意义上，他认为自己的方案比戴维森更彻底。他指出，戴维森认为间接引语中的“that”指示了紧跟着它的殊型句。但实际上，作为从属连词的“that”派生自作为指示词的“that”只是英语中的一个词源学错误或偶然巧合。这一误解让戴维森的三角测量变成一个先天论证，他没有看到三角测量涉及的是社会视角之间的相互归派，这种证成可以建立在相互推延（deferral，deference）的基础上。布兰顿建议将戴维森探讨的“同言”（samesaying）理解为下面这种计分规则，即将第一个举动的证明资格推延给第二个举动。②

我们在引言中指出，社会实践语境中的规范语汇是否能对客观性作出令人满意的刻画仍是一个尚待展开和论证的问题。这个推论主义语义学方案能否获得真正意义上的客观性，对这一问题的回答取决于我们能够接受何种程度上的客观性。而布兰顿本人对客观性的要求是很高的，他并不满足于像实用主义者那样通过“可靠区分性回应倾向”（reliable differential responsive dispositions）来解释人和世界的关联。他指出，“概念应用的最终正确性并不取决于你、我或任何人所认为的事实，而取决于实际的事实。为了让我们的概念关涉客观世界，必须有一种客观意义上的正确性——一种答复应用对象和构成这些对象的事实世界的适当性——控制概念的应用。……对象要在强意

① Brandom, *Perspectives on Pragmatism*, p.11.

② Brandom, *Making It Explicit*, p.538.

义上被理解为是非视角性的”。[1] 布兰顿认为，他无法在放弃表征（以及与表征相关的“关于”和“涉及”）的前提下实现这种对客观性的强烈诉求。他试图阐明，在传统的表征主义和罗蒂在《哲学和自然之镜》中提出的全局性反表征主义（global anti-representationalism）之外，我们还有第三个选项：我们可以改变表征的剂量，保留一种反全局性表征主义（anti-global-representationalism）。[2] 有时布兰顿也将这一立场称为“弱的全局性语义表征主义”（soft global semantic representationalism）。[3] 在有些批评者看来，保留表征对布兰顿的推论主义是破坏性的。比如，普莱斯（Huw Price）建议我们采纳一种全局性表达主义（global expressivism），即完全取消语言与世界的“配对游戏”（matching game），并完全放弃“追踪世界”（world-tracking）的诉求。[4] 普莱斯认为，布兰顿的问题在于试图保留一种谈论外表征的语汇，“虽然布兰顿的出发点是非表征性的表达主义，但在他的终点，这种非表征性特征减弱了”。[5] 布兰顿认为这样的批评仍然停留在区分“内”与“外”、语言与世界的框架中，而没有从一个新的视角去理解表征。他在一篇批评罗蒂的文章中指出，“表征模式的要点不在于证成（至少不是直接的），它断言的是如何在与世界的规范语义关系中使用我们的经验语汇，在这种使用中，事物之所是决定了我们的断言的正确性”。[6]

如何理解布兰顿意义上的表征？这里要特别提出两个要点。首先，从一个宽泛的视角来看，布兰顿的推论主义语义学和戴维森的三角测量同属于一条思路，即从主体进展到主体间性，从“意识哲学”的层面——知性（Verstand）和理性（Vernunft）——进展到“相互理解”

---

① Brandom, *Making It Explicit*, p.594.

② Brandom, *Perspectives on Pragmatism*, p.197.

③ Ibid., p.214.

④ Huw Price, *Naturalism without Mirrors* (Oxford: Oxford University Press, 2011), pp.8—11.

⑤ Ibid., p.202.

⑥ Robert Brandom, “Vocabularies of Pragmaticism: Synthesizing Naturalism and Historicism”, in Brandom, ed. *Rorty and His Critics*, p.161.

（Verständigung）的层面。但布兰顿的创见在于，在一个递进性的“表达主义”（expressivism）而非单层的“描述主义”（descriptivism）框架下理解主体间的相互解释，并在这个新的视角下理解表征语汇所扮演的特殊角色。布兰顿在一篇早期文章中将语言哲学分为两个阵营：一个阵营以弗雷格、罗素、塔斯基和卡尔纳普为代表，认为语言的本质特征是表征事物之所是；另一个阵营以杜威和晚期维特根斯坦为代表，认为语言的本质特征是社会实践。[①] 布兰顿认为，从经验心理学出发的表征主义者没有看到我们的表达资源和表达能力是可以不断充实和丰富的；而持社会实践语言观的哲学家试图用可断言性来取代真，没有看到表征内容的必要性。不同于这两个阵营，布兰顿认为表征和表达之间并不存在不可弥合的鸿沟，这里的关键在于将基于共时性分析的逻辑主义和基于历时性分析的历史主义结合起来。在这种逻辑表达主义的视角下，我们不是在故事的开端去解释“为什么存在着（被谈论的）某物而不是（彻底的）无”，而是在故事的结束去解释“为什么我们所谈论的东西，会被构造为有性质的、有关系的对象”。[②] 布兰顿试图阐明，清晰刻画表征内容的目标并不是一蹴而就的，我们在自律的推论实践中不断丰富自己的逻辑表达语汇和逻辑表达能力，最终在这个历史进程的终点清晰地阐明语义推论的表征维度。

其次，通过推论主义语义学和逻辑表达主义刻画表征内容的思路需要落实在一个更基本的世界观框架中，这个语义学方案只有在一个概念实在论的框架下才是可能的。在这个意义上，尽管布兰顿认为戴维森的先天论证是多余的，但他的语义学方案同样需要某个最终保证。关于布兰顿的概念实在论，他本人曾在一次访谈中指出，“麦克道威尔和我都是关于世界的概念实在论者。我们认为，世界实际上是独立于人的，但已经被概念化……概念没有外在边界……世界其实就已经在概念塑造中了”。[③] 在这个概念实在论的框架下，布兰顿意义上的表征

① Robert Brandom, “Truth and Assertibility”, *The Journal of Philosophy*, 73: 6 (1976), p.137.
② 布兰顿：《阐明理由：推论主义导论》，陈亚军译，第 140 页。
③ 陈亚军、周靖：《匹兹堡问学录：围绕〈使之清晰〉与布兰顿的对谈》，第 199 页。

至少具有两个内涵。

第一，表征并不是心灵的运作，而是心灵与世界的某种同构。布兰顿曾区分了两种不相容性（incompatibility）：客观不相容性和主观不相容性。前一种不相容性认为同一个对象不可能具有不相容的属性，后一种不相容性认为同一个主体不应该作出不相容的承诺；前一种不相容性通过模态语汇得到阐明，后一种不相容性通过规范语汇得到阐明。他指出，这两种不相容性是“同一个硬币的两面”，它既阐明了“客观世界的概念结构”，又阐明了“主体的概念结构”。①

第二，这种建立在同构之上的表征帮助我们在语言观念论和语言实在论之间维持必要的张力。一方面，布兰顿像维特根斯坦那样认为语言的界限就是世界的界限，另一方面，他又认为世界以一种直接的方式从语言实践内部限制了推论、信念和实践承诺的规范。他指出，“判断和推论的属性……由事物的实际所是所决定，事物的实际所是独立于我们对它们的把握。我们的认知态度最终必须答复这些独立于态度的事实”。② 关于这一点，他给出了一个示例：即便如果我们同意尾巴也是一条“腿”，但是当被问及马有几条腿时，正确的回答仍然是四条腿。布兰顿指出，“我们不能用语言性事实改变卸载状态下的（in the unloaded sense）非语言事实”。③

我们已经在戴维森那里看到，要理解他所说的“融贯产生符合”并不是一个简单的任务。我们在理解布兰顿的概念实在论时也会遇到同样的困难，因为他们所要阐明的实际上是同一个构想。布兰顿在《使之清晰》中指出，“非推论性报告可以作为未证成的证成者运作，……这样观察就阻止了无限后退，并在此意义上为经验知识提供了基础”。④ 哈贝马斯（Jürgen Habermas）由此认为布兰顿的最终方案是将知觉作为“直接判断”的经验基础，甚至还将知觉视为不需要进

---

① Prien & Schweikard, eds. *Robert Brandom: Analytic Pragmatist*, p.190.

② Brandom, *Making It Explicit*, p.137.

③ Brandom, “Vocabularies of Pragmaticism: Synthesizing Naturalism and Historicism”, p.163.

④ Brandom, *Making It Explicit*, p.222.

一步证成的理由，因此已经不自觉地超出了推论主义的框架。[①] 布兰顿认为这一误读的根本原因在于没有看到观察报告不是知觉层面的材料，而是作为“可断言内容”（claimable contents）的事实。可断言内容不是推论之外的非概念化实在，而是在推论中被把握的世界本身。他指出，“我们的推论实践嵌在独立于实践的事实世界中，我们的断言必须答复这些事实以获得正确性，但这决不意味着承诺旁观者知识理论（spectator theory of knowledge）”。[②] 概念言之，布兰顿想要阐明的是，语言对世界的“表征”不是以旁观者的姿态将世界放到某个“界面”（不管是心理界面还是语言界面）上来，而是实际参与世界本身的进程，并在达到解释平衡的成熟语汇中对世界本身作出断言。

“语言使用者在世界中”：一种整全的语义观

站在当下的理论节点上，我们已经能够清晰地看到“语言转向”提出的“语义上行”（semantic ascent）方案在很大程度上是一种无法实现的理论虚构。20 世纪末，罗蒂在回顾提出语言转向的著名文集时指出，这一提法在现在看来是“装腔作势”和“令人难堪”的，而“‘哲学问题即语言问题’这个口号在我现在看来也是混淆性的”。[③] 事实上，伯格曼在提出语言转向的同时就已经指出，“好的语言哲学家，不管他的工作语言是理想语言还是日常语言，最终的诉求都是通过语言的手段思考世界”。[④] 我们可以通过前面的讨论看到，戴维森和布兰顿无疑是伯格曼眼中的“好的语言哲学家”，他们在看到语言的本质是一种社会实践的同时也看到我们始终要用语言谈论某种东西，因此不存在只停留在语言中，但不涉及世界的意义理论。戴维森自觉地和达

---

① Jürgen Habermas, “From Kant to Hegel: On Robert Brandom’s Pragmatic Philosophy of Language”, *European Journal of Philosophy*, 8: 3（2000）, p.335.

② Robert Brandom, “Facts, Norms, and Normative Facts: A Reply to Habermas”, *European Journal of Philosophy*, 8: 3（2000）, p.358.

③ Richard Rorty, “Twenty-Five Years Later”, in Rorty, ed. *The Linguistic Turn*, p.371.

④ Bergmann, *Logic and Reality*, p.172.

米特等"约定主义者"(conventionalist)划清界限。他强调自然语言是在社会交往进程中建立的形式,但他同时也试图阐明,为了让解释者和说话者共同意指某个公共事物或事件,世界和语言之间必须存在某种更为基础的同构性。基于同样的诉求,布兰顿认为我们必须在推论实践的终点用清晰的逻辑表达语汇来刻画语义推论的表征维度。也正是在这个意义上,陈亚军正确地指出,"语义学才是布兰顿真正关注的焦点,只是由于有助于解决语义学问题,语用学才有其地位"。①

戴维森和布兰顿的最终洞见是,完整的语义学方案应该将指称和使用这两个维度有机地整合在一起,而实现这一点的前提在于承认如下的事实:语言使用者是世界的一部分,我们在世界中生存、思考和言说,这意味着我们的语言必须和世界本质相关。塞拉斯曾在《哲学与人的科学映像》中提出这样一个看似平实但实际上很深刻的洞见:人总是"世界中的人"(human in the world)。② 我们对语义的思考也应该看到"语言使用者在世界中"这样一幅图景。根据这幅图景,"发现"(discovery)同时意味着"提议"(proposal),语言在对世界作出断言的同时也对世界作出相应的贡献。并且,更为重要的是,这幅图景还进一步规定了语义学的基本方法:语义学的最终成果必须在最大程度上反映世界生成的复杂性,这意味着一切已经固定成型的语义学方案都必须接受进一步的质疑和修正。在这个意义上,关于语义的探讨仍然是一个极端开放的议题,它的丰富性远远超出了狭义的语义学或狭义的语用学。

---

① 陈亚军:《超越经验主义与理性主义:实用主义叙事的当代转换及效应》,南京:江苏人民出版社,2014年,第266页。

② Sellars, *Science, Perception and Reality*, p.6. 关于塞拉斯的语义观,参见孙宁:《匹兹堡学派研究》,第8章。

参考文献

外文文献：

1. Allison, Henry. (1984) *Transcendental Idealism: An Interpretation and Defense*. New Haven: Yale University Press.
2. Ameriks, Karl & Jürgen Stolzenberg. eds. (2005) *International Yearbook of German Idealism 3*. Berlin: de Gruyter.
3. Anscombe, G. E. M. (1963) *Intention*. Cambridge, MA: Harvard University Press.
4. Austin, J. L. (1962) *How to Do Things with Words*. Oxford: Clarendon.
5. ——. (1970) *Philosophical Papers*. Oxford: Oxford University Press.
6. Ayer, A. J. (1952) *Language, Truth and Logic*. New York: Dover.
7. ——. ed. (1959) *Logical Positivism*. New York: The Free Press.
8. ——. (1985) *Wittgenstein*. Chicago: The University of Chicago Press.
9. Ayer, A. J. et. al. (1956) *The Revolution in Philosophy*. London: MacMillan.
10. Badiou, Alain. (2005) *Being and Event*. London: Continuum.
11. ——. (2009) *Logics of Worlds: Being and Event II*. London, Continuum.
12. Baldwin, Thomas. (1990) *G. E. Moore*. London: Routledge.
13. Beiser, Frederick. (2014) *After Hegel: German Philosophy 1840—1900*. Princeton: Princeton University Press.
14. Bell, David. (1979) *Frege's Theory of Judgement*. Oxford: Clarendon.
15. Bennett, Jonathan. (1966) *Kant's Analytic*. Cambridge: Cambridge University Press.
16. ——. (1974) *Kant's Dialectic*. Cambridge: Cambridge University Press.
17. Bergmann, Gustav. (1964) *Logic and Reality*. Madison: University of Wisconsin Press.
18. Bernstein, Richard. (1995) "Whatever Happened to Naturalism?" *Proceedings and Addresses of the American Philosophical Association*, 69: 2, pp.57—76.
19. ——. (2010) *The Pragmatic Turn*. Cambridge: Polity.
20. Blackburn, Simon. (2008) *Oxford Dictionary of Philosophy*. Oxford: Oxford

University Press.

21. Bogost, Ian. (2012) *Alien Phenomenology, or What It's Like to be a Thing.* Minneapolis: University of Minnesota Press.
22. Bolzano, Bernard. (1972) *Theory of Science.* Berkeley: University of California Press.
23. Bosanquet, Bernard. (1911) *Logic, or the Morphology of Knowledge.* 2nd ed. Oxford: Clarendon.
24. Bradley, F. H. (1922) *The Principles of Logic.* 2nd ed. Oxford: Oxford University Press.
25. ——. (1930) *Appearance and Reality.* Oxford: Clarendon.
26. Brandom, Robert. (1976) "Truth and Assertibility", *The Journal of Philosophy*, 73: 6, pp.137—149.
27. ——. (1994) *Making It Explicit.* Cambridge, MA: Harvard University Press.
28. ——. (2000) *Articulating Reasons.* Cambridge, MA: Harvard University Press.
29. ——. (2000) "Facts, Norms, and Normative Facts: A Reply to Habermas", *European Journal of Philosophy*, 8: 3, pp.356—374.
30. ——. ed. (2000) *Rorty and His Critics.* Malden: Blackwell.
31. ——. (2002) *Tales of the Mighty Dead.* Cambridge, MA: Harvard University Press.
32. ——. (2008) *Between Saying and Doing: Towards an Analytic Pragmatism.* Oxford: Oxford University Press.
33. ——. (2009) *Reason in Philosophy: Animating Ideas.* Cambridge, MA: Harvard University Press.
34. ——. (2011) *Perspectives on Pragmatism: Classical, Recent, and Contemporary.* Cambridge, MA: Harvard University Press.
35. ——. (2019) *Heroism and Magnanimity: The Post-Modern Form of Self-Conscious Agency.* Milwaukee: Marquette University Press.
36. ——. (2019) *A Spirit of Trust: A Reading of Hegel's Phenomenology.* Cambridge, MA: Harvard University Press.
37. Brandt, Stefan & Anke Breuni. eds. (2020) *Wilfrid Sellars and Twentieth-Century Philosophy.* London: Routledge.
38. Broad, C. D. (1978) *Kant: An Introduction.* Cambridge: Cambridge University Press.
39. Bryant, Levi. (2011) *The Democracy of Objects.* Ann Arbor: Open Humanities.
40. Bryant, Levi; Nick Srnicek & Graham Harman, eds. (2011) *The Speculative Turn: Continental Materialism and Realism.* Melbourne: Re-press.
41. Buck, Roger & Robert Cohen, eds. (1971) *Boston Studies in the Philosophy of Science, Vol. VIII: In Memory of Rudolf Carnap.* Dordrecht: D. Reidel.
42. Burge, Tyler. (2005) *Truth, Thought, Reason: Essays on Frege.* Oxford: Clarendon.
43. Carnap, Rudolf. (1937) *Logical Syntax of Language.* London: Routledge & Kegan

Paul.
44. ——. (1967) *The Logical Structure of the World & Pseudoproblems in Philosophy*. London: Routledge & Kegan.
45. Cassirer, Ernst. (1944) *An Essay on Man: An Introduction to a Philosophy of Human Culture*. New Haven: Yale University Press.
46. ——. (1955) *The Philosophy of Symbolic Forms, vol.1: Language*. New Haven: Yale University Press.
47. ——. (1955) *The Philosophy of Symbolic Forms, vol.2: Mythical Thought*. New Haven: Yale University Press.
48. ——. (1996) *The Philosophy of Symbolic Forms, vol.4: The Metaphysics of Symbolic Forms*. New Haven: Yale University Press.
49. ——. (2000) *The Logic of The Cultural Science*. New Haven: Yale University Press.
50. Castañeda, H. N. ed. (1975) *Action, Knowledge, and Reality: Critical Studies in Honor of Wilfrid Sellars*. Indianapolis: Bobbs-Merrill.
51. Cavell, Stanley. (1994) *A Pitch of Philosophy: Autobiographical Exercises*. Cambridge, MA: Harvard University Press.
52. Chernoskutove, Yury. "Logic and Object Theory in 19th Century: From Bolzano to Frege." https://iphras. ru/uplfile/logic/log19/LI19_Chernoskutov. pdf.
53. Chisholm, Roderick. ed. (1960) *Realism and the Background of Phenomenology*. New York: Free Press.
54. Coffa, Alberto. (1991) *The Semantic Tradition from Kant to Carnap: To the Vienna Station*. Cambridge: Cambridge University Press.
55. Cohen, Hermann. (1871) *Kants Theorie der Erfahrung*. Berlin: Ferdinand Dümmer.
56. Cohen, Morris. (1959) *Reason and Nature: An Essay of the Meaning of Scientific Method*. New York: The Free Press.
57. Comte, Auguste. (1957) *A General View of Positivism*. New York: Robert Speller & Sons.
58. Davidson, Donald. (1984) *Inquiries into Truth and Interpretation*. Oxford: Clarendon.
59. ——. (2001) *Subjective, Intersubjective, Objective*. Oxford: Clarendon.
60. ——. (1997) "Davidson and Quine in Conversation", Philosophy International, Centre for Philosophy of the Natural and Social Sciences, London School of Economics. https://www. youtube. com/watch?v=wuKpR90XC10.
61. De Caro, Mario & David Macarthur, eds. (2004) *Naturalism in Question*. Cambridge, MA: Harvard University Press.
62. DeVries, Willem. (2005) *Wilfrid Sellars: Philosophy Now*. Chesham: Acumen.
63. Dewey, John. (1969—1991) *The Collected Works of John Dewey, 1882–1953*. Carbondale: Southern Illinois University Press. [**EW, MW, or LW (vol: page)**]
64. ——. (2012) *Unmodern Philosophy and Modern Philosophy*. Carbondale: Southern

Illinois University Press.

65. Dewey, John, Sidney Hook & Ernest Nagel. (1945) "Are Naturalists Materialist?" *The Journal of Philosophy*, 42: 19, pp.513—530.

66. Dretske, Fred. (1981) *Knowledge and the Flow of Information*. Cambridge, MA: MIT.

67. Dummett, Michael. (1977) "Can Analytical Philosophy be Systematic, and Ought it to Be?" *Hegel Studien*, 17, pp.305—326.

68. ——. (1991) *Frege and Other Philosophers*. Oxford: Clarendon.

69. Düsing, Klaus. (1995) *Das Problem der Subjektivität in Hegels Logik*. Bonn: Bouvier.

70. Edwards, Paul. ed. *Encyclopaedie of Philosophy*. New York: MacMillan.

71. Evans, Gareth. (1982) *The Varieties of Reference*. Oxford: Clarendon.

72. Findlay, J. N. (1958) *Hegel: A Re-examination*. London: George Allen & Unwin.

73. Frege, Gottlob. (1960) *The Foundations of Arithmetic*. New York: Harper.

74. ——. (1970) *Translations from the Philosophical Writing of Gottlob Frege*. Oxford: Blackwell.

75. ——. (1979) *Posthumous Writings*. Chicago: University of Chicago Press.

76. ——. (1980) *Philosophical and Mathematical Correspondence*. Oxford: Basil Blackwell.

77. Friedman, Michael. (1987) "Carnap's *Aufbau* Reconsidered", *Nous*, 21: 4, pp.521—545.

78. ——. (1992) "Epistemology in the *Aufbau*", *Synthese*, 93: 1—2, pp.15—57.

79. ——. (1999) *Reconsidering Logical Positivism*. Cambridge: Cambridge University Press.

80. ——. (2000) *A Parting of the Way: Carnap, Cassirer, and Heidegger*. La Salle: Open Court, 2000.

81. Gaskin, Richard. (2006) *Experience and the World's Own Language: A Critique of John McDowell's Empiricism*. Oxford: Clarendon.

82. Geach, Peter & G. E. M. Anscombe, (1961) *Three Philosophers: Aristotle, Aquinas, Frege*, Ithaca: Cornell University Press.

83. Gettier, Edmund. (1963) "Is Justified True Belief Knowledge?" *Analysis*, 23: 6, pp.121—123.

84. Gironi, Fabio. ed. (2018) *The Legacy of Kant in Sellars and Meillassoux: Analytic and Continental Kantianism*. New York: Routledge.

85. Glock, Hans-Johann. ed. (2003) *Strawson and Kant*. Oxford: Oxford University Press.

86. Goldman, Alvin. (1967) "A Causal Theory of Knowing", *Journal of Philosophy*, 64: 12, pp.357—372.

87. Goodman, Nelson. (1966) *The Structure of Appearance*. Indianapolis: Bobbs-Merrill.

88. ——. (1968) *Languages of Art: An Approach to a Theory of Symbols*. Indianapolis:

Bobbs-Merrill.
89. ——. (1972) *Problems and Projects*. Indianapolis: Bobbs-Merrill.
90. ——. (1978) *Ways of Worldmaking*. Indianapolis: Hackett.
91. ——. (1984) *Of Mind and Other Matters*. Cambridge, MA: Harvard University Press.
92. ——. (1990) *A Study of Qualities*. New York: Garland.
93. Goodman, Nelson & Henry Leonard. (1940) "The Calculus of Individuals and its Uses," *Journal of Symbolic Logic*, 5, pp.45—55.
94. Grice, H. P. & P. F. Strawson. (1956) "In Defense of a Dogma", *The Philosophical Review*, 55, pp.141—158.
95. Guyer, Paul. (1987) *Kant and the Claims of Knowledge*. Cambridge: Cambridge University Press.
96. ——. ed. (1992) *The Cambridge Companion to Kant*. Cambridge: Cambridge University Press.
97. Haack, Susan. (1977) "Carnarp's Aufbau: Some Kantian Reflexion", *Ratio* 19, pp.170—175.
98. Habermas, Jürgen. (2000) "From Kant to Hegel: On Robert Brandom's Pragmatic Philosophy of Language", *European Journal of Philosophy*, 8: 3, pp.322—355.
99. Hahn, Lewis Edwin. ed. (1998) *The Philosophy of P. F. Strawson*. Chicago: Open Court.
100. Harman, Gilbert. (1973) *Thought*. Princeton: Princeton University Press.
101. Harman, Graham. (2011) *Quentin Meillassoux: Philosophy in Making*. Edinburgh: Edinburgh University Press.
102. Hegel, G. W. F. (1988) *Aesthetics: Lectures on Fine Art*, 2 vols. Oxford: Clarendon.
103. ——. (2007) *Lectures on the Philosophy of Spirit 1827—1828*. Oxford: Oxford University Press.
104. Heidegger, Martin. (1962) *Being and Time*. London: SCM.
105. ——. (1997) *Kant and the Problem of Metaphysics*. Bloomington: Indianan University Press.
106. Hollinger, Robert. ed. (1985) *Hermeneutics and Praxis*. South Bend: University of Notre Dame Press.
107. Honneth, Axel. (1996) *The Struggle for Recognition: The Moral Grammar of Social Conflicts*. Cambridge, MA: MIT.
108. Hook, Sidney. ed. (1950) *John Dewey: Philosopher of Science and Freedom*. New York: Dial.
109. ——. (1961) *The Quest for Being and Other Studies in Naturalism and Humanism*. Westport: Greenwood Press.
110. Hylton, Peter. (1990) *Russell, Idealism, and the Emergence of Analytic Philosophy*. Oxford: Clarendon.
111. James, William. (1975—1988) *The Works of William James*. Cambridge, MA:

Harvard University Press. [**WWJ (vol: page)**]

112. Kahane, Guy, Edward Kanterian & Oskari Kuusela. eds. (2007) *Wittgenstein and His Interpreter: Essays in Memory of Gordon Baker*. Oxford: Blackwell.
113. Kant, Immanuel. (1992) *Theoretical Philosophy, 1755—1770*. Cambridge: Cambridge University Press.
114. Kaufmann, Walter. (1965) *Hegel: Reinterpretation, Texts, and Commentary*. Garden City: Doubleday.
115. Kim, Jaegwon. (2003) "The American Origins of Philosophical Naturalism", *Journal of Philosophical Research*, APA Centennial Volume, pp.83—98.
116. Koch, Anton F. (2014) *Die Evolution des logischen Raumes*. Tübingen: Mohr Siebeck.
117. Kojève, Alexandre & Raymond Queneau. (1969) *Introduction to the Reading of Hegel*. New York: Basic Books.
118. Kornblith, Hilary. (1980) "Beyond Foundationalism and the Coherence Theory", *Journal of Philosophy*, 77: 10, pp.597—612.
119. Korner, Stephan. (1955) *Kant*. London: Pelican.
120. Kölbel, Max & Bernhard Weiss, eds. (2004) *Wittgenstein's Lasting Significance*. London: Routledge.
121. Kreines, James. (2015) *Reason in the World: Hegel's Metaphysics and Its Philosophical Appeal*. Oxford: Oxford University Press.
122. Kriegel, Uriah. (2012) "Kantian Monism," *Philosophical Papers*, 41: 1, pp.23—56.
123. Krikorian, Yervant. ed. (1944) *Naturalism and the Human Spirit*. New York: Columbia University Press.
124. Kripke, Saul. (1982) *Wittgenstein on Rules and Private Language: An Elementary Exposition*. Cambridge, MA: Harvard University Press.
125. Latour, Bruno. (2004) *Politics of Nature: How to Bring the Sciences into Democracy*. Cambridge, MA: Harvard University Press.
126. Leibniz, Gottfried. (1989) *Philosophical Essays*. Indianapolis: Hackett.
127. LePore, Ernie. ed. (1986) *Truth and Interpretation: Perspectives on the Philosophy of Donald Davidson*. Oxford: Blackwell.
128. Lewis, C. I. (1929) *Mind and the World Order*. New York: Dover.
129. Locke, John. (1990) *An Essay Concerning Human Understanding*. Oxford: Clarendon.
130. Lotze, Hermann. (1887) *Logic, in three books: of Thought, of Investigation, and of Knowledge*. 2nd ed. Oxford: Clarendon.
131. MacIntyre, Alasdair. ed. (1972) *Hegel: A Collection of Critical Essays*. New York: Anchor Books.
132. McCormick, Peter. ed. , (1996) *Starmaking: Realism, Anti-Realism and Irrealism*. Cambridge, MA: MIT.
133. McDowell, John. (1994) *Mind and World*. Cambridge, MA: Harvard University

Press.
134. ——. (1996) "Reply to Gibson, Byrne, and Brandom", *Philosophical Issues*, 7 (Perception), pp.284—285.
135. ——. (1998) *Mind, Value, and Reality*. Cambridge, MA: Harvard University Press.
136. ——. (1998) *Meaning, Knowledge, and Reality*. Cambridge, MA: Harvard University Press.
137. ——. (2009) *Having the World in View: Essays on Kant, Hegel, and Sellars*. Cambridge, MA: Harvard University Press.
138. ——. (2009) *The Engaged Intellect: Philosophical Essays*. Cambridge, MA: Harvard University Press.
139. ——. (2009) "Wittgensteinian 'Quietism' ", *Common Knowledge*, 15: 3, pp.365—372.
140. McGuinness, Brain. (2002) *Approach to Wittgenstein*. London: Routledge.
141. McTaggart, J. M. E. (1921) *Studies in the Hegelian Dialectic*. Cambridge: Cambridge University Press.
142. Meillassoux, Quentin. (2014) *Time Without Becoming*. Mimesis International.
143. ——. (2012) *After Finitude: An Essay on the Necessity of Contingency*. London: Continuum.
144. Milkov, Nikolay. (2020) *Early Analytic Philosophy and the German Philosophical Tradition*. London: Bloomsbury Academic.
145. Miller, Alexander & Crispin Wright, eds. (2002) *Rule-Following and Meaning*. Chesham: Acumen.
146. Mohanty, J. N. (1982) *Husserl and Frege*. Bloomington: Indiana University Press.
147. Moore, A. W. (2012) *The Evolution of Modern Metaphysics: Making Sense of Things*. Cambridge: Cambridge University Press.
148. Moore, G. E. (1899) "Review of Russell, *An Essay on the Foundations of Geometry*", *Mind*, 8, pp.397—405.
149. ——. (1922) *Philosophical Studies*. London: George Allen & Unwin.
150. ——. (1993) *Selected Writings*. London: Routledge.
151. ——. (2004) *Principia Ethica*. New York: Dover.
152. ——. (2014) *Lectures on Philosophy*. London: Routledge.
153. Morton, Timothy. (2010) *The Ecological Thought*. Cambridge, MA: Harvard University Press.
154. Moyar, Dean. (2010) *Hegel's Conscience*. Oxford: Oxford University Press.
155. Oakeshott, Michael. (1975) *On Human Conduct*. Oxford: Oxford University Press.
156. Palmquist, Stephen. ed. (2019) *Kant on Intuition: Western and Asian Perspectives on Transcendental Idealism*. London: Routledge.
157. Pappas, George. ed. (1979) *Justification and Knowledge*. Dordrecht: Reidel.
158. Parrini, Paolo. ed. (1994) *Kant and Contemporary Epistemology*. Dordrecht: Kluwer.

159. Peacocke, Christopher. (2004) *The Realm of Reason*. Oxford: Clarendon.
160. Pears, David. (1987) *The False Prison: A Study of the Development of Wittgenstein's Philosophy*, vol. 1. Oxford: Oxford University Press.
161. Peirce, Charles. (1931—1958) *Collected Papers of Charles Sanders Peirce*. Cambridge, MA: Harvard University Press. [**CP (vol: paragraph)**]
162. Pinkard, Terry. (1994) *Hegel's Phenomenology: The Sociality of Reason*. Cambridge: Cambridge University Press.
163. ——. (2012) *Hegel's Naturalism: Mind, Nature, and the Final Ends of Life*. Oxford: Oxford University Press.
164. Pippin, Robert. (1989) *Hegel's Idealism: The Satisfactions of Self-Consciousness*. Cambridge: Cambridge University Press.
165. ——. (2008) *Hegel's Practical Philosophy: Rational Agency as Ethical Life*. Cambridge: Cambridge University Press.
166. ——. (2018) *Hegel's Realm of Shadows: Logic as Metaphysics in The Science of Logic*. Chicago: University of Chicago Press.
167. Plant, Raymond. (1973) *Hegel*. London: Allen & Unwin.
168. Plantinga, Alvin. (1974) *The Nature of Necessity*. Oxford: Clarendon.
169. Plato. (1975) *Philebus*. trans. J. C. B. Gosling. Oxford: Clarendon.
170. Popper, Karl. (1972) *Objective Knowledge: An Evolutionary Approach*. Oxford: Clarendon.
171. Potter, Michael. (2020) *The Rise of Analytic Philosophy, 1879—1930: From Frege to Ramsey*. London: Routledge.
172. Price, Huw. (2011) *Naturalism without Mirrors*. Oxford: Oxford University Press.
173. Prien, Bernd & Schweikard, David P. eds. (2008) *Robert Brandom: Analytic Pragmatist*. Frankfurt: Ontos Verlag.
174. Putnam, Hilary. (1975) *Mind, Language and Reality: Philosophical Papers, vol.2*. Cambridge: Cambridge University Press.
175. ——. (1990) *Realism with a Human Face*. Cambridge, MA: Harvard University Press.
176. ——. (1995) *Pragmatism: An Open Question*. Oxford: Blackwell.
177. ——. (2016) *Naturalism, Realism, and Normativity*. Cambridge, MA: Harvard University Press.
178. Quine, W. V. (1960) *Word and Object*. Cambridge, MA: Harvard University Press.
179. ——. (1961) *From a Logical Point of View*. Cambridge, MA: Harvard University Press.
180. ——. (1969) *Ontological Relativity and Other Essays*. New York: Columbia University Press.
181. ——. (1981) *Theories and Things*. Cambridge, MA: Harvard University Press.
182. ——. (1991) "Two Dogmas in Retrospect", *Canadian Journal of Philosophy*, 21, pp.265—274.
183. Quine, W. V. & Rudolf Carnap. (1991) *Dear Carnap, Dear Van: The Quine-*

Carnap Correspondence and Related Work. Berkeley: University of California Press.

184. Ramberg, Bjørn. (1989) *Donald Davidson's Philosophy of Language: An Introduction*. Oxford: Basil Blackwell.

185. Randall, John Herman. Jr. (1958) *Nature and Historical Experience: Essays in Naturalism and in the Theory of History*. New York: Columbia University Press.

186. Redding, Paul. (2007) *Analytic Philosophy and the Return of Hegelian Thought*. Cambridge: Cambridge University Press.

187. Rescher, Nicholas. ed. (1991) *G. W. Leibniz's Monadology*. Pittsburgh: University of Pittsburgh Press.

188. Rhees, Rush. ed. (1984) *Ludwig Wittgenstein: Personal Recollections*. Oxford: Oxford University Press.

189. Richardson, Alan. (1997) "Two Dogmas about Logical Empiricism: Carnap and Quine on Logic, Epistemology, and Empiricism", *Philosophical Topics*, 25: 2, pp.145—168.

190. ——. (1998) *Carnap's Construction of the World: The Aufbau and the Emergence of Logical Empiricism*. Cambridge: Cambridge University Press.

191. Rorty, Richard. ed. (1967) *The Linguistic Turn: Recent Essays in Philosophical Method*. Chicago: University of Chicago Press.

192. ——. (1979) *Philosophy and the Mirror of Nature*. Princeton: Princeton University Press.

193. ——. (1982) *Consequences of Pragmatism*. Minneapolis: University of Minnesota Press.

194. ——. (1989) *Contingency, Irony, and Solidarity*. Cambridge: Cambridge University Press.

195. ——. (1991) *Essays on Heidegger and Others: Philosophical Papers II*. Cambridge: Cambridge University Press.

196. ——. (1998) *Truth and Progress: Philosophical Papers III*. Cambridge: Cambridge University Press.

197. ——. (2007) *Philosophy as Cultural Politics: Philosophical Papers IV*. Cambridge: Cambridge University Press.

198. Rosenberg, Gregg. (2004) *A Place for Consciousness: Probing the Deep Structure of the Natural World*. Oxford: Oxford University Press.

199. Runggaldier, Edmund. (1984) *Carnap's Early Conventionalism*. Amsterdam: Rodopi.

200. Russell, Bertrand. (1897) *An Essay on the Foundations of Geometry*. Cambridge: Cambridge University Press.

201. ——. (1904) "Meinong's Theory of Complexes and Assumptions (I—III)", *Mind*, 13: 50, pp.204—219; 13: 51, pp.336—354; 13: 52, pp.509—524.

202. ——. (1959) *My Philosophical Development*. New York: Simon & Schuster.

203. ——. (2009) *Principles of Mathematics*. London: Routledge.

204. Ryle, Gilbert. (2009) *The Concept of Mind*. London: Routledge.
205. ——. (2009) *Collected Papers*, vol. 2. London: Routledge.
206. Sauer, Werner. (1989) "On the Kantian Background of Neopositivism", *Topoi* 8: 2, pp.111—119.
207. Scharff, Robert. (1995) *Comte After Positivism*. Cambridge: Cambridge University Press.
208. Schear, Joseph. ed. (2013) *Mind, Reason, and Being-in-the-World: The McDowell-Dreyfus Debate*. London: Routledge.
209. Schilpp, Paul. ed. (1963) *The Philosophy of Rudolf Carnap*. La Salle: Open Court.
210. Schumacher, Ralph. ed. (2004) *Perception and Reality: From Descartes to the Present*. Paderborn: Mentis.
211. Schwemmer, Oswald. (2011) "Event and Form: Two Themes in the Davos-Debate between Martin Heidegger and Ernst Cassirer", *Synthese*, 179: 1, pp.59—73.
212. Sellars, Wilfrid. (1963) *Science, Perception and Reality*. Atascadero: Ridgeview.
213. ——. (1968) *Science and Metaphysics: Variations on Kantian Themes*. Atascadero: Ridgeview.
214. ——. (1977) *Philosophical Perspectives: Metaphysics and Epistemology*. Atascadero: Ridgeview.
215. ——. (1997) *Empiricism and the Philosophy of Mind*. Cambridge, MA: Harvard University Press.
216. ——. (1997) *Naturalism and Ontology: The John Dewey Lectures for 1973—1974*. Atascadero: Ridgeview.
217. ——. (2002) *Kant's Transcendental Metaphysics: Sellars' Cassirer Lectures Notes and Other Essays*. Atascadero: Ridgeview.
218. ——. (2007) *In the Space of Reasons: Selected Essays of Wilfrid Sellars*. Cambridge, MA: Harvard University Press.
219. ——. (2017) *Kant and Pre-Kantian Themes: Lectures by Wilfrid Sellars*. Atascadero: Ridgeview.
220. ——. (2017) *Notre Dame Lectures 1969—1986*. Atascadero: Ridgeview.
221. Skyrms, Brian. (1967) "The Explication of 'X knows that p'", *Journal of Philosophy*, 64: 12, pp.373—389.
222. Sluga, Hans. (1980) *Gottlob Frege*. Boston: Routledge & Kegan Paul.
223. Smith, John E. (1963) *The Spirit of American Philosophy*. New York: Oxford University Press.
224. Smith, N. H. ed. (2002) *Reading McDowell: On Mind and World*. London: Routledge.
225. Solomon, Robert. (1970) "Sense and Essence: Frege and Husserl", *International Philosophical Quarterly*, X, pp.378—401.
226. ——. (1983) *In the Spirit of Hegel*. Oxford: Oxford University Press.
227. Sosa, Ernest. (2009) *Reflective Knowledge: Apt Belief and Reflective Knowledge*. Oxford: Oxford University Press.

228. Stenius, Erik. (1960) *Wittgenstein's Tractatus: A Critical Exposition of its Main Lines of Thought*. Oxford: Blackwell.
229. Strawson, P. F. (1959) *Individuals: An Essay in Descriptive Metaphysics*. London: Methuen.
230. ——. (1966) *The Bounds of Sense: An Essay on Kant's Critique of Pure Reason*. London: Methuen.
231. ——. (1971) *Logico-Linguistic Papers*. London: Methuen.
232. ——. (1985) *Scepticism and Naturalism: Some Varieties*. London: Methuen.
233. ——. (1992) *Analysis and Metaphysics*. Oxford: Oxford University Press.
234. ——. (1997) *Entity and Identity and Other Essays*. Oxford: Oxford University Press.
235. Stroud, Barry. (2000) *Understanding Human Knowledge: Philosophical Essays*. Oxford: Oxford University Press.
236. Sullivan, Peter & Michael Potter. eds. (2013) *Wittgenstein's Tractatus: History and Interpretation*. Oxford: Oxford University Press.
237. Sundholm, Goran. (2000) "When, and Why, did Frege read Bolzano?" *LOGICA Yearbook 1999*, pp.164—165.
238. Taylor, Charles. (1975) *Hegel*. Cambridge, MA: Harvard University Press.
239. Twardowski, Kazimierz. (1977) *On the Content and Object of Presentations: A Psychological Investigation*. Hague: Martinus Nijhoff.
240. Unger, Peter. (1968) "An Analysis of Factual Knowledge", *Journal of Philosophy*, 65: 6, pp.157—170.
241. Walker, Ralph. (1978) *Kant: The Arguments of Philosophers*. London: Routledge & Kegan Paul.
242. Webb, Clement. (1970) *Studies in the History of Natural Theology*. Oxford: Clarendon.
243. Williamson, Timothy. (2007) *The Philosophy of Philosophy*. Oxford: Blackwell.
244. Wolterstorff, Nicholas. (1970) *On Universals: An Essay in Ontology*. Chicago: University of Chicago Press.

中文文献：

245. 巴雷特：《非理性的人》，杨照明、艾平译，北京：商务印书馆，1995。
246. 贝克莱：《人类知识原理》，关文运译，北京：商务印书馆，1973。
247. 布兰顿：《在理由空间之内：推论主义、规范实用主义和元语言表达主义》，孙宁等译，上海：上海人民出版社，2019。
248. 布兰顿：《阐明理由：推论主义导论》，陈亚军译，上海：复旦大学出版社，2020。
249. 卡尔纳普：《世界的逻辑构造》，陈启伟译，上海：上海译文出版社，2008。
250. 陈亚军：《超越经验主义与理性主义：实用主义叙事的当代转换及效应》，南京：江苏人民出版社，2014。
251. 陈亚军、周靖：《匹兹堡问学录：围绕〈使之清晰〉与布兰顿的对谈》，上海：

复旦大学出版社，2017。
252. 达米特：《分析哲学的起源》，王路译，上海：上海译文出版社，2005。
253. 笛卡尔：《第一哲学沉思集》，庞景仁译，北京：商务印书馆，1986。
254. 杜威：《非现代哲学与现代哲学》，孙宁译，上海：华东师范大学出版社，2017。
255. 弗雷格：《算术基础》，王路译，北京：商务印书馆，2001。
256. 弗雷格：《弗雷格哲学论著选辑》，王路译，北京：商务印书馆，2006。
257. 古德曼：《构造世界的多种方式》，姬志闯译，上海：上海译文出版社，2008。
258. 黑格尔：《精神现象学》，贺麟、王玖兴译，北京：商务印书馆，1981。
259. 黑格尔：《逻辑学》，杨一之译，北京：商务印书馆，1982。
260. 黑格尔：《逻辑学》，梁志学译，北京：人民出版社，2002。
261. 亨利希：《在康德与黑格尔之间：德国观念论讲座》，乐小军译，北京：商务印书馆，2013。
262. 洪谦：《论逻辑经验主义》，北京：商务印书馆，2005。
263. 黄敏：《论言说与显示之分的依据——对逻辑图像论的意向性解读》，《哲学研究》，2022 年第 11 期，第 116—126 页。
264. 江怡：《现代英美分析哲学》，南京：江苏人民出版社，2005。
265. 江怡：《对〈逻辑哲学论〉的逆向式解读及其问题》，《哲学研究》，2022 年第 11 期，第 96—103 页。
266. 康德：《纯粹理性批判》，邓晓芒译，北京：人民出版社，2004。
267. 康德：《康德著作全集》9 卷，李秋零主编，北京：中国人民大学出版社，2010。
268. 科维纲：《现实与理性：黑格尔与客观精神》，张大卫译，北京：华夏出版社，2018。
269. 克拉夫特：《维也纳学派》，李步楼、陈维杭译，北京：商务印书馆，1998。
270. 莱布尼兹：《人类理智新论》，陈修斋译，北京：商务印书馆，2016。
271. 赖尔：《心的概念》，徐大健译，商务印书馆，2005。
272. 列维-布留尔：《原始思维》，丁由译，北京：商务印书馆，2014。
273. 罗素：《对莱布尼兹哲学的批评性解释》，段德智等译，北京：商务印书馆，2016。
274. 罗素：《哲学问题》，何兆武译，北京：商务印书馆，2018。
275. 罗素：《心的分析》，贾可春译，北京：商务印书馆，2018。
276. 罗蒂：《哲学和自然之镜》，李幼蒸译，北京：商务印书馆，2004。
277. 麦克道威尔：《将世界纳入视野》，孙宁译，上海：复旦大学出版社，2018。
278. 梅亚苏：《形而上学与科学外世界的虚构》，马莎译，郑州：河南大学出版社，2017。
279. 蒙克：《维特根斯坦传：天才之为责任》，王宇光译，杭州：浙江大学出版社，2011。
280. 蒙克：《罗素传：孤独的精神，1872—1921》，严忠志、欧阳亚丽译，杭州：浙江大学出版社，2015。
281. 培根：《新工具》，许宝骙译，北京：商务印书馆，1986。

282. 塞拉斯:《经验主义与心灵哲学》，王玮译，上海：复旦大学出版社，2017。
283. 石里克:《普通认识论》，李步楼译，北京：商务印书馆，2018。
284. 孙宁:《匹兹堡学派研究》，上海：复旦大学出版社，2018。
285. 泰勒:《黑格尔》，张国清等译，上海：译林出版社，2002。
286. 休谟:《人性论》，关文运译，北京：商务印书馆，2018。
287. 王晓阳:《物理主义不等于物理学主义——表述物理主义的一个新方案》，上海:《学术月刊》，2020 年第 5 期。
288. 王静:《戴维森纲领与知识论重建》，北京：科学出版社，2013。
289. 维特根斯坦:《维特根斯坦文集》8 卷，韩林合主编，北京：商务印书馆，2019。
290. 温奇:《社会科学的观念及其与哲学的关系》，张庆熊等译，上海：上海人民出版社，2004。
291. 亚里士多德:《形而上学》，吴寿彭译，北京：商务印书馆，1995。
292. 张学广:《超越〈逻辑哲学论〉"正统"之争的三条路径》，2022 年第 11 期，第 104—115 页。

图书在版编目(CIP)数据

分析视域中的康德与黑格尔/孙宁著. —上海：
上海三联书店，2023.7
ISBN 978-7-5426-8147-8

Ⅰ. ①分… Ⅱ. ①孙… Ⅲ. ①康德(Kant，
Immanuel 1724-1804)-哲学思想-研究 ②黑格尔(Hegel，
Georg Wilhelm Friedrich 1770-1831)-哲学思想-研究
Ⅳ. ①B516.31 ②B516.35

中国国家版本馆CIP数据核字(2023)第117374号

分析视域中的康德与黑格尔

著　　者／孙　宁

责任编辑／殷亚平
装帧设计／徐　徐
监　　制／姚　军
责任校对／王凌霄

出版发行／上海三联书店
(200030)中国上海市漕溪北路331号A座6楼
邮　　箱／sdxsanlian@sina.com
邮购电话／021-22895540
印　　刷／上海惠敦印务科技有限公司

版　　次／2023年7月第1版
印　　次／2023年7月第1次印刷
开　　本／640 mm×960 mm　1/16
字　　数／250千字
印　　张／17.5
书　　号／ISBN 978-7-5426-8147-8/B·851
定　　价／78.00元

敬启读者，如发现本书有印装质量问题，请与印刷厂联系 021-63779028